謙信×信長

手取川合戦の真実

乃至政彦
Naishi Masahiko

PHP新書

はじめに

本書は、上杉謙信と織田信長の動向を追い、最終的には両者の軍勢がぶつかり合ったとされる合戦の実態を探っていくものである。

戦国後期は小難しい話が多く、諸説が入り乱れていてよくわからないと思っている方は、本書を一読すればこの時代をイメージしやすくなるだろう。大筋はもうわかっていると思う方も、本書を一読すればその視界がより開けてくるだろう。

手取川合戦はあったのか

長らく同志的関係にあった謙信と信長が、ある時から不仲となり、ついには両勢力が交わる境目付近で武力衝突に至った。冷え込み厳しい天正《てんしょう》五年（一五七七）九月二三日（現代の暦で一一月三日）に起こったとされる加賀《かが》の「手取川合戦《てどりがわ》」である。

しかし合戦の実相は何も明らかにされておらず、まるでブラックボックスのようにその中身は詳《つまび》らかにされていない。

研究者たちが手取川合戦の実相追究に消極的だった要因のひとつは、信長の一級史料と評される『信長公記《しんちょうこうき》』（原題『信長記』）』にその詳細が記されていないことにあるだろう。合戦自体が存在しなかったと思っている歴史ファンもいるほどだ。

ただ、この合戦があったとされる時期を境に、北陸の能登《のと》から加賀過半までが上杉方の勢力圏に属した事実がある。また織田軍として戦地にあったはずの羽柴秀吉《はしばひでよし》が無断で帰陣したことに信長が怒り、これを異動させた事実もある。

こうした影響を見ると、交戦の有無がどうあれ織田軍の戦略が後退したのは明白で、逆に何の戦闘もなく織田軍が撤退したとすれば、かなり異常な展開といえる。

北陸の勢力圏が一変した問題を追究するには、上杉軍と織田軍の動きを探るほかないだろう。北陸の争乱を終えて越後に帰国した謙信は、翌年春（一五七八）三月一五日を信長との決戦予定日に定め、遠征準備を進めていたという。ところが累年の過労がたたったものか、三月九日、突然の腹痛に倒れ、一三日に不帰の人となってしまう。

その約二ヶ月後、後継者となった養子の上杉景勝《うえすぎかげかつ》に対して、その義兄である上杉景虎《かげとら》が挙兵することで「御館《おたて》の乱」が勃発。これがひとつの要因となり、中途に途絶えた闘争が忘失されることになってしまったようである。

謙信と信長の関係史

これまで手取川合戦を主題とする書籍はなかった。また、謙信と信長にはそれぞれ単独の伝記があるものの、両者の関係に重点を置き、その歴史を対照的に見る書籍もなかった。

もともと謙信と信長は友好関係にあり、戦略的に協調することもあった。それがやがて不仲となり提携を解消したあと、北陸の覇権を争い、加賀手取川方面で軍事衝突にいたった。

両者は何を理由に友好関係を結んだのか。それがなぜ破綻《はたん》して軍事衝突することになったのか。そして手取川合戦は本当にあったのか。もしあったとしてどのような戦いだったのか。両者は決着点をどう見据えていたのか。本書はこれらの問題と向き合う。

手取川合戦は信頼できる史料に乏しく、実態を復元できないと見られていたが、調べ直してみると実際はまるで逆であることに驚いた。同時代史料の情報量は川中島合戦以上で、一六世紀だけの史料を見渡しても、謙信の合戦中もっとも豊かであるといえる。そしてその内容復元も一定の精度まで進めることが可能である。

謙信と信長、どちらも有名な歴史人物だが、今回は両者の新しい伝記を合体させる構成で挑んだ。本書では従来のイメージを前提とすることなく、その人物像を一から組み立て直しているため、既存のイメージと異なる印象を受けるかもしれない。

図1　手取川合戦　上杉・織田勢力図

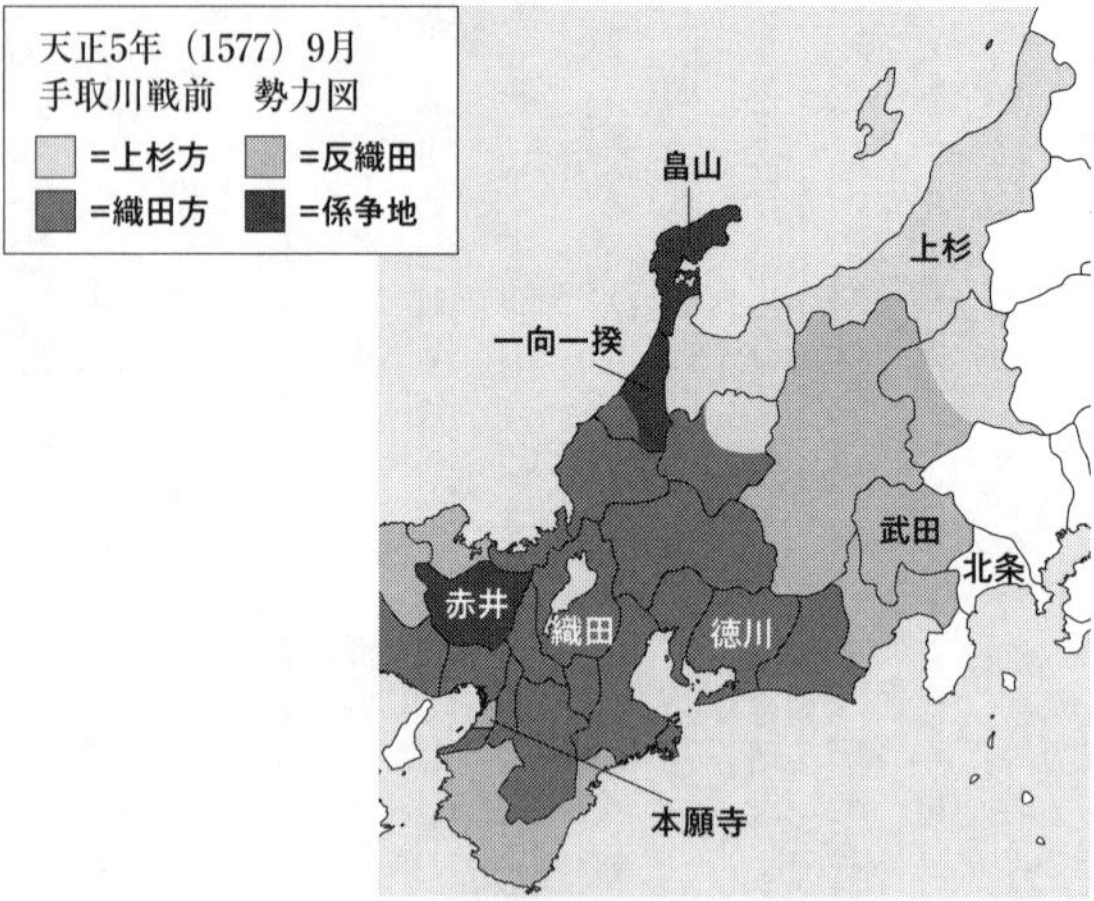

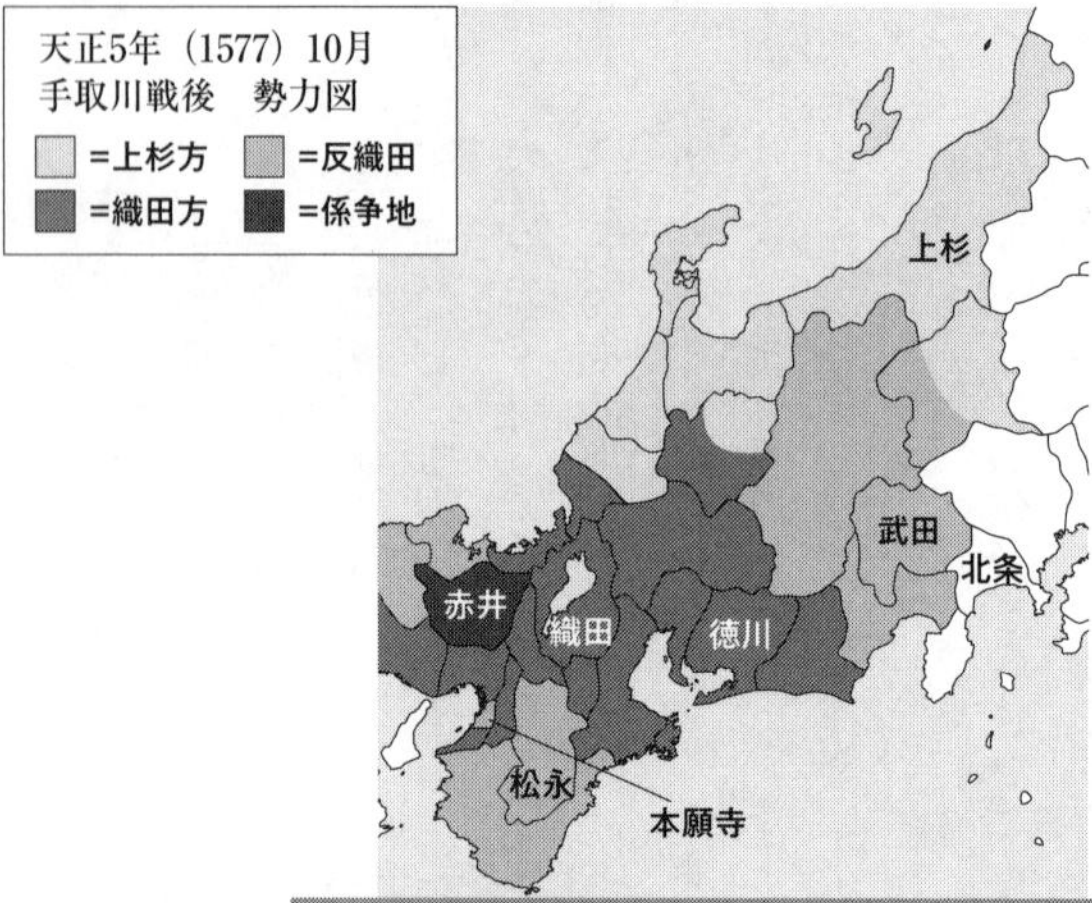

謙信は「越前も過半」入手というが実情不明。
現地に内応の約束が取れていたのだろうか。

したがって一本気な好漢・謙信と、野心的天才・信長の登場は期待しないでもらいたい。その上で違和感を覚えられたら、理性と感情のどちらで引っかかったかを自問して、既存の諸説と本書の提示する内容を比較して、あなたが納得できる人物像を再構築してほしい。

本書が読者諸賢の歴史認識を更新するのに役立つならこれに過ぎる喜びはない。筆者の勉強不足や確認不足による失誤は後考に訂正を願う。

- 本書は、日本ビジネスプレスのウェブコンテンツ「シンクロナス」（http://www.syn-chronous.jp）の「歴史ノ部屋」に連載した「謙信と信長」（令和三年［二〇二一］九月二九日〜同五年［二〇二三］三月二一日）を書籍化したものである。
- 本文に「神永一九八六」「神北市二〇二二」などとあるのは、参考文献の著者略称または資料集略称と刊行年または史料番号を付すもので、巻末の主要参考文献に対応する。引用史料は、原文のままで通じる場合はそのまま、書き下しにした方がわかりやすい場合は【訓読】、意訳は【意訳】の表記を併用する。
- 一部資料はおよそ次の例式に略す。

『上越市史別編　上杉氏文書集』○○号文書→上越市史○○
『増訂織田信長文書の研究』○○号文書→信長文書○○
『新潟県史　資料編』○○号文書→新潟県史○○
『戦国遺文△△氏編』○○号文書→遺文△△○○
『加能古文書』○○号文書→加能文書○○
※『信長記』（太田牛一『（原本）信長記』）は通例に倣い、『信長公記』と記す。首巻を除いて巻数は原則、略した。『甲陽軍鑑』は『軍鑑』と略した。
・海外史料は次の翻訳を使用した。
朴鐘鳴訳注・姜沆『看羊録』平凡社、一九八四
松田毅一・川崎桃太訳『完訳フロイス日本史（1～12）』中公文庫、二〇〇〇
村上直次郎訳・渡辺世祐註『異国叢書（3）』駿南社、一九二八

謙信×信長——目次

序章　武田信玄の遺策

第一章　上杉謙信という男

第二章　織田信長という男

第三章　信長の「根切」と謙信の「悪逆」

終章　そして手取川合戦

序章

武田信玄の遺策

第一節　武田信玄、群雄を揺さぶる

武田信玄と「三ヶ年の鬱憤」

まずは謙信と信長の前に、二人の運命を大きく狂わせた武田信玄《たけだしんげん》最後の遠征から見ることにしよう。いわゆる「西上作戦《せいじょうさくせん》」である。

信玄は本当に上洛を目指していたのか、どうして自ら四面楚歌《しめんそか》の状態に突き進んでしまったのか、なぜ「瀬田《せた》に旗を立てよ」「武田勝頼《かつより》を陣代《じんだい》にせよ」などと不思議な遺言を残したと伝わるか――？　そしてその後の謙信と信長にどういう影響を与えたのか？

長年議論されている難題ばかりだが、まずは手始めとしてこれらの謎に迫っていこう。

結論から述べておくと、信玄は上洛を視野に入れてはいたが、状況が許せば――という留保つきだったと思われる。

元亀《げんき》三年（一五七二）一〇月、信玄の大軍が徳川家康《とくがわいえやす》領へ押し寄せた。家康は覚悟を決めて迎撃に出た。ここに遠江《とおとうみ》味《み》方原《かたがはら》（三方ヶ原）合戦が勃発する。

信玄の東海道侵攻は、信長と謙信が耳を疑うほどの一大事だった。これまで信玄と信長は友好関係にあった。信長と家康は長年の盟友である。武田軍の侵攻は、織田・徳川両家を敵に回すことになる。それだけどころか信玄は北陸の謙信とも争っている最中だったので、武田軍の動きは、背後の関東北条家を除く周辺勢力のほとんど全てを敵とするものとなった。四面楚歌は免れない。

武田信玄公之像（甲府駅前／著者撮影）

それなのになぜ家康を攻めたのだろうか。

この時、信玄は家臣に「【訓読】三ヶ年の鬱憤《うっぷん》を散らすべく候」と、自らの遠征理由をかねてからの不満にあると述べていた（遺文武田一九七六）。信玄の真意を探るにはこの「鬱憤」を探る必要があるだろう。

徳川家康との遺恨

永禄一一年（一五六八）一二月、信玄は駿《する》

河《が》の今川氏真《いまがわうじざね》を攻め滅ぼすべく家康と共闘することにした。両軍はたちまち今川領を蹂躙《じゅうりん》する。

この作戦は『三河物語《みかわものがたり》』第二中に「【意訳】甲斐の武田信玄から〝家康は川向こうの遠江を取るといい。私は駿河を取る〟と提案された」とあり、両軍は信玄の国分け構想をベースに今川領を奪い取ったようである。一方で武田方の記録『軍鑑』品第三九によると、信玄は家康から「大井川《おおいがわ》をきりて遠州をば一国」を切り取ると伝えられていたとある。

しかし三年後、信玄は家康に使者を送ってとんでもないことを言い出した。

これから天竜川《てんりゅうがわ》を切り取らせてもらう。以前、〝川から西は貴殿らが、東は我らが制する〟と伝えたが、誰もその川を天竜川とは言っていなかったと思う。なのに貴殿らが（天竜川を越えて）大井川まで占領したのはまったく納得できない。

（【意訳】『三河物語』第三下）

三年も経過してからこのような主張をするのは道理が通らない。日頃から家臣たちに論理的思考法を説く信玄が、そんなこともわからなかったのだろうか。

これには理由があった。永禄一二年（一五六九）五月一日、信玄の娘婿・穴山信君《あなやまのぶただ》が、徳川家臣・酒井忠次《さかいただつぐ》に掛川《かけがわ》城攻めを要請。だが家康はすでに掛川城を今川家臣の朝比奈泰朝《あさひなやすとも》から受領しており、しかも今川・北条両家との和談を進めていた。かつて信玄と同盟していた両家はすでにどちらも武田家の敵に転じていた。同年二月、信玄と家康はどちらも自分だけで今川や北条と講和しないよう起請文《きしょうもん》を交わしていたが、家康はこれを裏切ったのだ。ここに信玄の立場は危うくなり、我慢ならなくなったのである。

信玄にも原因があった。信玄は家康と接する時は「徳川殿」と呼んで大名と見る態度を通していたが、家中では旧名の「松平蔵人《まつだいらくらんど》」と呼んでおり、織田属下のようにすら思っていた。家康は今川傘下時代から信玄の性格を伝え聞き、警戒していたであろう。

同月二三日、信玄は織田信長に「【意訳】家康は〝我々は織田軍の先遣隊だ〟と称して出陣し、かねてから家康が〝遠江の敵たちから得た人質を保護したい〟と言っていたのでこれを認めた」が、その家康が「家康の誓詞《せいし》によって、すでに今川氏真ならびに北条氏康父子と和睦することが明らかになった。あなたはこの事実をご存知だっただろうか」と伝えている（遺文今川二三七二）。家康の裏工作を難詰したのだ。

その上で、家康が今川・北条と改めて敵対するよう信長から説得されたいと伝えたが、家康は信長の説得を無視した。ここから両家の関係は硬直化し、「三ヶ年の鬱憤」が生じたのである。

徳川家康の思惑

この頃までの関係大名たちの思惑を見てみよう。注目すべきは、三河の徳川家康と、美濃織田信長と、越後の上杉謙信と、将軍の足利義昭《あしかがよしあき》の四人である。

まず徳川家康である。家康は信玄に強い警戒感を抱いていた。

永禄一二年（一五六九）二月、家康は越後に使者を派遣して、友好関係を結びたいと考えた。狙いは武田対策である（本多二〇一九）。そして武田軍が侵攻する前の元亀元年（一五七〇）八月、家康は謙信との協調をより深めようとした。謙信はこの提案に飛び付き、一〇月八日の起請文で、家康に「信玄江手切」して、信長に謙信と「入魂《じっこん》」にするよう意見し、信長と信玄の「縁談之儀《えんだんのぎ》」が破談となるべく画策するよう求めた。家康はこれに「一々令納得」と合意して対武田同盟を結ぶ（上越市史六六〇〜一、九四二、九四三）。ここに結ばれた三越《さんえつ》同盟により徳川家と武田家は断交した。家康は表裏の多い信玄を恐れ、裏切っていたのだ。

信玄は家康の離反に怒り、元亀三年（一五七二）に「三ヶ年の鬱憤」を晴らすと宣言し、徳川領へ侵攻したのである。

織田信長の思惑

ついで織田信長である。信長は自らが擁立《ようりつ》した天下の征夷大将軍・足利義昭の補佐役として、乱世終結のため奔走していた。

信長と義昭は意見違いがあって「セリア井《(競り合い)》」することもあった（『多聞院日記』永禄一二年一〇月一九日条）。それでも基本的には京都の将軍を中心とする秩序を安定化させるため奔走していた。信長は、将軍や幕臣から人質を取らず（むしろ信長が幕府に人質を預けていた）、また自国に囲い込むこともなく、監視役を置くこともしなかった。将軍の権力を制限、管理、吸収する意欲はなかったのである。

さらに備後《びんご》から甲斐まで東西の大小名に、上洛して将軍に馳走するよう働きかけていた。各国の紛争調停にも積極的であった。諸大名の中央接近を排斥することなく、むしろ促進していたところに、信長の幕府再建への意気込みが真実であることを読み取れよう。

信長は、将軍のためという大義名分を掲げていたが、権威を濫用《らんよう》して勢力を広げる野心はない。もし単なる口実に使っていたなら、敵対する者たちもその点を論難して信長から大義を奪おうとしたはずである。だが、そうした形跡は見られないのだ。

やがて信長は越前の朝倉義景《あさくらよしかげ》、北近江の浅井長政《あざいながまさ》、本願寺《ほんがんじ》などの諸勢力と全面戦争に入り、将軍も信長の側に立って、これらを幕府の天下を阻害する者と敵視していた。

上杉謙信の思惑

そして上杉謙信である。謙信は、関東の北条と甲斐の武田の両家を敵に回しており、武田に扇動された越中《えっちゅう》の領主、本願寺方の加賀《かが》一向一揆勢とも争っていた。その最中、信玄が三河に侵攻したと聞いて驚くとともに、行き過ぎた軍事行動がその孤立を招くだろうことを予見して、湧き上がる憐《あわ》れみの笑みを隠さなかった。

ちなみに将軍と信長は謙信に、北条家および武田家と和睦するよう呼びかけており、謙信も将軍のためなら応ずる構えだと返答していた最中であった。何もなければ、謙信は将軍と信長の仲介で、武田家との関係を正常化するはずだったのである。

足利義昭の思惑

最後に京都の将軍・足利義昭である。義昭は、信長と謙信を、幕府に忠実な大名と見ていたが、信長と意見違いを重ねていた。上野秀政《うえのひでまさ》など幕臣たちの間で信長に不信感を抱く者もいた。義昭は、織田家と本願寺、および上杉家と北条・武田両家の和睦を取り持つよう動いていたが、交渉は難航していた。

この時点では、義昭にどこか特定の勢力（例えば織田家）を滅ぼそうという意思は特に見られず、各地の私戦を停止させ、純粋に天下を静謐《せいひつ》へ導きたいと考えていた。しかし信長が期待通りに働かないことがあり、目の上のたんこぶに見えることもあったのだろう。

かかる中、信玄が織田・徳川への対決姿勢を明らかにした。

怒る信長、喜ぶ謙信

武田軍は、元亀三年（一五七二）一〇月に家康の遠江・三河と、翌年三月に信長の美濃へ侵攻を開始した。三河では家康との会戦に勝利し、徳川家を滅亡寸前に追い込んだ。

武田軍は「【意訳】家康さえ滅ぼせば、信長には一〇〇日と手間取らない」と豪語して戦意を高揚させていたという（『軍鑑』品第三九）。

為政者の野望に限りなどない。勝利を重ねて実利を得られる限り、飛躍を求め続ける。狂気の沙汰と罵《ののし》られようとも、最後まで押し通せば、正気の沙汰と認められるのである。

それまで武田家と仲良くしようと苦慮していた信長は、この所業に憤《いきどお》った。信玄を「【意訳】侍の義理を知らない恥知らず」だと吐き捨て、「当然、義絶するつもりです」と謙信に伝えた。そして「もう永遠に仲直りをしません」とまで言い切った（信長文書三五〇号）。以降、信長と家康が武田家と共存するルートは消え失せた。

双方とも後に引けない全面戦争が開始されたのである。

事態を見聞きした謙信は痛快に思ったらしい。家臣の河田重親《かわだしげちか》に「【意訳】信長と家康が信玄と敵対した。信玄の運も尽きるだろう。これからが正念場だ。信玄の見通しがいい加減なおかげで上杉家の武運が若返る瑞兆が開かれた。春のうちに信長・家康と作戦を練り、信玄に冷や汗をかかせてくれよう。とてもめでたい」と上機嫌に述べ、さらに追伸で「信玄は蜂の巣に手を突っ込み、無用の騒動を起こした」と辛辣な評価を下している（上越市史一一三〇号）。

自分だけでなく幕府を直接支えている信長と家康まで敵に回したのだから、信玄は晴れて逆賊となってしまう。謙信が愉快にならないわけがない。

足利幕府vs.武田信玄

信玄は三河を攻めるとともに、美濃遠山氏の所領をめぐる問題に介入する形で、信長の勢力圏にも派兵した。これで信玄は織田・徳川・上杉の三大名と同時に争うこととなった。

それだけではない。前述のように、ここまで幕府は上杉家と武田家の講和を仲介しようとしていた。また、本願寺と信長の講和に、信玄の協力を求めてもいた。そんな最中、全てを台無しにする信玄の振る舞いは、将軍の顔に泥を塗るのも同然であった。

とはいえ幕府も短慮ではない。幕臣の上野秀政に御内書を持たせて派遣し、信玄に翻意を促した。原文と異なるだろうが「かなになをし」た写《うつし》が記されている（『軍鑑』品第三九）。

信長・家康と和睦これありて、国々物いひなきやうに被仕《つかまつられ》尤もに被思召候《おぼしめされそうろう》、信玄老
万事老体役に堪忍せられ於同心者御祝着に御おほえ可被成候、猶中務（上野秀政）可申候、恐惶《きょうこう》
謹言《きんげん》、

正月朔日　　　　　　　　義昭御判

法性院《ほっしょういん》殿

元亀四年（一五七三）一月七日、秀政は武田陣中を訪れ、織田・徳川と停戦するよう説得を開始したようである。だが信玄はこの時を待っていた。一一日、ここで武田家は織田・徳川の非を打ち鳴らす返書を秀政の目に入れさせたという。その主張はこうである。

まず「信長・家康以下ノ凶徒等」が比叡山を焼き払い、朝廷を軽視して天下を我が物にしていると糾弾《きゅうだん》した。そんな二人を放置するのは「仏法・王法破滅ノ相、天魔変化」も同然なので「誅殺《ちゅうさつ》」を命じてほしいとするものだった（『軍鑑』品第三九）。

この返書は、上野秀政宛となっているが、将軍の手許に届けられたあと、天皇の目にも入れられている（『軍鑑』の一月一一日付・上野秀政宛武田信玄書状が、醍醐《だいご》寺理性院にある正親町《おおぎまち》天皇御宸筆《てんのうごしんぴつ》の写として伝来している／丸島二〇一七）。朝廷も武田家の掲げる大義に好意的だったようだ。

京都に戻った秀政は、信玄の取次として武田家の肩を持ったらしい。ただし、そこには細《ほそ》川藤孝《かわふじたか》のような親織田派の幕臣もいたので、秀政と激しくぶつかり合った。

信玄を織田・徳川と和睦させる使者として派遣されていたぐらいだから、秀政はもともと反織田派ではなかっただろう。だが、信玄に懐柔され、親武田派に染まってしまった。結果、幕臣たちは親織田派と反織田派に二分化されることとなる。

信玄は、朝廷と幕府が信長と比叡山・本願寺の対立に不満を抱いていたのを、狙い目と見ていたのだろう。こうなれば完全に信玄の術中だ。

信長の同志だったはずの義昭が、ここに方針転換を考え始めていく。

第二節　西上作戦の経略

武田軍、西へ

西上作戦と呼ばれる信玄終局の一大作戦について、そのシナリオを追ってみよう。信玄はどういう計画で、何を目指し、最期に何を遺したのか。

これには諸説あるがもっとも一般的な解釈は、信玄は信長を打倒して上洛を果たし、天下を取るつもりだったというものである。少なくともこういう物語が歴史愛好家たちの解釈のベースにあることは確かである。では、事実はどうだろうか。

根源的な疑問として、戦国大名なる者は天下取りを本気で考えていなかったのではないか

図2　戦国勢力図（元亀4年／1573年）

とする見方がある。イメージ先行の解釈を相対化する主張として聞くべき声であるだろう。さらにそこへ信玄を過大評価するべきではないという声が合わさり、その狙いは単なる徳川領への侵略に過ぎなかったという主張が好まれている。

信玄の戦略が最初から最後まで首尾一貫して動いていると見るならば、こうした議論に行き着くのも当然だが、あえてこれをもう少し複雑化してみよう。まずは信玄の動きから見直してみる。

徳川領に攻め込む前、信玄は朝倉義景や浅井長政から、信長に圧迫を加えるよう要請されていて、信玄自身は「信長の盟友である家康を攻める予定だ」と返答していた。義景と長政は信玄の返答に、胸を撫《な》で下ろす思いがしただろう。その一方で信玄は、自分が北陸に派遣した家臣たちに、「謙信と対戦するため、飛騨《ひだ》の豪族の調略を進めさせており、近々自ら出馬する予定である」と伝えていた。

だが、信玄は結局のところ、家康を狙って南進を開始した。

信玄は、謙信、または織田・徳川連合と対決する予定を各所に伝えており、結局は後者を選んだ。これをどう見るべきだろうか。

武田信玄の選択肢

信玄には越後の謙信を攻めるか、美濃の信長を攻めるかの選択肢があった。対外的には両方の姿勢を見せていた。だが、信玄自身は三河の徳川領と、美濃東部の織田領に派兵した。

これは眼前にある選択肢の中で、もっともリスクの高い道を選んだように見える。

もし謙信を攻めていたらどうか。朝倉と浅井は不満に思うに違いないが、抗議されることはあるまい。武田家にとってまだ表面上、友好関係を保っている信長より、長年の宿敵である謙信の方が脅威である。謙信が家康と組んで武田家の邪魔をしている以上、越後侵攻には一定の説得力がある。それに遠交近攻というが、織田も徳川も遠国の越後が攻められたところで、本気では噛みついてこないだろう。越後侵攻は対外的に手堅いのである。

ただ、現実問題として謙信は武田の対応に慣れていて地盤も手堅く、こちらへの防衛体制が整っている。つまり、これまで通りの長期戦が続くだけ――と信玄は見ただろう。このルートに突き進んだら、可も不可もなく地味な戦略を進むことになる。

もし信長と正面対決したらどうか。謙信と家康は、全力で武田軍を妨害しようと信濃を挟撃するだろう。そうなったら武田軍は間違いなく苦境に陥ることになる。

ただし謙信は、本願寺派の加賀一向一揆勢と、関東の北条軍が動けば足止め可能である。信玄自身が美濃へ出馬すれば、朝倉・浅井軍は嬉々として織田領に乱入してくれるだろう。不確定要素は大きいものの、信長から異見書を叩きつけられ、不満を溜め込む将軍がこちらに味方してくれる事態も起こし得る。

だが信玄の本命は——三河であった。三河北東部の山家三方衆《やまがさんぽうしゅう》その他が、家康を裏切って武田家に味方することを約束してきた。信玄が朝倉や浅井に「遠州表」への軍事侵攻を打ち明けたのは、山家三方衆の懐柔に成功してからのことであった。

信玄の見立て

信玄は、次の筋書きを思い描いていたであろう。

まず全方位に圧迫を仕掛ける。何者も圧迫を加えてやれば、先々の選択を強制的に絞らせることができる。武田軍が家康を攻めれば、玉突き的に次のことが必ず起きる。

家康が、信長と謙信に武田攻めを要請する。信長は、将軍・義昭に仲介を要請する。

将軍からは〝あなたは信長と仲良くしていたはずで、信長と本願寺との仲介もお願いしていたのに、どうして〟と問う幕臣が派遣される。ここまでは簡単に予想できよう。

ここで信玄は、将軍の使者に信長と家康への不満を煽る。本願寺対策で苦慮する幕臣たちの鬱屈を刺激すれば、こちらに転がり込む勝算があった。事実として、幕府は信長を切り捨てる決断を下した。

上位者が権臣を裏切る例は当時どこにでもあった。

例えば、東国の公方《くぼう》、管領《かんれい》、守護が、属下にある有力城主から離反して敵方につくことが何度もあったように、傀儡《くぐつ》同様に扱われる上位者が、専横を振るう権臣を見限って、反権臣連合に味方するのも珍しいことではなかった。信玄は今回これを狙えると見たのであり、そして諸事、思い通りに状況をコントロールしていくのであった。

信玄の口車に乗せられた幕臣

将軍・義昭が、三河に在陣する信玄のもとへ、幕臣・上野秀政を派遣した。案の定、秀政は信玄に、織田・徳川連合との講和を呼びかけてきた。すると信玄は逆に信長と家康の無道を論難して、秀政に翻意を迫った。武田方の主張には、強い説得力があっただろう。

この直後、秀政は親織田派の筆頭である幕臣・細川藤孝《ほそかわふじたか》と、信長との関係について意見対立している（『綿考輯録《めんこうしゅうろく》』）。また、秀政はその後も義昭と行動をともにして、反織田活動に従事している。おそらくこの時、秀政は信玄の口車に乗せられたのだ。余談ながら近世の記録でも、義昭は信玄に「信長は元来むごき人」なので今のうちに滅ぼすべきだと誘われて裏切りを決断したと伝えられている（『老人雑話』）。

こうして義昭は反織田派となる決意を固めたのである。

裏付けとなるのは、当時のフロイス書簡である。ここで秀政と信長の対立について、「美濃（織田信長）より公方様（足利義昭）に十五ヶ条（＝前年九月の異見一七箇条書）を送り厳しく之を責めたり。信長はウヘノドノ（上野秀政）を以て此事の主たる責任者と認めたり」と言及している（イエズス会年報・一五七三年四月二〇日付フロイス書簡）。義昭を反織田連合に鞍替《くらが》えさせたのは、信玄と交渉した秀政だった。信玄は、信長の使命感に支えられてきた幕府を信長から切り離し、自分の味方にしてしまったのだ。

信玄はさらにもう一歩先の副次効果を狙おうとしていた。謙信の翻意である。

信玄の見込み違い

謙信の書状によると、信玄が徳川領へ侵攻する少し前の初夏、将軍・義昭と信長は謙信に、信玄と「越甲一和《えつこういちわ》」を結ぶよう提案していた。すでに信長は謙信と同盟関係にあった。

将軍ならびに盟友の要請ならば従うしかない。謙信は信玄との講和を進めることにした。ところが冬のうちに、信玄が「【意訳】朝倉義景の言うことならともかく、信長の仲介なら同心できない」と返答して謙信を驚かせた。これで講和は途絶する（上越市史一一二六、一一三九）。冬までに信玄は三河攻めを決断していたのだから、謙信と講和して味方に引き入れる方が得策だったはずである。だが、なぜここで停戦を打ち切ったのだろうか。

先の謙信書状から経緯を見直すと、次の展開があったと考えられる。

まず信玄が謙信に「信長ではなく朝倉義景に味方すると言えば停戦に応じます。さもなくば手を組むことはできません」と誘いの声をかけた。一見、無理な注文に思えるかもしれないが、信玄は上野秀政を誘い出して翻意させ、将軍を親織田派から、反織田派に切り替えさせるつもりであった。謙信は信長とだけ仲がいいわけではなく、信長と交戦している南近江の六角承禎《ろっかくじょうてい》とも友好的である。そこで武田家と上杉家の両家と交流があり、反織田派筆頭の朝倉義景を持ち出し、「悪いことは言わないから、これからは織田ではなく、我々の陣営に鞍替えしそうな幕府の味方になるほうがいいですよ」と謙信を誘い込もうとしたのだ。

これはとんでもない逆転策である。

関東では北条軍のため、謙信派の領主たちが苦境に立っていた。謙信は救援に向かいたい。だが信玄の工作で、越中加賀の諸勢力が挙兵して八方塞《はっぽうふさ》がりとなっている。信玄は謙信に厳しい情勢と、将軍の大義を見せつけることで、転身させたかったのだろう。

しかし信玄の予想通りにはならなかった。謙信が将軍を見限ったのである。この時謙信は将軍よりも信長との関係を重視した。謙信の中では将軍の愚策よりも、信長との信義、そして信玄への不信が先に立ったのである。

謙信は巷間《こうかん》にイメージされるほど、将軍の言動を絶対視していない。義昭の兄・足利義輝《よしてる》が現役の時代、謙信は義輝の一部側近を嫌い、「【意訳】（将軍様の）御側近には、その身に相応《ふさわ》しくない不義の方もたくさんいます」と苦言を申し上げた（上越市史一九三）。謙信は自身の信念に忠実で、それは将軍が相手であっても曲げられることはなかった。

謙信は、にわかにできた義昭と信玄を中心とする〝反織田連合〟より〝織田・徳川連合〟と組む道を選んだ。その理由は二つあろう。ひとつは、こんな強引なやり方をする信玄の一派に与《くみ》するなど、プライドが許さなかった。もうひとつは、信長との同盟が強化されたばかり――というタイミングの悪さである。信玄は、信長に友好的な顔を見せてこれを騙し、油断させて徳川領を攻めた。激昂《げっこう》した信長は、謙信と武田対策を強化する同盟を締結した。

こんな形で上杉・織田同盟が水面下で結ばれていたわけだが、信玄はこの事実を知らずにいた。謙信と信長は同盟強化の誓紙を交換しており、これをすぐ反故《ほご》にして信玄と仲良くするなど謙信の作法にはないことだった。謙信は信玄が思うより小義を捨てられない男だった。幕府のためという大義があろうとも、盟友を切り捨てることはしなかった。

謙信も、まだ将軍と信長が言うのなら、信玄と講和するのに躊躇《ためら》いもなかった。

ところが信玄は「将軍が信長を裏切って朝倉・浅井・本願寺につく。謙信もその陣営に鞍替えしなさい。一緒に軍で孤立した織田と徳川を滅ぼすのです」と囁《ささや》いた。将軍をこんな外道ルートに誘い込んだ信玄を許しておけようか。また、道を間違えた将軍に従うなど、忠臣ではなく佞臣《ねいしん》のすることである。そう思ったことだろう。

ここに謙信は幕府・武田連合よりも、織田・徳川連合に味方する道を選んだのである。

西上作戦の破綻と再生案

結果として勝利の女神は信玄に微笑《ほほえ》まなかった。三河在陣中、重病に陥って後退を余儀なくされたからである。信濃に移った信玄だが、病状は回復せず、元亀四年（一五七三）四月一二日、死去した。従五位下武田法性院《ほっしょういん》（もと徳栄軒）信玄、享年五三。

西上作戦の狙いは上洛にあったという。本当にそこまでの展望があったかは確かな史料ではわからないが、病に苦しむ信玄の心理を考えてみよう。

信玄の戦略は謙信が味方しなかったことで、前途が怪しくなっていた。家康は何とかなる。信長にも勝てるだろう。だが謙信をいつまで足止めできるか不確定で、できるだけ早く織田・徳川を討滅しなければ、ここまで一方的に進めていた形勢は逆転しかねない。

信玄は早期のうちに両家を滅ぼすことを念頭に置いていた。ただ、その先に天下を得ることまでは〝状況次第〟という留保つきで、真剣に考えていなかったのではないか。

そもそも体調の悪い信玄に、天下政権への野心がどれほどあったか疑問である。もし自らの手元に転がり込んできたら、誰よりもうまくやっていく自信はあった。だがそれも健康の続く限りである。後継者の勝頼はまだ二十八歳。たとえ天下取りに成功しても、武田家を天下の中心に置くのはかえって危険であることぐらい理解していただろう。

第三節　信玄が遺した破滅の呪い

破綻した西上作戦

信玄の西上作戦は、謙信が味方しなかったために、現代人の目から見て「こんな大それたことをやっておきながら、何を求めたのか理解できない。残された勝頼が哀れだ」という中途半端な印象を残すものになってしまった。信玄は自分からあちこちに敵を作り出し、兵を分散させてしまった状態で、家康を滅ぼすしかない状況に入り込んでいた。

信玄と天下取り

西上作戦の狙いが上洛にあったという説の論拠となりうる唯一の史料は、武田軍が発給したとされる元亀四年三月付の戦地禁制（離宮八幡宮《りきゅうはちまんぐう》文書）である。

これは原本がなく、写本のみが現存しており、署名の部分に「御朱印」があったと記されている。朱印の字句と形状は不明である。武田の資料集に、これを武田家当主が扱う龍朱印と解釈するものがある（遺文武田二〇三二）。事実とすれば、信玄が京都に入ることを現実視する者たちがいて、武田軍もこれに応ずる用意でいたことが確実になる。

元亀四年（一五七三）三月、京都近くの離宮八幡宮を擁する大山崎が、信玄に禁制の発給を要請した。三河で好調に進撃する武田軍に、京都で宿泊所を提供するので無体をしないよう保証してほしいと申し出たのだ。ところが信玄の側近たちは「【意訳】禁制を求められましたが、遠国のことなのでお断りします。近江に入ることがあれば検討します」と申し出を断った（遺文武田二〇三〇）。するとこの禁制は武田家のものではない。

その頃、京都には織田軍が出兵していた。そして先の禁制を、織田の資料集は信長発給の禁制と解釈している（信長文書三六五）。信玄の天下取りを肯定する史料として取り上げられることの多い禁制は、実際には信長の禁制だったのである。

京都の戦地禁制が武田軍と無関係である以上、信玄の天下取りを裏付ける一次史料は皆無になる。離宮八幡宮や大坂の本願寺が信玄自身の上洛を予測していた事実までは確認できるが（『顕如上人御書札案留』元亀第四・二月二七日条）、これらは周囲の展望に過ぎず、武田軍の存念を裏付けるものではない。信玄側近は上洛を否定していたのである。

ではなぜ信玄の上洛志向が議論されるのか。その要因は『軍鑑』にある。かつては歴史研究に資することのない偽書と見られる傾向が強かったが、近年は精査が進み、信玄生前に重臣の香坂虎綱《こうさかとらつな》が書き溜めたテクストを、武田遺臣の小幡景憲《おばたかげのり》らが補筆・編纂して、元和《げんな》年間に大成させた文献であることが見えてきた（黒田二〇一五）。

同書には信玄の野望が何度か言及されている。若き日の信玄には天下の実権を握る野望ではなく、天下の模範となる軍制を作りたいという青臭い理想があったようである。

しかし駿河を制圧した頃から様子が変わり、天下取りを目指す言動が増えてくる。信玄が天下取りを望んでいたとする言説は『軍鑑』が出どころなのだ。ならば『軍鑑』を読み解くことから進めるべきだろう。

『軍鑑』に見る信玄の野望

永禄一三年（一五七〇）、信玄は家臣たちに次のように述べた（『軍鑑』品第三七）。

「【意訳】主治医・板坂《いたさか》の見立てだと、予は三年内に大病を患うようだ。（その通り）次第に気力が衰え、朝に目覚めて調子のいい日はほとんどない。あと十年も生きられまい」

続けて「体調が悪くなるのであれば、まだ健康であるうちに（徳川領の）遠江・三河・（織田領の）美濃・尾張へ遠征して天下を取りたい。京都に旗を立て、仏法・王法・神道と侍たちの法度を定め、正しい政治を執り行うことが望みである」とも述べた。事実であれば、五十歳の信玄はようやく天下取りへの野望を宣言したのである。

二年後、信玄は西上作戦を開始するが、すでに体調は悪化していた。元亀四年（一五七三）一月一一日に野田城を攻囲したものの、この頃から動きに精彩を欠き、二月中旬頃ようやく制圧できたが、残されている時間は短かった。三月一四日、信玄は病状を意識する。

「病状が回復して三年のうちに上洛できたら、それから五年内に日本全国を統治して、お前たちを国持ちの大名に取り立てよう」

さすがに信玄も残りの時間が一ヶ月未満とは知る由《よし》もなかっただろうが、天下取りの野望は「病状が回復して」という条件が付くほど、退潮していたのである。

信玄は、自分が信長と家康を滅ぼせば、実力も声望も随一の武田家が天下の実権を握るだろうと考えていた。朝倉・浅井・本願寺ら反織田勢力も、信玄の手腕に期待を寄せるはずだと見ていたのだ。

信玄は入京した場合、弟の逍遥軒信綱《しょうようけんしんこう》（俗名信廉《のぶかど》）を在京させたいなどと具体的方策を述べていた。だが、三月二六日には信玄側近たちが、離宮八幡宮からの使者に、近江へ向かうことすら未定だと返答しており、上洛はもう諦めていた。

第一の要因は、信玄の体力が限界に達していたことだろうが、予想に反して謙信が味方にならなかったことも重要だろう。このため越後への備えを解けず、タイムリミットまで全力を出し切ることができなくなったのである。

最期を迎えるにあたり、信玄も退き際を誤りたくないと思ったようだ。織田・徳川・上杉連合と敵対する状態で自分が死ねば、武田家に残される未来は地獄しかない。

そこで信玄は重大な方策を言い遺すことにした。跡継ぎの武田勝頼を「陣代《じんだい》」にするという遺言である。

勝頼への遺言

信玄の遺言は後世からは乱調に見えるらしく、文学的に解釈されることが多い。だが『軍鑑』の描写を史実に照らし合わせて再読すると、意外に冷静な内容であるように思う。

まず上杉対策である。信玄にとって謙信がこちらに靡《なび》かなかったことは最大の痛恨事だったらしく、自らの死で勝機が完全に消えることを思い悟り、謙信と停戦するよう遺言した。

特に「【意訳】私は大人気《おとなげ》なく謙信に頼むと言えなかったため講和できなかった」と述べる

ところに、その後悔が看て取れる。そこで信玄は勝頼に「謙信には低姿勢で接し、仲良くせよ」と遺言したのだ。

ついで勝頼を自身の孫・武王丸《たけおうまる》（のちの太郎信勝）の「陣代」とすることも定めた（『軍鑑』品第三九）。ただし一次史料では、勝頼が陣代だったと読み取れる記録を検出できない。体制として考えれば「陣代」は制度的利点が何もなく、フィクションと見るほうが無難かもしれない。だが、同書が勝頼を貶《おとし》める必要はなく、その後の文中で勝頼を「御屋形勝頼公」と敬称表記していることから、「陣代」は正式な家督相続者たる「御屋形」であることと矛盾する身の上ではないようだ。

暫定的《ざんていてき》な〝中継ぎ当主〟であっても、当主は家督相続者として、一族と従者の統括権限を不足なく認められた様子を踏まえて、『軍鑑』の信玄が勝頼を「陣代」にする動機を探っていくと、その狙いが織田・徳川対策にあるものと考えられる。

信玄は勝頼に風林火山の軍旗を継承しないよう遺言しており、さらに「【訓読】三年の間ふかく謹しめ」と、三年ほど織田・徳川・上杉への軍事行動を停止するよう伝えた（『軍鑑』品第三九）。ここに読み取れるのは、信玄が勝頼と家臣団の無事を願う慈愛である。

風林火山の旗は、織田・徳川にとってすでに憎しみの対象である。信玄の死によって「西上作戦」が失敗に終わるなら、対外的には一連の軍事行動を信玄個人の存念で起こしたことにするのがよい。そうすることで、あれは信玄の独断であり暴走だったと言い張る根拠を作らせようとしたのである。

勝頼を「陣代」としたのは、巷説で言われるような勝頼の器量とその出自による家中統制に不安があったため——ではなく、織田と講和する伏線のためと考えるのが適切だろう。

もし勝頼が信長と話し合いの機会を持つことになれば、武田家は「本来の後継者は勝頼様ではなく、その息子の武田信勝様だった」と唱えればいい。そして、あの西上作戦は信玄の独断専行による不本意な軍事行動だったと装《よそお》うのだ。

切り札となるのは、勝頼の長男・信勝《のぶかつ》である。信勝の実母は織田一族で、信長の養女である。信勝は信長の孫にあたる（『軍鑑』品第三三）。

この場合、武田家は信長の傀儡にされるかもしれないが、滅ぼされるよりは救いがある。遺言は信玄の所業を憎悪する信長の報復を逃れるための方策だったのである。

信玄は最期に「【意訳】我が望みは天下に旗を立てることだ」と述べ、さらに重臣・山県《やまがた》昌景《まさかげ》にも「明日はそなたが旗を（京都方面の）瀬田に立てるように」と伝え、それまでの遺言と異なるような私的願望を指示して世を去った。しかも『軍鑑』はこの時の信玄の様子を、「御心みだれて如此《かくのごとし》」などと気の迷いであることを強調している（『軍鑑』品第三九）。だが、これこそ信玄最期の秘策だろう。

信長と家康からの敵意を我が身一つに留めるべく、あえて錯乱するかのように上洛の執念に囚われた信玄像を残したのである。信玄は自らの悪名を逆用することで、武田家の行く末を守らんとした。

従来、信玄最期の失策と見られがちだった、勝頼を陣代とすること、風林火山の旗を禁止することなどの遺言は、信玄が先々を見通して残したブラフである。織田家との和談を整えるには、信長の盟友たる謙信との和睦が必要であることも信玄には見えていた。

信玄は、三年間葬儀を行わず、自身の遺体は甲斐本国ではなく、勝頼の本拠である信濃の諏訪《すわ》湖へ沈めるよう申し渡して亡くなった。諏訪ゆかりの勝頼を見守り続けんとする意志の現れだろう。

だが、武田軍は織田・徳川との争いを停止することができず、三年後、重臣たちは信玄の遺体を諏訪湖へ沈めることも断念した（『軍鑑』品第三九）。

その頃まで勝頼は、織田・徳川・上杉のいずれとも和睦できておらず、朝倉・浅井は滅亡し、本願寺は劣勢に追いやられ、八方塞がりの中、武威のみを張り続けていた。

信玄の遺した武田家保護計画はほとんど機能しなかったのである。
それどころかいずれの遺策も原形を離れて、人々の運命を狂わせていく。

第一章

上杉謙信という男

第四節　戦鬼・長尾為景

越後の狂犬・長尾為景

享禄《きょうろく》三年（一五三〇）一月二一日、上杉謙信は越後守護代・長尾為景《ためかげ》の末子として生まれた。ここからは本書の主人公の一人である謙信の前歴を見ていくが、まずは父親の事績から追ってみよう。

長尾一族は代々にわたり、上杉家重臣としてこれを補佐する役割を請け負っていた。だが、為景はこの前例を真正面からひっくり返して、越後守護・上杉房能《ふさよし》と関東管領・上杉可諄《かじゅん》（顕定《あきさだ》）を自害させたことを「天下に比類のない所業」と批難されている。

また、為景は幾度となく合戦を繰り返した。その生涯において戦った数は「百余戦」に及ぶ。文字通り百戦錬磨である。しかも身内の戦死に落ち込む同族に対し、「【意訳】多数の身内が戦死して、あなたが傷心していると聞いている。仕方ないことだが、負け戦でもそのようにはしない。そもそも勝ち戦を嘆くことがあろうか。特に若い者は将来を考えて祝い事とするべきである。消沈している場合ではない」と叱咤することもあった（新潟県史一五九）。
歴史学者の井上鋭夫《いのうえとしお》は為景を「戦鬼」と形容した（井上一九六六）。適評だろう。為景は悪名を馳せたが言い訳めいたことは書き残してはおらず、ただ次の和歌が残されている。

蒼海《そうかい》の　有とは知らて　苗代《なわしろ》の　水の底にも　蛙《かわず》なくなり

この和歌は為景が京都に送った和歌集の巻頭に書かれており、三条大納言を通じて叡覧《えいらん》されたと伝わっている（新潟県史九九五・一〇〇〇）。その意味は「青くて広い海のあるのも知らない蛙が、苗代の水底で鳴いている」というもので、『荘子《そうじ》』第十七秋水篇の「井蛙《せいあ》に海を語るべからず。彼らは自分の棲むところしか知らないから」の一文に通じる。
世間の者たちは詳しい事情も知らないで、勝手に喚《わめ》くものだから自由にさせておけという諦観《ていかん》を表していよう。

図3　長尾為景

出典：和田悌四郎著『越佐史談』（明治30年）国立国会図書館デジタルコレクション

越後守護と関東管領を自害に追い込む

さてその為景が越後守護代家の家督を相続したのは、永正《えいしょう》三年（一五〇六）に父・長尾能景《よしかげ》が越中《えっちゅう》で戦死したためである。能景は守護・房能の命令で越中へ遠征したが、進軍途中で退路を断たれ、討ち果たされたのだ。能景は享年四十三、為景はまだ二十一歳の若武者であった。

翌年、守護・房能は若き為景の討伐を企む。

その理由は、房能が養子とする上条《じょうじょう》上杉定実《さだざね》と八条《はちじょう》房孝が家督継承権を巡って対立しており、為景は定実派だったからだと言われている。亡父の件で房能に反発したのかもしれない。

自身の危機を知った為景は、定実および国内の領主たちと連合して逆に房能を襲撃した。屋敷を逐《お》われた房能は自害した（天水越合戦《あまみずこしかっせん》）。為景は新たに上杉定実を守護にするよう幕府に申請。翌年これを認められた（永正四年の政変）。

こうして上杉定実・長尾為景の新政権が公認されることになった。

すると永正六年（一五〇九）夏、房能の義兄である関東管領・上杉可諄《かじゅん》（顕定《あきさだ》）が越後へ攻めてきた。これも理由は定かではないが、為景が永正五年八月に房能派の残党で上杉一族の八条成定《なりさだ》を自害させたことがトリガーになったと見られている。為景の苛烈な族滅ぶりが可諄の軍事介入を招いたのである。可諄は義弟の仇討ちを大義名分に越後乱入を果たす。大軍を前に、定実と為景は越中へ、続いて佐渡《さど》へと退避するが、翌年（一五一〇）国内の味方を糾合《きゅうごう》して越後に乗り込み、可諄を破って自害せしめた（長森原《ながもりはら》合戦）。

その後、可諄の養子・上杉憲房《のりふさ》は、父を討たれたことを恨み「【意訳】長尾為景は房能を殺したばかりか重ねて上杉可諄をも亡き者とし、家老として仕えるべき主人二人を滅ぼすなど天下に比類なき所業」と批難した（黒田二〇一〇：一一号文書）。

上杉家の家老たるべき為景は、越後守護と関東管領の上杉両家の当主二人を立て続けに自《じ》刃《じん》させてしまった。どちらも為景が望んで招いた事態ではなかっただろうが、そんなことは関係なく梟雄《きょうゆう》の印象は、周囲の胸のうちに強く刻み込まれただろう。

為景の国内平定

それから三年後の永正一〇年（一五一三）、今度は越後国内の領主たちが反為景の大乱を起こした。その勢いは凄まじく、怖気《おぞけ》を震った守護の定実までも府内から逃げ出し、反為景派として春日山《かすがやま》城に籠城を企てた。為景が反乱軍を討つべく出馬した直後のことであった。自ら擁立する守護に裏切られた為景は「不思儀之子細」と驚いたが、即座に引き返して「【意訳】御屋形様（定実）を連れ出し申し、お供して府中に帰ってもらった」という。為景の表現は穏やかだが、内実は拉致監禁《らちかんきん》である。為景の心中がどうあれ、主人の動きを力づくで制した以上、汚名は免れられない。

覚悟を決めた為景は反乱軍を各個撃破して、翌年には首謀者格の宇佐美房忠《うさみふさただ》を攻め、「【訓読】宇佐美一類を相洩さず生涯《（生害）》」させた。族滅せしめたのだ。

翌年（一五一四）、内乱は収束する。定実は一時的に守護の座を降ろされることになるが、翌年末になっても為景が次の守護候補者を探し出せなかったことから、幕府公認のもと守護の地位に留まった（『幕府文書集成』二八三九）。

ただその間は守護不在であり、為景が代行して越後を統治する実績が築かれたことで、守護の政治権限は形骸化した。

そのためだろう。永正一七年（一五二〇）頃、為景は上杉家が直轄する港町「蒲原《かんばら》」の近くに「新方《（新潟）》」という町を作らせた。ここを新たな流通拠点として振興させ、守護の収入を守護代の収入へ移行させたのである。それまで栄えていた蒲原の港町はこれ以降、史料上の露出を低下させ、新潟の港町に取って代わられていく（長谷川二〇〇九）。権力のない「蛙」に予算が集まっても仕方ないので、為景が合法的に横取りしたのだ。

同年一二月、畿内に在する越中守護・畠山卜山《はたけやまぼくざん》（尚順《ひさのぶ》）は、為景に越中平定を要請し、これを見事に果たした功績から、為景を越中新川郡守護代に任じた。すでに為景は越後の実質的な統治者として、その実力を内外に認められていたのである。

為景はついで越後の統制を強めていく。

永正一八年（一五二一）二月、父能景以来定められていた一向宗《いっこうしゅう》の禁止令を改めて発した。国内では一向宗を未来永劫禁止して、門徒およびこれを見逃す他宗の者は全て逮捕し、また一向宗を許容する領主も改易（または転封）するという厳しい禁令であった。同掟書は、一向宗の門徒蜂起を密告する者には褒美を出すことも約束している（新潟県史二七五）。

このように大胆な政策を単独で発する為景を抑える力は定実になく、守護の求心力も低下していた。だが為景は守護を推戴《すいたい》する体制を改めなかった。守護の存在を否定できれば、専制的体制に移行できただろうが、為景の権力は〝守護の代行政権〟という一点に正当性を支えられているので、守護に依存しない体制を望むなら、これを超える権威を獲得するしかない。

それには為景自身または近親者が上杉一族となり、守護となるのが妥当であろう。

長尾晴景の登場

為景の後継者に、長男の長尾晴景《はるかげ》がいた。生年には諸説あり、近世に作られた民間の軍記類は永正六年（一五〇九）生まれとして、謙信とかなり年齢の離れた異母兄とするのが通例と化している。ただ、謙信の米沢上杉家に伝わった『羽前米沢上杉家譜』は「大永《だいえい》六年（一五二六）五月七日生」とし、『平姓長尾系図』もまた「大永六年誕生」と伝えている。

一次史料の『実隆公記《さねたかこうき》』大永七年（一五二七）六月一〇日条に「神余《かなまり》来、所望歌共書遣之、長尾男子誕生事、賀之太刀遣之」とあるが、これとほぼ一年違いである。記主の三条西実隆《さんじょうにしさねたか》はこれ以外の時期に為景の男子誕生について言及しておらず、この誕生が特筆すべき慶事だったと考えられる。晴景の生年は大永七年とするのが妥当だろう。

もちろんそれまで為景に実子がいなかったとは少し考えにくいが、何らかの理由があって晴景誕生と同時に廃嫡された可能性がある。

為景は「長尾男子誕生」とともに、自身の一族の権威向上に動き始め、同年中に将軍・足利義晴から「毛氈鞍覆《もうせんくらおおい》・白傘袋《しろかさぶくろ》」の使用許可を得た。これは実力ある大名にのみ許される優遇的特権である。また、当時まだ幼名「道一《どういち》」を名乗っていた長男も義晴から一字拝領して、元服後「晴景」と名乗ることが認められた。

これらは為景が守護不在の新体制を構築しようとしていたことをあらわすと見られている。おそらく、長男・晴景は国内においては上杉定実の婿養子となり（定実には女子のみがいて男子はなかった）、国外においては将軍からの後ろ盾を得ることで、守護や守護代を超える権威を備えさせようとしていたのだろう。

そんな中、為景夫妻が男児を授かる。長尾虎千代《とらちよ》――後の上杉謙信である。

第五節　長尾為景の動乱鎮圧

「上屋形」を狙う上条定憲

越後一国を統治する長尾為景に大敵が姿を現す。上条定憲《じようじようさだのり》と宇佐美定満《さだみつ》である。定憲は守護・定実と同じ上条上杉一族の一員で、大きな野望に取り憑《つ》かれていた。

大永七年（一五二七）四月上旬、定憲は佐渡において久知《くち》氏と羽茂《はもち》氏の紛争を「中媒」した（新潟県史三〇九六）。このような調停は守護がするべき仕事だが、それを定憲が実行したのは、彼を次期守護とするための地盤が固まっていたからではないだろうか。同年六月、「上条兵部 并《ならびに》 御同名為景」として定憲らしき人物が為景と並列に見られている。周囲の人々は定憲を為景級の高位者と見ていたようだ（新潟県史一七二）。

定憲の背後には謀将・定満がいた。少年期の定満は為景に一族を皆殺しにされた際、密かに落ち延び、今は密かに反為景活動を進めている。また、為景や謙信と同世紀の慶長《けいちょう》四年（一五九九）成立の『藤戸明神由来』はここに中条藤資《なかじょうふじすけ》を「下屋形《しもやかた》（守護代）」とし、上条定憲を「上屋形《うわやかた》（守護）」とするため下郡の九人衆と挙兵したことを記しており、定憲を守護にしようとする動きが見られる。

定満と下郡衆は為景政権に強い反発を抱き、政権交代を狙っていたのだ。もちろん求心力を失って久しい守護・定実を擁立する気はない。次の守護は、定憲がなるべきだと思い定めていたのである。

寡兵の為景、定憲に勝利

上条定憲や宇佐美定満、中条藤資をはじめとする下郡衆は、為景の体制を打倒して、自分たちの政権を築くことを望んでいた。

定憲は越後中の反為景方を寄せ集め、大軍でもって春日山城へと差し迫った。為景は上《かみ》郡《ごおり》の三分一原《さんぶいちはら》という春日山城と指呼《しこ》の近距離にある湿地帯で迎え撃つ態勢を整えた。為景の軍勢は上条軍より少数だった。天文《てんぶん》五年（一五三六）四月一〇日、激しい決戦の火蓋が切られた。越後の天下を決める戦いは定憲の敗北に終わる。寡兵《かへい》の為景が勝利したのだ。勝因は上条方の背後を受け持つ部将が裏切りを働いたことにあるという。

為景は湿地帯で定憲を前面に誘い出し、折を見て何らかの合図を使い、裏切りを誘発させたのだろう。合図は大金を費やして手に入れたばかりの錦の御旗《みはた》であったかもしれない。

定憲は合戦から二週間後の四月二四日に亡くなる。追い詰められて落命したのだ。為景は残党の鎮圧に赴いた。

やがて内乱も落ち着き、為景は同年（に比定される）八月三日付の譲状で「日柄好《よし》」と、息子の長尾晴景に上杉家ではなく、長尾家の家督を相続させた（新潟県史一〇九）。

なお、この家督相続を天文五年ではなく天文九年（一五四〇）に比定する論考もある（前嶋二〇一五）。長尾晴景が政変を起こして為景を強制引退させたとするもので、譲状《ゆずりじょう》の時期

図4　天文五年（一五三六）、三分一原合戦時の越後勢力図

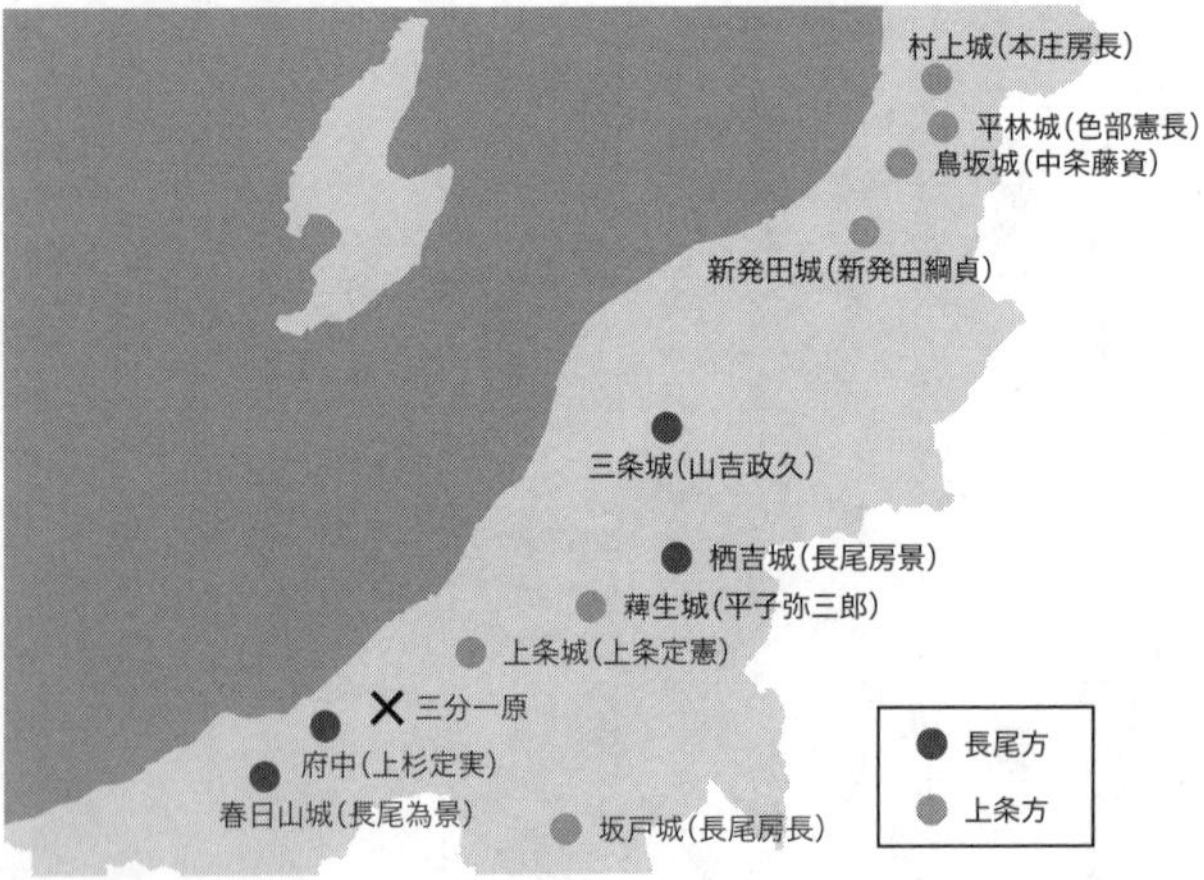

を「天文五年以前あるいは天文八年十月以後」と推定しているところが独特である。天文四～六年には為景が国内の戦乱を「優位に展開」させていて、その後も守護後継問題に積極的に関与していることから「為景がこの時点までに家督を譲渡していたとは考えにくい」としている。

　同説は晴景の積極性を打ち出すが、晴景は大永七年（一五二七）生まれの可能性がある。その場合、十四歳で急な政権交代を主導したとは考えにくい。この譲状は、為景主体の判断だったと考える方が妥当である。上杉玄清《げんせい》（定実の隠居法号）書状も、以前通り戦場に出て「其地敵退散、奥方所々御本意之由、其聞得候」と、為景の活発な戦果を称えている

（新潟県史一〇四）。強制引退させられていたら、このような軍事行動は取れないだろう。文書の年次比定が確実でなく、右の問題も残されていることから、従来通り天文五年に家督を譲ったと考える方が問題はないと思うがどうだろうか。

そしてこの戦いから二年後、越後守護・定実は、それまで特に問題視していなかった自分の後継問題に向き直る姿勢を見せていく。

伊達稙宗の軍事侵攻

ここから上杉定実の後継問題は、別のステージに入っていく。

天文七年（一五三八）一〇月、黒田秀忠《くろだひでただ》など上杉家の奉行《ぶぎょう》たちが「自伊達御曹司（伊達からの養子）」を迎え入れるにあたり段銭《たんせん》を徴収した（『歴代古案』七）。いつからこういう話に決まったか確たる記録はないものの、定実が陸奥《むつ》守護の伊達稙宗《だてたねむね》の息子のうちから、養嗣子を取ることになったのである。

ちなみにこの頃、下郡地方ではまだ上条定憲の遺児・弥五郎《やごろう》が潜伏しており、為景としては弥五郎を中心とする反乱の大規模化を抑止したかった。それには中条藤資の懐柔が重要で、藤資の妹は稙宗の妻であり、その息子が時宗丸《ときむねまる》であった。ここに目をつけたのは為景だろう。

総大将の上条定憲が亡くなり、下屋形になる夢が破れた藤資も、これで守護上杉家の外戚となれるならおいしい話であった。しかし、中条の権力が強化されることを恐れ、縁談には同じ下郡地方の色部《いろべ》・鮎川《あゆかわ》・本庄《ほんじょう》らが反対した。ここに下郡の領主連合は分裂する。為景の狙いはここにあったのだ。

反対派の存在により、時宗丸の越後入国は叶わず、縁談は一年近く滞った。ここまでは為景の計画通りだっただろう。ところがここで稙宗が強硬手段に出始めた。

越後下郡の反対派を沈黙させるため、越後侵攻を企てたのである。もちろん為景たちに事前通告などはなかった。伊達軍は越後に向け、軍事侵攻を開始した。

長尾・伊達天文の乱

伊達軍は越後下郡の反対派の領土を蹂躙し始め、色部・鮎川・本庄らが蹴散らされた。天文八年（一五三九）のことである。中でも本庄房長《ふさなが》は事態に対応すべく出陣している間、伊達軍に呼応する弟たちに本領を奪われて憤死した。その八日後、妊婦であった房長の妻が亡命先の寺院で一人の男子を出産する。千代猪丸《ちよいのまる》こと、後に越後下郡の雄として名を馳せる本庄繁長《しげなが》である。翌年（一五四〇）、伊達軍と交戦していた下郡衆が巻き返しを進める。

その頃、為景は朝廷から晴景に「私敵治罰《してきちばつ》」の綸旨《りんじ》を下されるよう働きかけ、九月二七日にこれを下賜された。下郡の動乱に対応するためである。翌日、色部勝長《かつなが》や黒川実氏《さねうじ》らが中条藤資の要害を制圧、この時、稙宗は椎谷浜《しいやはま》（新潟県柏崎市椎谷港）、笹岡（同県阿賀野市笹岡）まで進軍していたらしいが、為景が迎撃に出て、これを長井（同県村上市長井町）まで追い払ったという。勝ち目を失った伊達軍は撤退した。

為景は自分の考えに反対する下郡衆と、これを独自に成敗しようと動く伊達軍の双方とも苦々しく思っていただろう。どちらが勝利しても、その利益を片方に享受させるわけにはいかない。そこで争乱の幕引きを主導するべく綸旨を求め、反為景勢力の活性化を抑止した。事実として、このあと下郡の戦乱は鎮まっていく。

翌天文一〇年（一五四一）一二月二四日、長尾為景は死去した（「越後過去名簿」）。死因は不明だが、その葬儀に反為景方の軍勢が迫り、参列する長尾景虎（当時十二歳）は甲冑を着用して、これに備えたと後に述懐している。

翌年（一五四二）四月、上杉定実改め玄清は余生を平和に過ごすため隠遁《いんとん》を決意する血判起請文を晴景に提出した。そこには晴景および御舎弟《ごしゃてい》たちに異議を唱えないと述べている。玄清隠遁の理由は不詳で、時宗丸問題が進展しないことに業《ごう》を煮やして抗議の意思表明をしたとする見方が強い。「連々世上大くつ」と述べているほどなので、よほど腹に据えかねることが重なっていたと見える（『新潟県史』二四一、二四二）。ただ、血判起請文は重要な覚悟の宣誓を要請されて発するのが普通で、単なる私的願望を表明するためだけには書かれない。また、晴景が為景を強制的に引退させたと見る論考ではこの起請文に政治的背景がある旨を指摘しており、これを積極的に否定する材料もない以上、何らかの事情を考える必要があるだろう。

ここで試みまでに二次史料に目を向けてみよう。

この時期の越後内乱を最初期に著した『越国内輪弓箭老師物語《えつこくうちわゆみや》』（正保三年［一六四六］）および香川正矩《かがわまさのり》『陰徳記』巻第五〇（元禄八年［一六九五］）には、天文一一年三月一三日、黒田秀忠に該当する胎田常陸介《はらだひたちのすけ》（非実在）が春日山城で政変を起こし、当年四十一歳の為景長男を殺害する様子が記されている。

一次史料との整合性を求めれば、上杉家臣の黒田秀忠は天文一〇年一二月に亡くなる為景の衰弱を見て、政治的主導権を掌握するべく、晴景の異母兄・長尾某（同書では景康《かげやす》）を殺害し、晴景の政権を安定化させようとしたのではないか。為景が晴景誕生年と思われる大永七年（一五二七）の四十二歳まで実子を儲けなかったとも考えにくく、二次史料にのみ登場する晴景兄弟は、その異母兄である可能性があるだろう（後年の二次史料は晴景の弟とするが、古い史料に遡れば晴景の弟扱いをしていない）。その為景長男がすでに廃嫡されていたとして、晴景政権には反乱の旗頭とされる恐れがあるため、粛清されたと考えられる。

秀忠は晴景を介して定実を圧迫し、血判起請文の提出を求めた。ここに秀忠は伊達稙宗と和睦して時宗丸を迎え入れる路線を回復し、時宗丸を中心とする新体制を構築しようとしたのだろう。もちろん二次史料に依拠した推論なので、これは仮説の範囲に留まらざるを得ない。ただ『軍鑑』をはじめとする多くの二次史料は、景虎がこの時期に春日山城を脱して中郡《なかごおり》の栃尾《とちお》または下郡方面に逃亡したとしていることに留意したい。

図5　長尾氏略系図

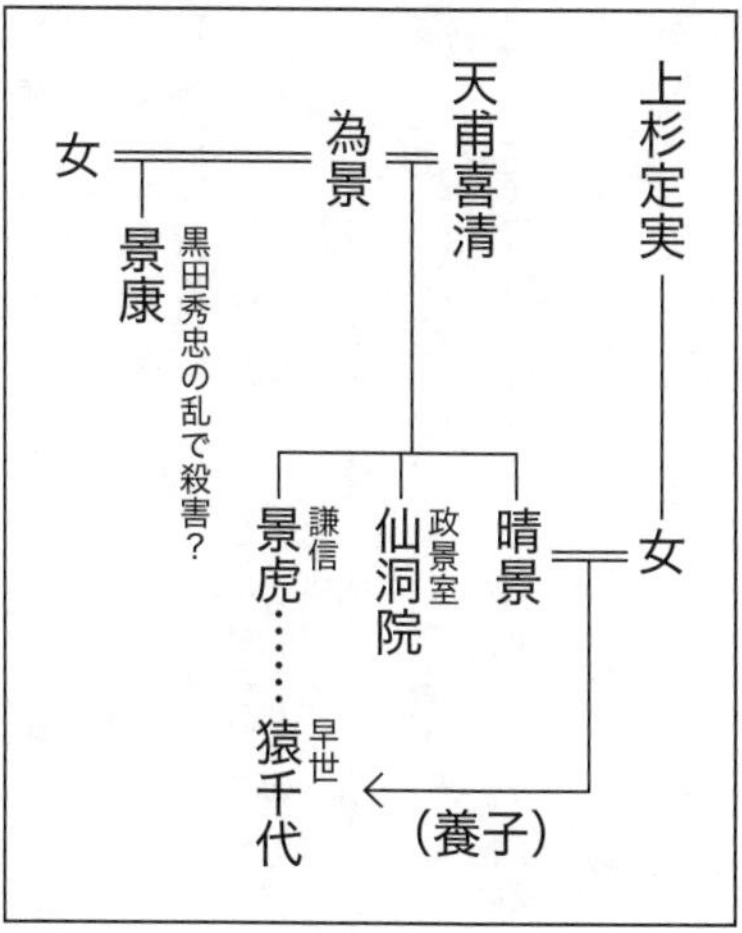

天文一一年（一五四二）六月、稙宗のもとに時宗丸を迎える使者として平子《たいらこ》豊後守《ぶんごのかみ》（上杉重臣）が「山伏」の姿で到着した（『蟻坂文書』）。明らかに隠密の使者である。山

伏姿でありながら、これが正使とわかったのは過去の養子交渉にも遣わされていたからだろう。

伊達家の記録ではこの時、上杉家からの引出物として家紋を譲られている。黒田秀忠の誅《ちゅう》戮《りく》を逃れた上杉家臣たちが稙宗に援軍を求めたのかもしれない。使者は手土産として定実の「実」の一文字、名刀「宇佐美長光」、そして「竹雀幕紋」を委譲すると述べた（『伊達正統世次考』、『伊達家文書』三二九〇）。

ここにきて隠密に手土産を提示するのは不可解だが、玄清と晴景および黒田秀忠への抵抗勢力が、少しでも優位な条件を提示して稙宗に支援を求めたと考えれば、従来不可解だった諸問題も解消できるのではないだろうか。

申し出に喜ぶ稙宗は精鋭一〇〇騎を派遣することを約束し、出発日を二三日と定めた。だが、六月二〇日、稙宗の長男・晴宗《はるむね》が稙宗を拉致して、これを阻止した。

ここに「伊達天文の乱」と呼ばれる父子相克が発生した。即座に監禁先から脱した稙宗は、息子への対決姿勢を露わにした。この御家騒動で、交渉は暗礁《あんしょう》に乗り上げ、玄清は養子を迎えられなくなってしまった。

これから六年後の天文一七年（一五四八）、伊達天文の乱は稙宗が引退を宣言する形で終了する。晴宗が勝利したのだ。すでに兄のもとへ引き取られていた時宗丸は、元服して伊達実元《さねもと》と名乗り、晴宗に忠節を尽くしていく。二年後、玄清は跡継ぎのないまま病没。越後上杉家は断絶することとなった。養子交渉は全て無に帰したのである。

晴景から家督を継承した景虎

さて、越後の中郡栃尾城を拠点に、まだ中学生ぐらいの年齢の長尾平三《へいぞう》景虎が軍事活動を取り始めていた。何者と争っていたかは一次史料に具体的記述がなく、二次史料も一貫性を欠いていて確かなことはわからない。ただ、「代々の軍刀」をもって逆徒を平らげていったと本人が証言しているので、為景以来の譜代家臣に支えられながら武威を広げたものと思われる。軍刀が向けられたのは、晴景を擁する黒田秀忠の一派だったのではなかろうか。

そしてこれに勝利した景虎は晴景のいる春日山城をも制圧した。そこへ上杉玄清が仲介に入り、天文一七年（一五四八）一二月、十九歳の景虎は晴景から家督を譲られた。景虎は残る抵抗勢力を平定していき、越後の内乱を沈静化させた。

加えて景虎は生まれたばかりの晴景の長男・猿千代《さるちよ》を養嗣子とすることで、自らの野心を否定した（『謙信公御年譜』）。ただし猿千代は父に似て病弱だったらしく、後に早世することとなる。

なお、玄清は天文一九年（一五五〇）二月二六日に亡くなり、晴景は翌年（一五五一）二月一〇日に亡くなった（『越後過去名簿』）。晴景の享年は不明だが、大永七年（一五二七）生まれとすれば二十五歳と考えられる。謙信の文書に「晴景病者故《びようしやゆえ》」（上越市史一三四）と回顧されているので、その最期は病死と見るのが妥当だろう。

玄清死去から二日後の天文一九年二月二八日、景虎は将軍・足利義藤《よしふじ》（義輝）から毛氈鞍覆と白傘袋の使用を許され、地方政権の正当性を認められた。玄清の死期が近いのを見て事前工作を進めていたようだ。ここに越後の政権は若き景虎が担っていくことになる。

長尾景虎の政権意識

ここで、新政権のトップとなった景虎の意識を推測してみよう。「謙信に旗なし」と言われ、後継者である上杉景勝も旗や幔幕《まんまく》に長尾と上杉の家紋を使わなかった（『管窺武鑑《かんきぶかん》』）。

二人は軍旗に毘沙門天《びしやもんてん》の御名と紺地日の丸を使用したが、家紋を使った形跡はない。一部の遺品に家紋を施しているのが確認されているだけである（竹村二〇一〇）。

若き日の景虎は〝無〟の一文字を好んで旗に使ったと伝わっている。黒田秀忠と争った時も長尾の家紋ではなく、〝無〟の旗を翻《ひるがえ》したことだろう。それは当主となってからも通し続けたと考えられる。為景は権力への野心があって簒奪《さんだつ》を進めたわけではない。やむに止まれぬ事情から高い地位に押し上げられ、それがまた反発を集めた。父の背中を見て育った景虎は、権勢に驕《おご》っていると誤解される要素を排除したいと考えていた。

第六節　正戦思想の発露

大義と人気を重視する政権

長尾景虎は他者が自発的に協力してくれることを好んだ。

景虎は公的な政権としての正当性をまともに獲得できなかった。守護不在の守護代という身など、社長不在の副社長のようなものである。だが、国内領主層の民意による実効支配を成立させ、幕府から既成事実を追認された。

ここに景虎政権の性格を看取できよう。景虎からすれば、確かな支持を得るには、自分個

上杉謙信公像・春日山城（著者撮影）

人の人気と大義名分が必要である。

　正しい戦争と正しい政治を指向する景虎個人の気質がこの状況に適合していた。ある意味では、権力闘争の内乱に明け暮れていた越後の領主たちにとって待望の国主であった。

　もちろん国内には景虎を支持しない者もいた。例えば越後上田庄《うえだのしょう》に蟠踞《ばんきょ》する長尾政景《まさかげ》（関東山内《やまのうち》上杉家臣）である。だが政景は景虎の軍事的圧力を前にして降伏を決断。その政権に服して景虎の姉を室に迎え入れた。

　さらに他国でも景虎を排除したいと考える勢力があった。その筆頭が甲斐守護・武田晴信《はるのぶ》である。晴信は信濃に進出を重ねており、村上義清《むらかみよしきよ》ら本貫《ほんがん》を逐われた信濃領主は越後へ亡命して景虎に支援を求めた。安全保障上、晴信の北信進出は黙視できない。大将として自分を頼ってくる者たちを無碍《むげ》にもできない。特に晴信は私欲から他人の領地を奪い、神社仏閣を破壊するなど、景虎の秩序意識を逆撫でする所業を繰り返している。景虎は晴信との対決姿勢を明らかにした。

第一次川中島合戦《かわなかじまかっせん》と呼ばれる闘争が勃発する。

上田原合戦と川中島合戦

景虎は春日山城まで逃れてきた村上義清に晴信への対策を尋ねた。かつて義清は天文一七年（一五四八）二月一四日の上田原合戦において、晴信の旗本まで馬上で乱入して、総大将たる晴信に刀傷を負わせる戦果をあげていたからである（『妙法寺記』天文一七年条）。

義清が言うには、晴信配下の真田幸綱《ゆきつな》（幸隆）の策によって、多数の旗本たちを殺害され、軍事力を失ったため、旗本の遺族や雑兵を揃えて、一か八かの決戦を挑んだという（『軍鑑』）。その方法はにわか集めの新兵たちに、旗本の遺品である長柄鑓《やり》・鉄炮《てつぽう》・弓《ゆみ》を持たせて、武装別に編成することから始まる。

義清はこれら歩兵を前列に置き、後列に騎馬隊を置く隊形を定めた。彼らには現場判断を委ねられる経験がないので、義清の号令一下、あらかじめ定められた動きを連携させ、晴信と撃ち合う戦法を実行させた。決戦当日、義清の策が発動される。

義清は上田原において味方である諸隊（義清の旗本ではない独立領主たち）に武田諸隊の足止めを要請した。武田諸隊が拘束されている間に、自ら戦場を迂回して晴信の旗本へ迫る作戦だった。

作戦はほぼ成功した。義清は晴信に接近すると、合図を受けた歩兵たちに鉄炮を放たせた。それまで鉄炮は籠城戦もしくは個人戦の兵器として、小競り合いを優位に進めるのに活用されていたが、野戦に大量投入する例はなかった。追い詰められていた義清には、狙撃に秀でた人材を育てる時間もない。一斉放火という集団戦法で、個々の技術不足を埋めようとしたのである。

すると武田本陣の密集隊形が崩れ始めた。義清は鉄炮の弾が尽きると、続けて弓矢を放たせた。乱れた敵兵を長柄鑓で押し進む。強引な一点突破で晴信の旗本にできた隙間から、騎馬隊が殺到する。これは戦場で、敵の総大将を暗殺する作戦であった。

想定外の出来事に武田軍は混乱した。しかも晴信は義清を侮《あなど》って馬上での一騎討ちに応じた。結果、晴信は負傷させられたのである。

乱暴な戦法だが、地方でもすでに鉄炮と足軽が普及しており、従来の戦争と全く異質な戦い方を可能にする土壌があった。にわか仕立ての作戦は途中まで順調に進み、板垣信方《いたがきのぶかた》や甘《あま》利《り》虎泰《とらやす》など武田家重臣を討ち取る戦果を挙げた。

ところが晴信が練り上げた軍法は、この突発的な事件を克服する。崩された隊形を合図と目印ですぐに回復させ、さらに腹心の山本勘介《やまもとかんすけ》が敵軍の脇腹を突いて義清の隊を崩したのだ。これにより村上軍は敗退した。

打ち続く武田軍の圧力に抗する術《すべ》を失った義清は、天文二二年（一五五三）八月に本拠地の葛尾《かつらお》城を捨て、越後へ亡命することにした。義清を受け入れた景虎は、義清の戦法を継受して、晴信に立ち向かう決意を表明する。その舞台となるのが川中島であった。

川中島合戦の勃発――全軍を一部隊のように運用

同年九月一日、景虎は義清の旧領奪還と国土防衛のため春日山城を発ち、北信濃に侵攻した。『軍鑑』品第二九は信濃の「地蔵到下《じぞうとうげ》」に現れた長尾軍について「景虎は一万の人数を一手（＝一部隊）のごとくにくみあわせ、一のさき《先》二の手（＝最前列の二つ目）に我旗本をたて」と描写する。全軍を一部隊のように運用するなど、前例のない軍隊編成である。景虎は父兄の代から重ねてきた抗争により、このレベルまで国内の領主たちを統制できていたのだ。

しかも「越後は甲州《こうしゆう》四ツ合せたる程の大国」（『軍鑑』品第二九）で、景虎には義清が即成《そくせい》した軍隊編成をより大規模化して運用する人数と統制と資金が揃っていた。

緒戦では長尾軍が八幡原《はちまんぱら》で武田軍（指揮官不明）を破り、荒砥《あらと》城の武田兵が逃亡する状況を得た。景虎は名高い武田軍を相手に順調なスタートを切り、誇らしい気分になっただろう。ところが晴信は長尾軍との直接対決を避け続け、景虎は念願の直接決戦を果たすことなく、同月二〇日に撤退した（『高白斎記』「廿日甲子越後衆退之而巳刻申来る」）。

村上義清の旧領奪還を中断した形だが、これには理由があった。別の重要な案件があったのだ。義清が支援を求めなければ、そのまますぐに上洛する予定でいたのである。

同年五月、前年「弾正少弼《だんじようしようひつ》」に任じてもらえるよう取り計らってくれた将軍・足利義藤への返礼に太刀・馬・大鷹・青銅銭を贈っていた。ところがその義藤は畿内の有力者・三好《みよし》長慶《ながよし》との関係が急速に悪化して、ついに三好軍と合戦に至っていた。結果は三好軍の勝利に終わり、義藤は八月中に近江へ亡命することとなった。その後、義藤は帰洛を望んで様々に動くが、何年も京都へ戻れない状態に陥った。

景虎は合戦後すぐに京都へ向かって進発した。そして禁裏に赴くと天皇に拝謁して、御剣と天杯を下賜される栄誉に浴すとともに、住国《じゆうこく》ならびに隣国において敵心を抱く者たちを討伐すべしとの治罰綸旨を賜った。その後、堺へ立ち寄り、また大坂本願寺と接触し、高野山に登るなどして、京都畿内の各所を巡った。景虎はあらかじめ潤沢《じゆんたく》な資金を事前に準備していたであろう。

ということは、この上洛は川中島合戦以前から計画されていたはずで、景虎は義清への支援を一通り終えたあと、普通しばらく越後で将兵を休ませるところを、将軍亡命という畿内情勢の変動を知り、自身の計画（天皇への拝謁、寺社との接触等）が中座することを恐れ、上洛を急いだのだろう。

川中島合戦は、急遽助けを求めてきた義清を帰郷させるべく、短期決戦で晴信を討ち取るつもりであったが、思うように捗《はかど》らなかった。やむなく可能な範囲の助力に留めて帰国したあと、予定通りに京都へ向かったのである。晴信は大敵ではあるが互いに恨みもないので、適度なところで手打ちにすることを視野に入れ、片手間感覚に終わらせたのであろう。双方とも、互いがその後の人生を大きく左右する宿敵になるとはまだ予想していなかった。

宗心への改号と受戒

在京中の天文二二年（一五五三）、景虎は京都大徳寺《だいとくじ》で「宗心《そうしん》」の法号とともに「三帰五《さんきご》戒《かい》」を授かった。五戒は在家信者が守るもので、不殺生《ふせっしょう》（殺さず）・不偸盗《ふちゅうとう》（奪わず）・不邪《ふじゃ》淫《いん》（犯さず）・不妄語《ふもうご》（虚言せず）・不飲酒《ふおんじゅ》（飲酒せず）の誓いを立てる。

だが国主であり大将である宗心にこれらの堅守は可能だろうか。もし後継者に実子を儲けないつもりなら「不邪淫」は可能である。「不飲酒」は主従や同心の儀式で盃《さかずき》を交わせなくなるが、絶対に不可能でもない。「不偸盗」は自身の軍事行動を侵略戦争としないよう努めれば守れよう。

しかし戦争の主催者が虚言や殺生と無縁でいることは困難である。奇襲を含めた作戦の最終決定者が「不妄語」を常に守るのは不利である。戦後処理の話し合いにも制限がかかる。「不殺生」の完徹も厳しく、軍陣で家臣や従者に殺人の役を強制しておきながら、自分だけ潔癖であろうとすれば、将士の心は徐々に離れていく。

それでも宗心はこの誓いを立てた。この時、宗心は大小の刀を外して法衣を着用し、護身用の仕込み杖を携える装束で身を整えたことだろう。戦場に赴かざるを得ない時は白い頭巾を使用したかもしれない。ただ、いつまでもこんなことをするつもりはなく、遠からず引退する決意を固めていたと考えられる。宗心への改号と受戒は、引退宣言だったのである。

宗心の憂鬱

天文二三年（一五五四）、宗心は越後に帰国する。

その頃、国内では守護・上杉家臣と守護代・長尾家臣が、旧来の関係を捨てて、景虎政権を支え合うことになっていたにもかかわらず、両者の間に確執があり、特に景虎の功臣である長尾家の本庄実乃《ほんじょうさねより》と、上杉家の財務担当だった大熊朝秀《おおくまともひで》の対立が表面化していた。本庄方である上野家成《うえのいえなり》と、大熊方である下平吉長《しただいらよしなが》が領地問題で揉めて、それぞれのバックが相論状態に入っていたのである。

翌年（一五五五）正月、中郡柏崎の善根《ぜごん》で佐橋荘・鵜川荘の領主間で係争があり、宗心自らこれを沈静化している（阿部一九八八）。またこちらは伝承だが、同年八月には長尾家臣の柿崎景家《かきざきかげいえ》が上杉家臣の村山直長《むらやまなおなが》を殺害したとされ、両派対立の形跡らしきものを散見する。

宗心は国内の派閥争いを思うように解決できず、精神的に余裕を失ってしまった。三月二三日付の上野家成書状によれば、両者の仲介に疲れた「殿様」こと宗心が「御隠居」を言い出し、「諸公事停止」となる事態が発生した（上越市史一一五）。

第二次川中島合戦と戦後の出奔

同年三月、武田軍が北信濃安曇《あずみ》郡北部に進出して、翌月、善光寺別当《ぜんこうじべっとう》・栗田永寿《くりたえいじゅ》が長尾方から武田方へ転属した。これを聞いた宗心はさすがに看過できず現地へと出馬した。第二次川中島合戦の勃発である。

七月一九日、武田軍と現地の村上義清と高梨政頼《たかなしまさより》が交戦し、二三日、宗心が善光寺に着陣（『妙法寺記』）。そこからの軍事的衝突は見られず対陣は長期化する。双方とも慎重に構えたのだろう。宗心は四月頃から「景虎」の名乗りを使っており、一時的に修行の身を離れて戒律から距離を置かなければ、この問題に向き合えないと考えたようである。

改元して弘治《こうじ》元年（一五五五）一〇月、景虎は軍紀粛正を図り、属将たちに陣中で「何ヶ年」の長陣でも在陣すること、喧嘩や無道をする従者は成敗すること、布陣について存念があれば開陣すること、どこに赴くことになっても必ず働くこと、再戦時にはたとえ自分一騎になろうとも出陣することを誓わせた（上越市史一二九）。

閏一〇月一五日、長期化する対陣を解決させようと晴信の手引きで今川義元が仲介に入った。これにより「和談」が成立した。両軍ともに帰国して人馬の疲れを癒したという。

これで一応、第二次川中島合戦は終結する。

帰国した景虎は再び宗心の法号を名乗った。その後、宗心は越後下郡の領主である中条氏と黒川氏の境界争いを裁定して「満足」のいく解決を得た。ところが異議申し立てがあった。一度和解したはずの両者が相論を再発させたのだ。越後国内はまだまだ落ち着きそうになく、しかも本庄実乃と大熊朝秀の不和も継続していた。

嫌気がさしたのであろう。弘治二年（一五五六）、宗心はついに出奔《しゅっぽん》を決意する。宗心が恩師・天室光育に送った手紙に、長尾家と自らの功績を誇らしく書き綴ったあと、せっかく越後が豊かになったのに「横合《よこあい》（善根の乱等）」があった上、家臣が言うことを聞かなくなってきたこと（本庄実乃ら功臣派と大熊朝秀ら旧上杉派の対立）を嘆き、「【意訳】功が成り、名を遂げれば身を引くとの故事がありますので自分も遠国へ罷《まか》り越すことにしました」と表明した（上越市史一三四）。

本当に僧侶となる覚悟を決めたのである。

宗心は手紙の最後で「幸い譜代家中の者は経験豊かです。しっかりと納得のいく話し合いをするのが肝要だと、和尚《おしょう》が指導してください」と結んだがそうはいかなかった。

大熊朝秀が挙兵したのだ。孤立を深めていた朝秀は武田晴信に調略されて反乱を決行した。会津《あいづ》の蘆名盛氏《あしなもりうじ》もこれに呼応、ここに前代未聞の危機が迫った。甲信・会津からの越後侵略計画である。朝秀は宗心不在の機に、本庄らが牛耳《ぎゅうじ》る越後に報復してやろうと考えたのだろう。

それまでに長尾政景が宗心に向かって強く言い放った（『信玄公御年譜』、上越市史一三六）。「上田庄だけでなく国中の面々が困っているのに、亡き兄の命令から外れて、このまま隠遁するおつもりですか。きっと世間は、景虎様は隣国の兇徒（武田晴信）を怖がって乱世から逃げたのだと批難するでしょう。先祖代々の武名が汚れても私は知りませんが」

宗心の自尊心を突いたのだ。八月一七日までに宗心は帰国を決意（上越市史一三六）。景虎の俗名に戻り、戒律も法号も捨てて陣頭指揮を取ると、大熊の乱を速やかに鎮圧した。越後を逐われた朝秀は武田家に仕官する。景虎の帰還に喜んだ家臣たちは誓詞と証人（人質）を差し出し、忠誠を誓ったという。

第三次川中島合戦と「義」の提唱

弘治三年（一五五七）正月二〇日、景虎は信濃将士の要請に応じて武田晴信と合戦するべく、信濃の更級郡八幡宮に願文を捧げた。景虎はそこで「【意訳】武田晴信という佞臣は、国を奪うためだけに信濃の罪なき諸士を悉《ことごと》く滅ぼし、神社仏塔も破壊して、人々の悲嘆は累年に及ぶ」と晴信の所業を批難し、「晴信に私的な遺恨はないが、信濃を助けるため闘争するつもりだ」と述べた。

武将の願文には神仏を背景にする政治的演出の一面があったが、景虎はこれまでになく自らの軍事行動を正当化しようとした。

これから戦う武田晴信は「甲斐守護職」で、少なくとも本国では正当な公権力である。自身は守護不在の越後で民意に支えられただけの「越後守護代」に過ぎず、大義で劣る恐れがあると考え、普遍的善悪を持ち出したのだろう。ここに景虎の理想と現実を結ぶ「義」の概念が生まれた。

四月一八日、越後府中を出た景虎は信濃善光寺に着陣したあと、小菅山元隆寺《こすげざんげんりゅうじ》に五月一〇日付の願文を捧げた。そこでは「【訓読】義を以《もっ》て不義を誅《ちゅう》す」、「天下の憂《うれい》を除く」などと正義の合戦を強調した。ここに初めて自身の〝正戦思想〟（不正を正す戦いの思想）を表明したのである。

八月には川中島北方の上野原（長野市上野）で戦闘があった。合戦後、副将の政景が家臣への感状に「【意訳】勝利を得た」と記しているから一定以上の戦果を得たらしいが、大きな影響はなく両軍痛み分けのまま撤退した。同年秋、将軍・足利義輝から晴信のもとに使僧が遣わされた。使僧は「甲越和睦之刷」を提案する将軍御内書を携えていた。

二度目の上洛と近衛前嗣の「密事」

越甲両軍は将軍の調停により停戦した。信越国境の紛争は終息したのである。そして永禄二年（一五五九）春、景虎は将軍の要請により二度目の上洛を挙行した。六年前の上洛は少人数だったが、今回は一五〇〇人（『言継卿記《ときつぐきょうき》』）という大人数であった。

将軍・義輝（もと義藤）は戦乱により五年間京都を離れていた。それが前年一二月ようやく帰京できたので、景虎に「祇候《しこう》（伺候）」を要請したのである。

これは幕府の政治をあるべき姿へ戻そうとする試みだった。

景虎は日々率先して将軍の御前に出仕した。景虎の対応には幕臣の松永久秀が当たった。京都の治安維持が景虎の仕事だっただろう。しかし景虎に続いて在京奉公しようとする大名は現れず、義輝と景虎の目論見は外れていく。

ちょうどその頃、義輝の親友で義兄の若き関白・近衛《このえ》前嗣《さきつぐ》は鬱屈していた。今の京都は三好長慶と松永久秀の影響下にあり、将軍だけでなく関白もまた不遇の思いを深めていた。

そうしたところ景虎が自身の旗本を仰々しく連れて、しかもこれまで誰も見たこともない重武装で粛々と行進してきた。行列には見物客が押し寄せた。前嗣は若き大将が将軍への忠誠心が篤いこと、前例のない軍隊の統率ぶりを頼もしいと思ったようで、景虎に密かな接触を望んできた。

同年六月二一日、前嗣は近江《おうみ》坂本で景虎と密談して、奇妙な計画を語らった。二人は相当意気投合したらしく、筆先を互いの血液で濡らし、七箇条の血書起請文を取り交わした。

そこで前嗣は「【意訳】①今度、景虎を誰よりも頼り越後・関東へ下向すること」「②景虎と一蓮托生の覚悟であり続けること」「③〝密事〟（＝密約）は他言しないこと」「④景虎在京時に必要なことがあれば、可能な限り協力すること」「⑤もし讒言《ざんげん》があったらお互いが不信感を持ち合わないように連絡すること」「⑥遠慮のない関係を保つため、（景虎から）無礼があっても悪く思わないこと」「⑦右の約束を一つとして破らないこと」を誓った。

最も注目すべきは三条目の「密事」で、これは景虎と共謀して関東を自勢力に組み入れ、ここに近衛前嗣が関東公方になって君臨し、景虎の補佐のもと、大軍を率いて上洛することだったと思われる。その上で「京都政治の刷新」を実施するのだ。

図6　近衛前嗣血書起請文

出典：高橋義彦 編『越佐史料』巻4（昭和3年）国立国会図書館デジタルコレクション

　前嗣の企みは大胆だったが、そうでもしない限り幕府政治は永遠に立ち行かず、戦国時代も終わりなく続いてしまう現実があり、正戦思想の景虎が奮起するに充分な内容だった。

　この「密事」は史料で読み取れる限り、双方合意のもと、将軍・義輝、知《ち》恩寺《おんじ》三〇世長老・岌州《ぎゅうしゅう》、長尾家臣・直《なお》江《え》実綱《さねつな》（のちの景綱）には打ち明けられたようである。前嗣と義輝は二十四歳、景虎は三十歳。実綱は年齢未詳だが、娘の宝林院が弘治三年（一五五七）生まれであることから考えて、景虎と同世代だろう。岌州は年齢未詳。総じて青々しい顔ぶれである。

関白・将軍の支援

ほどなく景虎帰国の噂が立った。義輝は「ただの噂で、そんなわけがないことはよく知っている」と景虎に伝えたが、事実を知ると最終的にこれを認めた。幕府再建のため、計画に乗ったのである。

その際、義輝は手土産として景虎に「屋形（管領・守護級の敬称）」の称号と「五七桐紋《ごしちきりもん》（足利一族の紋）」の使用許可と「裏書御免《うらがきごめん》（幕府への書状で封紙の署名を略する資格）」の特権を与えた。これは義輝が「長尾景虎は幕府にとってかけがえのない大名であるから、みなみな心して接するように」と言っているのに等しい破格の厚遇であった。景虎が帰国すると、特に先例では将軍家・相伴衆《しょうばんしゅう》・管領家以外認められなかった「裏書御免」を許された話の真偽を、安房《あわ》里見《さとみ》家臣・正木時茂《まさきときしげ》が尋ねてくるほどであった（上越市史二一四）。

また、義輝は関東相模の北条氏康に敗れて越後に亡命している山内上杉五郎（憲政《のりまさ》）の「進退」主導を認めた。ここに景虎が関東へ乗り出す準備が整えられていった。

第七節　越相大戦の勃発

里見家からの援軍要請に応じる

永禄三年（一五六〇）三月二六日、長尾景虎が動き出す。攻めたのは越中だった。景虎は武田信玄（もと晴信）に内通する神保長職《じんぼながもと》を打ち破り、同月末富山《とやま》城を制圧する。景虎が帰国すると、吉報に喜んだ上杉光哲《こうてつ》（憲政）が長尾政景を介して「凱旋した勢いで関東に越山してもらいたい」と伝達してきた。実は同年一月中、北条軍が里見義堯《よしたか》・義弘《よしひろ》父子が拠点とする安房《あわ》の久留里《くるり》城攻めに着手していたため、里見家からの援軍要請があったのだ。景虎はすぐに越山準備に取りかかる。

ここへ驚きの展開が起こる。同年五月一九日、桶狭間《おけはざま》合戦が勃発し、尾張《おわり》の織田信長が駿《する》河《が》の今川義元を討ち取ったのだ。

八月下旬、越山した景虎が上野《こうずけ》に入り、同国の制圧に乗り出す。九月上旬までには沼田康《ぬまたやす》元《もと》が在番する沼田《ぬまた》城を攻略。そのまま光哲の分国上野を奪還した。景虎は将軍御内書の写しを持たせた使者を関東中に走らせる。すると諸国の諸士が続々と馳せ参じた。

ここに光哲自身も越山して、上野厩橋《まやばし》城の景虎と合流した。事態を深刻視する北条氏康・氏政《うじまさ》父子は、安房久留里城の攻囲を解き、武蔵河越《かわごえ》城まで移動した。

表向きの越山は、上杉光哲の失地回復と安房里見家の支援にあったので目的をほぼ達成していたが、ここで進軍を止めるつもりはない。

ここで氏康・氏政父子は慎重策を採って小田原城へと後退。

一方、京都の近衛前嗣は九月一八日までに朝廷に暇乞いし、弟の聖護院道澄《しょうごいんどうちょう》、家礼の西洞院時秀《にしのとういんときひで》、岌州上人《ぎゅうしゅうしょうにん》を連れて京を出た。景虎支援に乗り出してきたのだ。一行は上野厩橋城で景虎と合流した。

一〇月、武田信玄は大坂の本願寺顕如《けんにょ》に、加賀・越中の一向一揆を蜂起させ、越後を攻めるよう要請するが、関白一行は不穏な北陸道の情勢をものともせず越後に堂々到着した。

景虎は一行の到着を待ちながら、厩橋城で年を越した。

図7　戦国関東地図

黒川城
陸奥
越後
春日山城
坂戸城
下野
野尻城
飯山城
沼田城
上野
海津城
太田城
葛尾城
桐生城
厩橋城
足利城
碓氷峠
唐沢山城
常陸
和田城
藤岡城
筑波城
深志城
平井城
館林城
忍城
古河城
小田城
松山城
関宿城
信濃
武蔵
河越城
躑躅ケ崎館
小金城
下総
江戸城
臼井城
甲斐
勝沼城
小机城
相模
権現山城
高麗山城
上総
小田原城
鎌倉
駿河
安房
駿府城
伊豆

景虎、関東管領の名代職に就任

景虎の関東越山には、北条氏康・氏政だけでなく、古河公方《こがくぼう》・足利義氏《よしうじ》も対策を練った。義氏は氏康の甥で、氏康の娘である浄光院《じょうこういん》殿を娶っていた。公方と北条家は運命共同体だったのである。義氏は交戦中の結城晴朝《ゆうきはるとも》と佐竹義昭《さたけよしあき》を停戦させて、景虎の侵攻防止に努めるよう要請するが、思うように進展せず焦燥感を強めていたと思われる。

義氏は景虎および前嗣による更迭《こうてつ》を警戒していたであろう。

この大乱で下手を打てば公方の地位を降ろされ、異母兄の足利藤氏《ふじうじ》に家督を譲らされる恐れがある。藤氏は自分および北条家に何度も楯突いてきた簗田晴助《やなだはるすけ》の姉の息子なのだ。

翌年（一五六二）一月下旬、その義氏が拠点とする下総関宿城《しもうさせきやど》に、関東の大軍が押し寄せてくる。

大軍を前にした義氏は下総関宿城から同国小金《こがね》城へ、ついで上総佐貫《かずささぬき》城へと移座した。

二月になるとこの人数はより増加する。後世の記録によると、雑兵を含めて一一万五〇〇〇人だったと伝えられている。三月、景虎は太田資正《おおたすけまさ》の先導に従い、武蔵松山《まつやま》城→河越《かわごえ》城→稲毛《いなげ》城→小杉《こすぎ》城→小机《こづくえ》城→権現山《ごんげんやま》城→高麗山《こまやま》城を通ったようである。

同月一三日未明、景虎は高麗山の麓、山下に本陣を置くと、小田原城に攻撃を開始する。抵抗する北条軍の戦線も後退し、連合軍は同月下旬までに酒匂川《さかわがわ》を占領した。

北条軍が粘り強く持ち堪えている間に、今川氏真が援軍を送ってきた。桶狭間戦後、まだ三河方面の情勢が落ち着かない中、無理を押す派兵であった。さらに氏真は自身の出馬も予定していると氏康に連絡した。加えて武田信玄も碓氷《うすい》峠へ出馬してきた。北条家臣の大藤《だいとう》氏が兵糧輸送を妨害していることも重なり、連合軍の継戦能力が危ぶまれる事態になってきた。ここに連合軍は小田原攻めを停止し、鎌倉八幡宮に集まり、あるイベントを挙行する。

イベントとは、関東諸士からの要望で、景虎が上杉光哲から名跡を譲り受け、関東管領職に就任するというものだった。これは景虎も望まないことだったので、何回も辞退したが、結局は引き受けざるを得なくなった。簗田晴助の強い希望で、古河公方は晴助の姉の子である足利藤氏が就任することになった。閏三月一六日のことである。もちろん義氏の承認など得ておらず、関東諸士の総意という形で体制刷新が決まったのである。

なぜ景虎が名代職に就いたのか

景虎の初期構想は、光哲を鎌倉で管領職に復権させ、関東諸士が常駐して補佐する体制を構築することにあった。その上で関白・近衛前嗣に関東公方を兼任させることを考えていたようだ。ここに関東諸士をまとめあげ、その兵権を掌握することで軍事上洛の実現を考えていたのである。

だが、関東諸士は前嗣と光哲の奉戴《ほうたい》を望まなかった。特に公方はこの大軍を集めるのに奔走した簗田晴助が、甥である藤氏の公方継承を切望しており、いかに関白とはいえ京都の若造に譲ることを許容するはずがなかった。また、敗戦を繰り返して越後へ逃れ、法号を名乗っている光哲を今さら管領に戴くのも論外だっただろう。光哲には関東の秩序を守るための組織も領土も揃っていない。ならば実力ある越後の景虎が管領になればいい。

関東諸士の提案は景虎にとって諸刃の剣であった。提案に従えば関東の兵権を握ることはできる。だが北条に限らず、関東諸士が互いに争う事態に至ったらその仲介に奔走しなければならなくなる。景虎は関東に永住するつもりなどなく、何日も悩まされた。

だが、もし諸士の希望を無視して帰国すれば全てが徒労に終わってしまう。ならば初期構想から逸脱してでも民意に沿って、諸士動員の権利を確保するのが良策だろう。

ここに新公方として足利藤氏が推戴され、自身も光哲の家督を受け継ぎ、長尾景虎あらため山内上杉政虎《やまのうちうえすぎまさとら》と名乗りを改め、関東管領名代《みようだい》職に就いた。

関東諸士が揃っているとはいえ、京都の義輝から承認を得ていないばかりか、このような事態は関白すら想定していないので、ここまでなら単なる私称である。政虎は事態を厩橋に在城する前嗣に事後報告を行った。前嗣は首を傾げたかもしれないが、血書起請文にはもしも景虎に無礼があっても親密にすることを誓っていたので、その決断を祝してこれまでの労に報いた。

史料上唯一の夫婦関係

だが、関東連合軍はすぐに鎌倉を離脱して散会することとなる。原因は、兵糧の不足や疫病の蔓延、成田長泰《なりたながやす》の離反、それに北条軍の粘り強い抗戦と今川氏真・武田信玄の援軍の脅威が重なってしまったことにある。ここに連合軍はあっさり空中分解したのである。

政虎は関東に留まり再戦するつもりでいたが、信玄が直接越後へ出馬する事態を聞いて、考えを改めた。この六月、政虎は本国越後に関東へ「しんさう（新造）」を寄越《よこ》してほしい、そうすれば帰国すると伝えている（上越市史二七五）。

政虎は光哲と血縁関係を結ぶことなく上杉氏を名乗ったので、外聞が憚《はばか》られ、将軍も認めてくれないのではないかと危ぶんでいたのだろう。そこで光哲の身内である女性を新造（新妻）として迎え入れ、正式な家族になり、また彼女を現地に置くことで関東諸士の心を繋ぎ止めようとしたようである。

だが史料上にはこれ以外に夫婦関係を結んだ形跡が見られない。「生涯不犯」の伝説が残されたのもこれに因《ちな》むであろう。関東諸士にすれば、実態がどうあれ自分たちとともに八幡宮の神前で光哲から家督相続の合意を得ていることですでに名分は整っており、政虎を「御屋形様」「山内殿」と敬って利用するのに抵抗などなかった。将軍もこの継承を問題なしと認めて許容した。

同年七月、政虎は越後へ帰国。関東の戦線は氏康・氏政の反攻により著しく後退したが、ひとまず信玄を抑え込まなければならなかった。

第八節　川中島合戦の上杉政虎

永禄辛酉の川中島合戦

永禄四年（一五六一）九月一〇日、信濃北部の川中島で上杉政虎率いる越軍と武田信玄率いる甲軍が激突した。戦闘の詳細を探る根本史料のひとつは信玄遺臣が初稿を書き、その後継者らが補正加筆した『軍鑑』となろう。ほかに参考とすべき文献として、西国の戦国史を描く『陰徳記《いんとくき》』と、謙信の一代記『松隣夜話《しょうりんやわ》』を挙げられる。

『陰徳記』の記主は慶長一八年（一六一三）生まれの香川正矩《かがわまさのり》という武士で、そこに川中島合戦の項も見えるが、近世の戦国軍記では最初期の川中島記事となる。『松隣夜話』の成立時期と記主は不明だが、上杉憲政家臣に小林松隣の号を称する人物がいた（中世史部会一九八九）。通常「独特の名詞＋夜話」の組み合わせで構成される軍記のタイトルは人名を冠するので松隣作と仮定できる。また『軍鑑』の川中島合戦になぜか越後視点の描写があり、この部分は初稿を継承した春日惣次郎《かすがそうじろう》が亡命先の上杉領佐渡で書き上げる際、越後で作られた『松隣夜話』を参考としたと考えられる。なお、『松隣夜話』の記主を宇佐美勝興と見る説もあるが、その論拠は何もない。

私はこれらの成立時期を『松隣夜話』→『軍鑑』→『陰徳記』の順番と思う。加えて後世の米沢藩で編纂された上杉家の正史『謙信公御年譜』も参考とする点がある。

川中島合戦について、ここでは要点のみを記述する。

川中島合戦は上杉政虎が初めて自らの念願を達成した会戦であった。

念願とは、信玄の旗本に自らの旗本を直接ぶつけ、叩き壊す戦法――俗に言う「車懸り《くるまがか》」――の実用と、それに伴う「自身太刀打ち」の実現である。その狙いは壊乱した旗本の奥に控える信玄その人を討ち取ることにあった。

村上義清の隊形から発展した「車懸り」の戦法

政虎が自らの意思で旗本同士の対決に持ち込んだことは『軍鑑』に記述がある。政虎は自軍の諸隊を残らず武田諸隊に接触させ、全軍を足止めさせることで、旗本同士の決戦を実現した。しかし、双方の旗本が拮抗する戦力であったならこんな作戦は成立しない。そんなことをやって、もし政虎が敗れたらその面目は完全に失われてしまう。敵味方に犠牲を強《し》いて、やることが思いつきの無謀であっては支持を得られず、諸隊を指揮する部将たちも進んで足止めに参加することはない。

政虎の旗本が勝利する決定的確信と、客観的な合意を得られる要素があったと見るべきだろう。実際に政虎は信玄の旗本を混乱に陥らせ、信玄本人を負傷させた。

この答えは軍記に記されていないが、『謙信公御年譜』に政虎の編成した旗本の隊列が詳述されており（図8）、かつまたその隊列から考えられる戦法は、豊臣時代の朝鮮出兵で日本軍が見せた独特な戦法と、近世の軍学者が説明する次のような用兵と同一である。

まず最前列に旗隊の行列がある。接敵するとこれらが横列に並び直して横陣のモデルを示す。次に続く鉄炮隊が旗の背後に整列して、旗が左右から離脱したら、銃撃を開始する。一通り銃撃を終えたら、続く弓隊が弓射をもって混乱を誘う。これを繰り返したところで、背後の長柄鑓が一斉に進み出て、混乱した敵隊の回復を防止または拘束する。そこへ敵隊の混乱に乗じる騎馬武者たちが敵隊の奥深くへ乗り入れ、中枢の上級武士たちを討ち取るのだ。

実は村上義清がこの戦法を使って信玄を負傷させたことが『軍鑑』に詳述されており、義清が若き日の景虎にその内容を伝授する描写も川中島と別の項に記されている。これを受け

図8　上杉謙信旗本陣立書

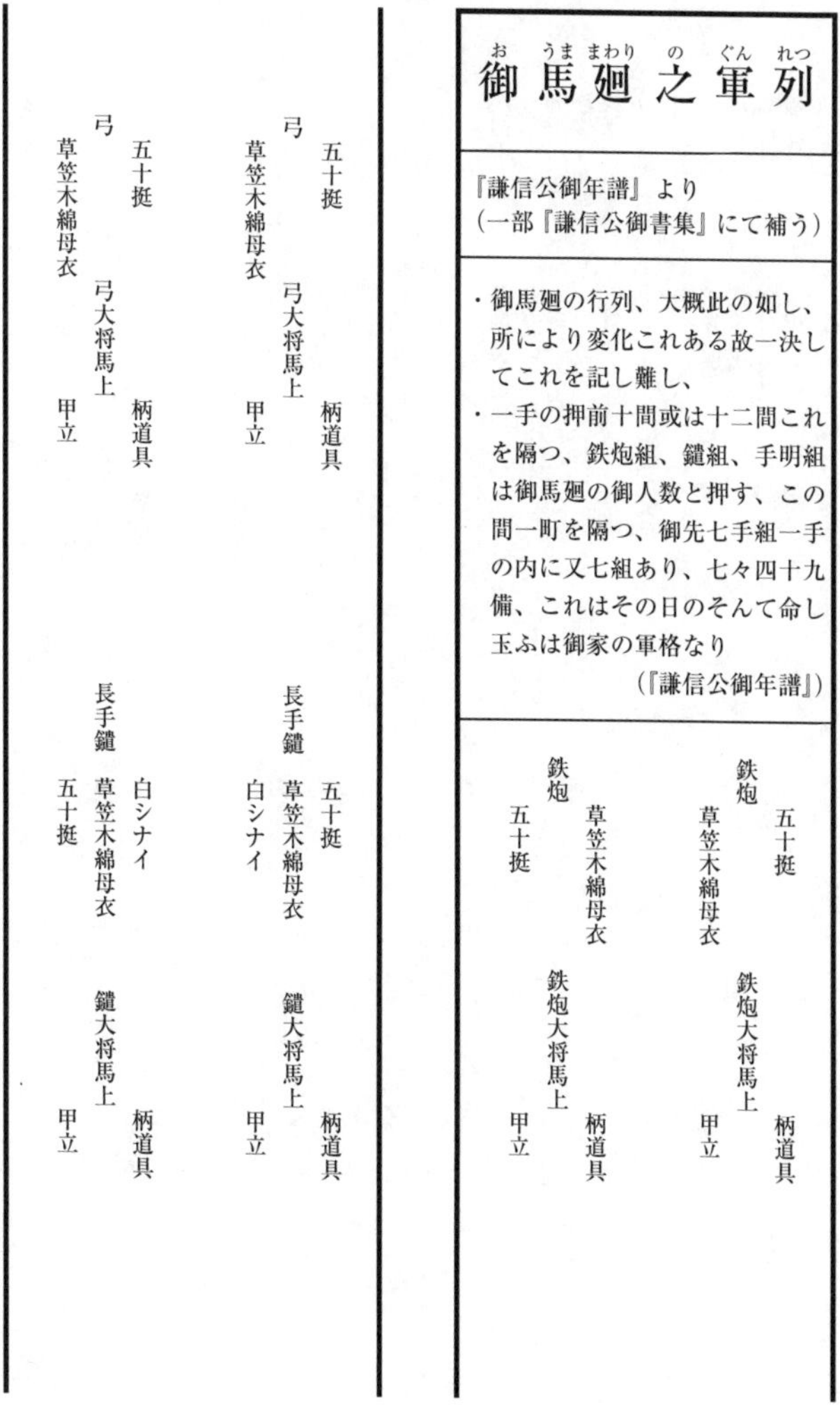

十挺
柄道具
五十騎
不動
金段母衣
金立烏帽子
差物ナシ
揔旗　旗奉行馬上
騎馬
御旗
御持筒
甲立
柄道具
差物ナシ
此間隔
旗奉行馬上
柄道具
五十騎
毘字
金立烏帽子
揔旗　旗奉行馬上
騎馬
御旗
御持筒
金段母衣
甲立
柄道具
十挺

江部太左衛門　渡部雅楽助
十挺
十五挺
安倍彦六　林与三郎
御持弓　長手鑓同
持長柄　草笠
井上与左衛門　武藤又五郎
腰差ナシ
木綿母衣
楡澤与九郎　吉野三助
八木総右衛門　五賀与九郎
馬上ニアラス
馬上ニアラス
鉄炮大将
弓大将
山崎助兵衛　矢小板彦六
八木甚助　神保内膳
長手鑓同
草笠
小竹二郎左衛門　武藤甚内
御持弓　腰差ナシ
持長柄　木綿母衣
原河甚六　渡部伊之助
十挺
十五挺
高野与三　池田弥三

使武者
馬上
横目
馬上ニアラス
鑓大将
白鳥ノ加藤具足不着
御家之旗　役之加藤以後者八幡
ノ出家一人役之
柄道具
武者奉行　甲立
自分之纏馬之先
馬上
横目
使武者

十五人
二十人衆
二十人
御手明
黒具足打物ナカテ
朱具足
三十人衆
太鼓
使武者　使武者
指物扇
役之
御手明　二十人同断
御手明　二十人同断
黒具足
二十人衆役之
御馬印
矢十手半
鉢巻
八幡之御弓
黒具足打物
御手明　二十人同断
十五人
内藤
金ノホウシ立差物
御手明　二十人同断
朱具足
三十人衆
貝
［帽子］
使武者　使武者
指物扇
役之
御手明　二十人同断
（『謙信公御書集』）

二十人衆

秋山
針生
登坂
舟越
五十嵐
小中
鹿島
鈴木
土肥
南斉
土屋
椛澤
毛石
大橋
塚田
林
屋地

二十人衆
御刀
御之
十文字

刀三尺以上銀鞘ハリ[張]
柄二尺一寸小鍔
脇差一尺三寸マテ
黒具足打物ダキ角

御長刀
御床几
御沓
御甲立

十文字
二十人衆
御太刀
御之

鑓　御手明　二十人　近習馬上　使番
鑓　御手明　二十人
鑓　御手明　二十人　騎馬衆　御後詰衆
鑓　御手明　二十人
鑓　御手明　二十人　近習馬上　使番

図9　川中島合戦推定図

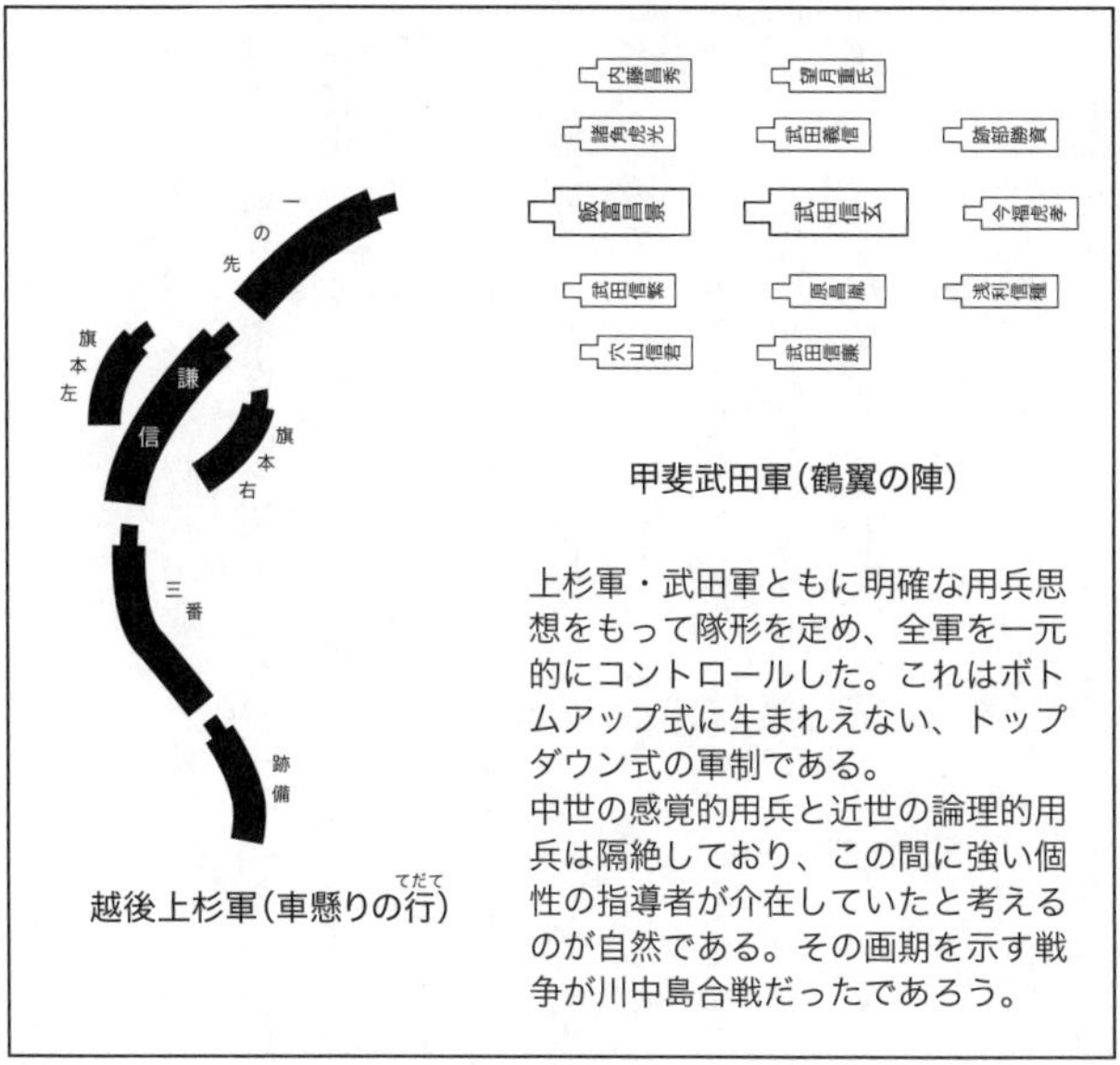

上杉軍・武田軍ともに明確な用兵思想をもって隊形を定め、全軍を一元的にコントロールした。これはボトムアップ式に生まれえない、トップダウン式の軍制である。
中世の感覚的用兵と近世の論理的用兵は隔絶しており、この間に強い個性の指導者が介在していたと考えるのが自然である。その画期を示す戦争が川中島合戦だったであろう。

た景虎が「御馬廻《おうままわり》之軍列」という旗本陣立書を作成させ、義清の戦闘方式を採り入れた。旗本陣立書は、現実の戦闘に備えて設定される単隊の編成配置図で、「御馬廻之軍列」は同カテゴリに属する（乃至二〇一六）。政虎はこれを本格的に実用して確かな戦果を挙げた。逆に言えば、武田軍は深刻な被害を受けた。

政虎と信玄の一騎討ち

川中島の信玄は白い頭巾《ずきん》の騎馬武者の強襲を受けて負傷したと『軍鑑』にある。その時は何者の討ち入りか不明だったが、後から聞いたところ、他ならぬ政虎自身だったと伝えられている。

政虎も信玄も、眼前の武者が敵の総大将かどうか確証を得られなかっただろう。信玄の周囲には山本道鬼斎《やまもとどうきさい》や真田一徳斎《さなだいっとくさい》などの法師武者が多数立ち並んでいた。乗り込んだ政虎は適当な敵に斬りかかったが、要領を得られないまま撤退したようである（乃至二〇二二）。

一般に、〝上杉軍は戦術的勝利を得たが、武田軍は戦略的勝利を得た〟と評されることが多い。だが双方の狙いは北信濃の利権確保にあったわけではない。政虎は信玄を討ち取り、武田軍の妨害を抑止するのが望みで、信玄は自勢力および同盟国への上杉軍の脅威を取り除くことが望みであった。そうした背景を顧慮することなく、地政学的視点からのみ両者を比較するのは、表層的な雑評に終始するのではなかろうか。

同年冬、政虎は足利義輝から偏諱《へんき》を受け、上杉輝虎へと改名した。

戦国時代は上杉・武田・北条の東国「三大名」だけが兵の武装と人数を指定する精緻な「軍役定書《ぐんやくさだめがき》（着到定《ちゃくとうさだめ》）」を制定している（則竹二〇〇九、二〇一〇、二〇一一）。

その理由は単純で、前列に火器を集中して敵部隊の早期壊滅を狙う機動型の縦列編成はこれまで前例がなく、かつまたこれに即応してその目的を阻止するには、同型の縦列編成を採用するほかなかった。ゆえに武田軍と北条軍は上杉軍対策として同種の軍隊運用を導入することにしたのである。

朝鮮で戦った豊臣軍の用兵

そして豊臣時代になるとこの編成と用兵が全国に普及され、異国との合戦で圧倒的な効果を発揮した。

朝鮮出兵での用兵については『宣祖実録』巻七二に整然と列をなす「負旗者（小旗兵）」「鳥銃者（鉄炮兵）」「鑓剣者（長柄歩兵）」そして「奇兵（騎兵）」が計画的に連携して戦う「倭人陣法」の記述がある。その動きを図表化したので見ていただきたい（図10『宣祖実録』巻七二に見える日本の陣法）。豊臣時代の武将たちはこのように隊列を操作して敵隊を壊滅させていたのである。大陸は異国の用兵を克服するため、日本人の捕虜からその仕組みを教わり、これを自軍の用兵として採用していく。

戦国日本で生まれた戦法は、武田軍との抗争で人材を喪失した義清が敵総大将と差し違えるつもりで作り出したものである。それを越後の若き国主が大々的に採用することで、「車懸り」と俗称される用兵を編み出すことになった。

図10　『宣祖実録』巻七二に見える日本の陣法

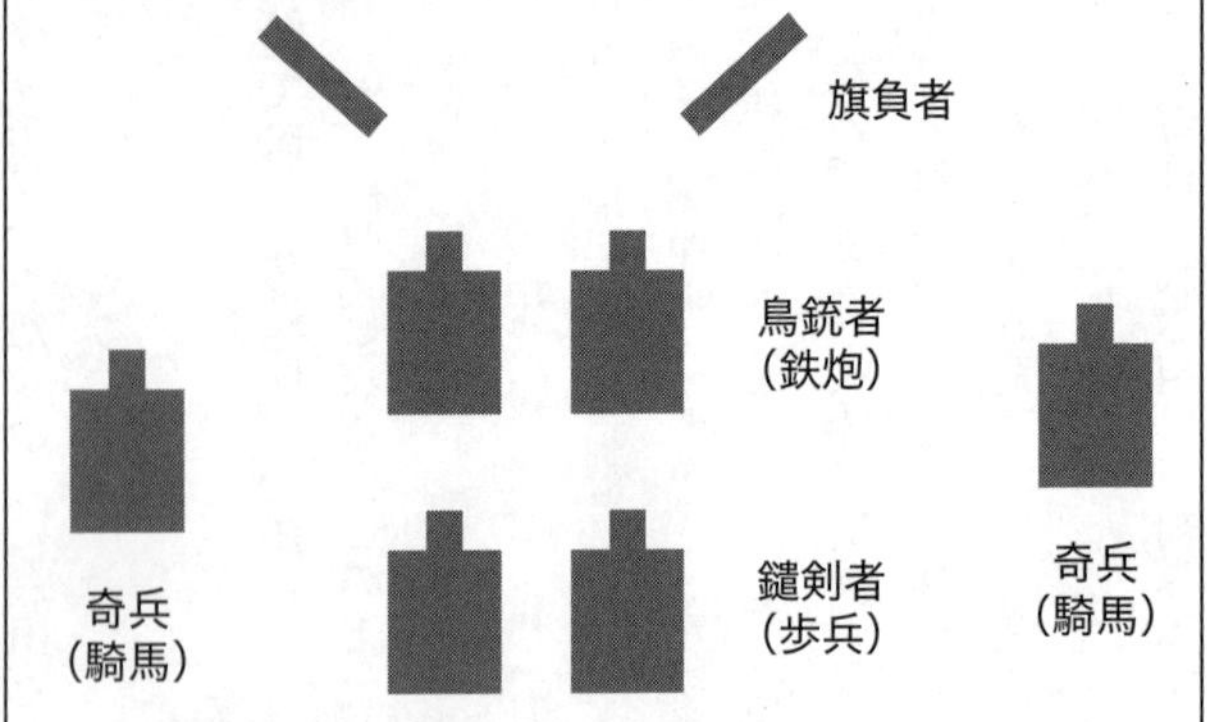

朝鮮史料における日本の陣法

敵味方が接近すると、
引率役の旗持が左右に開き、鉄炮が銃撃を開始する。
その後、歩兵が前進して押し合いを行う。
その間、旗持が騎兵とともに迂回して、
包囲攻撃を展開する。

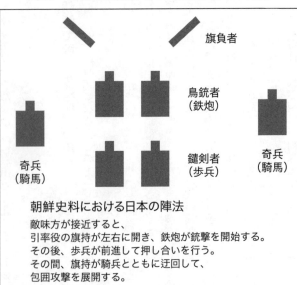

なお、この配置編成は近世の大名行列に受け継がれ、大名行列にその様式を残した。こうした経緯から近世徳川時代には、上杉流と武田流の軍学が特別に信奉され、ついで北条流が支持されることになった。天正五年（一五七七）七月には北条軍も上杉式の用兵を実用しようと試みた形跡がある（遺文北条一九二三、乃至二〇一八）。

上杉・武田・北条以外の大名たちは、謙信存命中、こうした特殊な編成と用兵を導入するどころかその片鱗すら視認できておらず、もしこれと直面した場合、初見では朝鮮軍同様、一方的に蹂躙されたことであろう。

第九節　上洛作戦の破綻と将軍の横死

近衛前久の帰京

川中島合戦から帰国した輝虎は、下総に残した近衛前嗣改め前久《さきひさ》から「【意訳】北条軍が武蔵の松山城を狙っている。急ぎ救援に来てもらいたい」と現地の危機を伝えられ、また関東に遠征する（上越市史二九〇）。

そこで一気にけりをつけようと信玄および氏政との決着をつけようとしたが、会戦を回避されてしまう。輝虎は諸城を制圧したあと、不利な情勢が長期化すると見て、永禄五年（一五六二）三月中、前久と上杉光哲を越後に連れ帰った。

ところが帰国後、運命共同体として誓いを立てていたはずの前久が京都に帰りたいと言い出した。思うようにならない関東に嫌気がさしたようだった。

輝虎は思いとどまるよう諫めたが、前久は不満であったらしく、同年夏、輝虎が越中に遠征している間、こっそり帰京してしまった。前久はあとから輝虎に詫びの書状を送ったが、あまりの出来事に呆然としたのか、輝虎は返事をしなかった。関白からの低姿勢な手紙を黙殺するぐらい輝虎の怒りは大きかったようである。

しばらく間を置いて、前久は「【意訳】お腹立ちはもっともです」「私の若気の至りでした」と反省の色を見せ、「それでも私はあなたのことを悪くは思っていません」と関係修復を試みた（上越市史三三七）。しかし輝虎はやはり返事を寄越さなかった。これで二人の関係は終焉を迎える。前久は京都で、輝虎は東国で、それぞれ別の道を模索していく。

関白が去ったあとの「東国鉾楯無際限」

輝虎は前久撤退後の関東を「【訓読】東国鉾楯《ほこたて》、際限なきこと」と嘆いた（上越市史三二〇）。関東管領の名代職になったおかげで輝虎は諸士に軍勢を催促して、関東を縦断できるようになったが、ここは輝虎の望む戦場ではなかったのだ。

本来ならこの役職をもって関白・近衛前久を補佐する形を執り、ともに上洛するつもりであったが、それが破綻した今、関東管領の肩書きはただ重いばかりであった。

今後もし武田や北条に打ち勝ち、関東を静謐《せいひつ》に導いたところで、上洛は独力で実現しなければならない。北陸道を使うには、越中諸豪、加賀一向衆、越前の朝倉義景がいて、誰がいつ敵となるか予測できない。信濃方面は信玄の勢力に属する領主が多く、美濃の一色《いっしき》斎藤氏も旗幟《きし》鮮明ではない。東海道は武田・北条と親密な今川氏真が立ちはだかることだろう。

これらは近衛前久がいて、ようやく乗り越えられる障壁であった。ここに輝虎の上洛計画は振り出しまで戻ったのである。しかも関東の秩序を保障する立場にあるので、これを放置して動く自由がない。ゼロどころかマイナスからの再スタートとなったのである。

相次ぐ苦境

永禄六年（一五六三）二月、これまで何度も抗争の舞台となった上杉方の重要拠点・武蔵松山城が失陥する。これで東国のパワーバランスは武田・北条方優位に傾いた。

永禄七年（一五六四）正月、越相大戦の関東における反北条派筆頭の安房里見義堯・義弘父子が永禄国府台《こうのだい》合戦で北条軍に大敗。これに伴い、越相大戦の主要人物である太田資正が居城を追放され、漂泊の身となり、その後、常陸佐竹家の庇護を受けることとなった。

上杉方の受難はまだ続く。同年七月、信濃川中島で信玄との決着をつけようとする最中、輝虎が片腕として重用していた長尾政景が急死する事件があった。その最期は事故死とも輝虎の指図による誅殺とも伝わる。越後軍の中核をなす上田衆の組織が機能不全に陥ったことで、この年の（いわゆる第五次）川中島合戦は戦闘不発に終わってしまう。

輝虎は武田や北条相手に立ち向かうのも困難な状況に陥りつつあった。この苦境を乗り越えるには戦闘における決定的勝利を得るのが最上だが、それは敵方も理解しており、正面対決を徹底回避され、自慢の戦列隊形も用立てられないでいた。

輝虎は東国の戦乱に疲れたのか、本来の宿願である上洛路線に目を向け直し、越前朝倉家と連絡を取り合い、永禄八年（一五六五）二月上旬に加賀一向衆を挟撃する計画を立てた。ところが朝倉義景の予定が落ち着かず、さらに上野・武蔵で不穏な動きがあると聞いたため、関東を見捨てられずに予定を変えて越山した（上越市史四五二、四五三）。

このままでは、西上作戦など夢のまた夢であった。

永禄の変に消えた夢

同年の三月、京都の将軍・義輝からも輝虎に関東越山を停止するよう要請があった。将軍は、越後と相模が和睦できるよう輝虎および北条氏康に和睦を打診した。このためか輝虎は

「越山をする」と小山高朝《おやまたかとも》に伝えていながら国内に不穏な動きがあることを理由に越山途中で引き返し、北陸にも関東にも出張らずにいた。

そんな中、輝虎を絶望させる事件が勃発する。五月一九日、京都の二条御所が三好・松永軍に襲撃され、将軍横死の事態を招いたのである。いわゆる永禄の変で、義輝のみならず実母（慶寿院《けいじゅいん》）は自害し、弟（鹿苑寺《ろくおんじ》周暠《しゅうこう》）も殺害されてしまった。悲報は越前朝倉家臣から輝虎へもたらされた。御所を襲撃した三好義重《よししげ》（義継《よしつぐ》）は、同月一日に義輝から「義」の一文字を授かって、重存《しげまさ》から改名したばかりであった。

事件の原因はいまだ解明されていないが、輝虎の耳に入ったところでは「【意訳】輝虎が上杉家の家督を相続したお礼と称して上洛し、三好御成敗をなすという風説」があって、これを恐れる三好・松永が将軍を殺害したのだという（上越市史四六二）。

事実とすれば、輝虎に加賀討ち入りの方針があることが知られ、京都方面の不安と警戒を高めたのかもしれない。

関白たちと密かに進めた上洛計画は、誰にも打ち明かされないまま果たせない夢に終わったのである。

第一〇節　足利義昭の登場と臼井城敗戦

足利義輝の弟

朝倉義景は輝虎に、加賀の一向衆をともに倒して上洛の道を作り、足利義輝の仇討ちをするように求めたが、将軍弑殺《しいさつ》の主犯である三好義継と単独で争うつもりはなく、自分からは動かなかった。

ただしそれでも大和の興福寺《こうふくじ》にあって、事件の巻き添えを喰らいそうになった将軍の弟・覚慶《かくけい》の脱出には手を貸した。覚慶は伊賀を通って近江に逃れ、そこで三好方との抗争準備を整えた。次の将軍となるべく、敵方の目と鼻の先を拠点に、各地の大名に支援を要請した。

輝虎はもちろんのこと、安芸の毛利元就《もうりもとなり》や能登の畠山義綱《はたけやまよしつな》、尾張の織田信長や三河の徳川家康にも出兵を求めた。いずれも思うように動けずにいたが、比較的身軽な信長が猛然と動き始めた。

それまで美濃の一色義棟《よしむね》（斎藤龍興《たつおき》）と争っていたが、矛を納めて覚慶を支援しようとしたのである。

信長は一一月二五日、幕臣の細川藤孝に、越前の朝倉義景および若狭の武田義統《たけだよしむね》と共闘して「【意訳】将軍様からの上意次第で御供奉命令を最優先する覚悟」であると伝えた（信長文書六〇）。義棟と信長の交渉には藤孝自身が乗り出し、現地で折衝に努めた。だが交渉は難航して、翌年の夏まで時間を要した。

その間、覚慶は避難先で還俗して足利義秋《よしあき》へと名乗りを改め、京都方面に働きかけて、次期将軍候補が就くものとなっている従五位下左馬頭《じゅごいげさまのかみ》に叙任された。六歳からずっと僧侶の身でいた義輝の弟は、三十歳にして初めて武士の身となったのである。

これに危機感を覚えたものか、三好方は阿波《あわ》の三好康長《やすなが》が擁する足利義栄《よしひで》に目をつけた。一一代将軍の孫であることから義秋への対抗馬に押し上げたのである。

第一次上洛作戦の失敗と足利義昭の誕生

果たして翌永禄九年（一五六六）七月、義秋は信長に尾張・美濃・三河・伊勢「四か国」の大軍を主催させて上洛する予定を立てさせた。決行の日取りは八月二二日であった（『多聞院日記』永禄九年八月二四日条)。

ところが約束の日になっても信長は動かなかった。それどころか和睦するはずだった美濃へ侵攻したのだ。信長からの知らせによると「【意訳】(一色義棟の盟友で近江の)六角承禎《じょうてい》の動きが怪しいので上洛作戦を延期する」とのことだった(信長文書九四)。近江で義秋の後ろ盾となり輝虎にも上洛を要請していた承禎に、裏切りの噂が立っていたのだ。これを信じた義秋も承禎からの襲撃を恐れ、若狭の武田義統に庇護を求めた。こうして第一次上洛作戦は停滞する。しかも若狭は内乱で情勢が安定せず、単独で上洛作戦を決行することなど、不可能であった。そこで義秋は越前へと座を移した。

朝倉義景の居城・越前一乗谷《いちじょうだに》で歓待を受けた義秋は永禄一〇年(一五六七)四月二一日に元服式を執りおこなった。その際に「秋」の字は不吉ということで、名乗りを同音の足利義昭《よしあき》に改めた。

上洛意欲を昂《たかぶ》らせる義昭たちだったが、肝心の義景が一向に動かなかった。半年後に信長が義棟を打倒して美濃を併呑すると、細川藤孝、和田惟政《わだこれまさ》などの義昭近臣たちがすぐに動き始めた。義昭の近臣たちは次もまた信長を頼るかどうかで揉めていた。前回、事情がどうあれ約束を果たせなかったため、失望する者が多かったのだろう。だがそれでもその熱意を信じる者がいて、義昭も信長に全てを賭ける決意を固めた。
義昭はついに居心地のいい越前を捨て、美濃に動座することにした。

臼井城攻めの思わぬ失敗

輝虎は、義輝の横死により無理をしてまで上洛する必要がなくなった。永禄八年八月五日、義昭は輝虎に今後のことを「【訓読】万端任せ置く」ので、上洛を急いでもらいたいと督促したが（上越市史四六七）、輝虎は自らの動きを封じる関東の諸問題から解決することにした。

上方の情勢にも、次の将軍とすべき人物の動向にも無関心ではなかったが、義輝が存命中ですらできなかった上洛を改めて強行するのは、とても難しいことである。今は関東静謐に専念する方がいいだろう。

永禄九年（一五六六）、関東に出た輝虎は、関東東部、常陸《ひたち》と房総《ぼうそう》の安定を目指し、現地の味方たちに大動員を呼びかけた。

輝虎率いる関東の連合軍は、常陸小田城を降参させ、ついで北関東の不穏分子を沈黙させると、房総地方へと進軍した。北条軍とその与党勢力が房総の里見家への侵攻を強めていたからである。そこで輝虎は下総千葉一族の立て籠もる臼井城を攻めることにした。

城攻めを優位に進める上杉軍に属していた上野の長尾景長《かげなが》は三月二〇日付書状で「【意訳】上杉軍は以前の小田原合戦（永禄四年）を超える大軍である」と、関東大連合軍が途方もない大軍であることを述べている（『越佐史料巻四』五六三頁［鑁阿寺《ばんなじ》文書］）。

ところが臼井城攻めは、失敗に終わってしまう。

通説は、臼井敗戦を輝虎の致命的な采配ミスとするが、その情報源は二次史料の近世軍記である。これらは輝虎が臼井城の計略に嵌められて、散々な惨敗を喫したと記している。

その内容を簡単に紹介すると、輝虎が北条方の臼井城を落城寸前まで追い詰めていたという。城主の原胤貞《たねさだ》（千葉家臣）は防戦に努め、軍配者・白井浄三《じようざん》の計略により城の地形を崩し、越後の人馬を多数戦死させ、さらに北条から派遣された勇将・松田康郷《やすさと》の活躍により、輝虎たちを追い散らした。これにより追撃する北条方は「越後勢を悉く討取りけり」という大戦果を挙げたとされている（『関侍伝記』）。

ただ、細かいところで事実と相違するところが多い上、白井浄三が敵兵の気を読んで未来を占ったり、城の壁を崩して敵兵を打ち倒したりしたとするシーンは、古代中国の文学に似た描写で、戦国時代の史料から想像される当時の戦い方から乖離《かいり》している。それに輝虎は、臼井城の本丸を残してそれ以外の場を制圧していた。本丸まで追い詰められた城兵がここまで大きな反撃に出られるだろうか。

さらに二次史料でも古いものを見ると、合戦の結末について「謙信（＝輝虎）カ兵退去ス」（『鎌倉九代後記』）と、輝虎が撤退したことだけ記しており、白井浄三なる軍師はまったく登場せず、具体的な駆け引きと戦果は詳らかにされていない。越後軍は理由不明なまま撤退したものとされている。これらから北条軍による越後軍撃退の内容は、あとから盛られたフィクションと考えるのが自然である。

たしかにこの敗戦で、輝虎の求心力が関東で低下していく流れを無視することはできないが、戦争の天才で軍神と称えられた輝虎が一度敗退しただけで、ここまで求心力を落とすのは説得力に欠けている。関東諸士は輝虎個人の軍才と武運に依存していたわけではない。しかも輝虎はこの敗戦で深刻な被害を受けておらず、自身も重臣も死傷することなく無事に越後本国へ撤退しているのである。

こうした状況を念頭に置き、同時代史料を中心に見直しを進めたい。

関東屈指の重要対決

さて、一次史料とそれに準ずる記録を見てみよう。輝虎たち本体の臼井城攻めは順調に進んでいた。これは、先の三月二〇日付長尾景長書状にある通りである。

ところが援軍を差し向けた北条氏政は、戦闘途中の三月二五日付書状で、さる二三日に「臼井、敵数千人、手負・死人出来」の戦果を挙げたと述べ、北条方の公方である足利義氏も二八日付書状で「五千余手負死人出来」という戦果を述べている（遺文房総一二〇三、一二〇四）。そして、戦後の四月一二日に氏政は「敵五千余手負死人仕出、翌日敗北」させたことを確定事実として述べている（遺文房総一二〇八）。

こうして上杉連合軍は撤退したのだ。

ただし、先の三月二五日付書状を見ると、「【意訳】手負と死人のため、安房の里見義弘と上総の酒井《さかい》胤治《たねはる》の軍はみんな去っていった。二三日の夜が明けると越後の兵たちも何人か移動しているようだったという」とも書いてある。ここから「手負・死人」の主体が房総の武将たちであることがわかる。そして輝虎の諸隊が少しずつ撤退を開始していると書いてあるから、上杉軍本隊の損失は少なかったが、味方の敗勢があまりに大きかったので、継戦不可能と判断したことが読み取れる。

臼井城合戦は「小田原陣」以上の人数が集まっていると述べられたように、上杉方の関東大連合軍が参戦する前代未聞の大規模合戦であった。後期の二次史料が記すような輝虎単体と臼井城の守将たちが対決する程度のものではない。

おそらく関東屈指の重要対決で、戦ったのも輝虎と臼井城というより、上杉派と北条派の関東武将同士であっただろう。この戦いは「輝虎の常勝神話が崩れたため、関東諸将の心が離れたのだ」と解釈されることが多いが、実際にはそうではなく、現地の武将たちが大変な損害を被り、彼ら自身が北条派と争う実力と意思を失ったためと考えるのが妥当である。

これは輝虎の敗戦ではあるが、上杉軍が単独で負け、越後兵が大きな被害を受けたものではない。輝虎が大軍を催して、下総の城を攻めているところへ、現地の武将たちが後詰《ごづめ》（後方支援）に現れ、輝虎が直接指揮しない先手の現地武将が応戦して、大敗を喫し、撤退したものである。援軍としてそこにあるはずの輝虎は、当事者である主力の房総衆が立ち去ったことで戦う理由を喪失して、撤退を開始したのだ。

輝虎は、上洛作戦では将軍・義輝を失い、関東では味方の戦力が大きく減退して、どちらも思うような状況を作ることができなかった。

なお、北条が派遣した兵はこの戦いでそれほど活躍しなかったようで、小規模合戦をした形跡しか残されていない。輝虎も氏政も合戦の主役ではなかったと思われる。

さて、上杉派の関東諸士は下総臼井城合戦の敗北を機に、心変わりしていく。小田・結城・小山・宇都宮ら、そして由良・成田・皆川らまで次々と離反して北条派に転属することになり、輝虎は関東越山を考え直さなくてはならなくなったのだ。ここで輝虎はこの春よりの義昭からの要請に従い、北条氏康と和睦して上洛する方策を真剣に考えるようになる。

その証跡となるが、五月六日付の上杉輝虎願文で、輝虎は「【意訳】晴信（信玄）を退治して、氏康と輝虎が真に無事を遂げ、勢力圏を留守にして、天下へと上洛し、筋目を守って諸士と話し合い、三好・松永の一族の首を悉く刎《は》ね、京都の公方（将軍）と鎌倉の公方、両公方さまを取り立て」と、天下再興への思いを強く語っている（上越市史五一一）。

しかし、その冬から上野の厩橋城を預けている譜代家老の北条高広《きたじょう》が、相模北条家に内通していることが発覚し、関東における闘争は苦戦の色をより深めていくのであった。

第二節　越相同盟と謙信の軍制

三国同盟の破綻

上杉輝虎の関東越山が停滞の色を深めるなか、足利義昭（秋）から輝虎および北条氏政へ宛てて、越後上杉と甲斐武田ならびに相模北条と「三和」を遂げて、自身の上洛に尽力するよう要請が入ってくる。いわゆる〝越甲相三和〟である。

永禄一〇年（一五六七）八月、輝虎と武田信玄は信濃に軍勢を催すが、信玄はやはり積極的攻勢には動かず、慎重に時を過ごした。一方輝虎も飯山城《いいやまじょう》などの防御拠点を固めるまでに留めて、一〇月一日に越後へと帰国した。

同月一九日、信玄の後継候補筆頭だった武田義信が東光寺で病死する。信玄は家中に義信を立てて反逆を企てる者たちの存在を看取して、粛清と統制を進めていたが、主犯格である長男本人が亡くなったのだ。

翌年（一五六八）三月、その信玄に内通していた越後奥郡の本庄繁長《しげなが》が反旗を翻す。輝虎が越中に出向いたタイミングであったが、上杉と武田の両軍が信濃に出ている時なら、輝虎を挟撃できたかもしれない。

この頃、信玄も輝虎との和睦を希望しており、仲介を依頼された織田信長が、その夏、輝虎の重臣と輝虎本人に宛てて、その旨を伝えている。ところが信玄は和戦両用の筋を固め、本庄繁長だけでなく、越中の反輝虎勢力を煽って、その身を窮地に追い込もうとしていた。

信玄得意の威迫であるが、義信の事件があったことで、自分から頭を下げるという弱腰姿勢を内外に見せられない状況だったのかもしれない。誰からも侮られることなく輝虎と和睦したいため、自分に被害が及ばない形で輝虎を追い詰め、自ら膝を屈するように仕向けようとしたようである。

その証拠に三月一日付新発田忠敦《しばたただあつ》宛上杉旱虎《てるとら》書状（上越市史六七四）で、輝虎は「【意訳】この上思いがけない凶事が起こったら、私は滅亡してしまう」と弱音を吐いているが、凶事とはこちらへ信玄が乗り込んでくることだろう。この状況で信玄が動けば輝虎は破滅するかもしれなかったが、信玄は絶好の機会を作っておきながら、軍勢を北方ではなく、南方に向けた。駿河の今川氏真を攻めたのである。同年一二月のことであった。

信玄にすれば、義昭および信長が越後上杉家と甲斐武田家と相模北条家の三和を打診しているので、輝虎が積極攻撃してこない確信があった。そこで輝虎を苦しめておきながら、恩を売るかのように南進して、延命させてやった既成事実を作ろうとしたわけである。

信玄と氏真は前年より緊張関係に入っており、今川は北条と連携して武田への塩を輸出停止していたと伝わっている。

ここで相模の北条氏康が、同盟国を攻めた信玄に激怒する。三国同盟が破綻する。

越相同盟の締結と疑心

ただでさえ苦しい身の上の輝虎としては断りようがない。問題は自分を「御屋形様」と仰ぎ見てくれる関東諸士で、できるだけ彼らの信頼を損なわないよう和睦交渉を進めなければならなくなった。安房の里見義弘や常陸に亡命して同盟に反対する太田道誉《どうよ》（もと資正）には「【意訳】どうせ北条とはうまく和睦できないと思うが、あなたの意見をよく聞いてことを進めたい」と伝えている（上越市史六七〇）。

輝虎は関東諸士に配慮して、北条家が自身の関東管領職を認め、武蔵と上野と常陸と下野の「全御刷之事」を解決するべきことを交渉の条件として北条方に提案した。交渉途中、北条軍は駿河で武田軍との抗争に苦戦しており、輝虎の参戦を望んだが、輝虎としてはこれ以上、信玄と関係悪化することは避けたかった。

なお、北条家と今川家の塩止めに参加を要請された輝虎が、塩の輸出を停止せず、これまで通り売らせたという「敵に塩を送る」の逸話もこの時期のものである。輝虎は信玄の戦意を煽らないため、塩商人に「値上げだけはするな」と厳命した。

交渉は難航したが、なんとか同盟関係が構築された。永禄一三年（一五七〇）三月から四月にかけて、越後からは重臣・柿崎景家の嫡男である晴家《はるいえ》が相模小田原へ、相模からは氏康末子の北条三郎（当時の実名不明）が輝虎の姪《めい》の入婿として渡ることになった。

北条三郎はその名乗りを上杉三郎景虎《かげとら》へと改め、謙信の養子となった。

同年冬までに輝虎も出家して、その名乗りを不識庵謙信《ふしきあんけんしん》へと改めた。ここに上杉謙信の呼び名が初めて使われることになる。

だが、越相同盟は北条方にとって有利に機能することはなかった。謙信の本心は、仇敵の北条家と同盟しながら、その背後で武田家との紛争も縮小あるいは停止して、武田と北条が睨み合っているうちに北陸へ進路を取って上洛準備を整えることにあり、ある意味かなり身勝手な外交を進めていたわけである。

見ようによってはどちらも信玄の手腕に振り回されているわけで、信玄本人は自らの戦略に強い自信を持ったことだろう。当然ながら北条家は、謙信の動きを〝出馬するする詐欺〟も同然に見て、不信感を募らせていくことになる。

上杉景虎と上杉景勝

渦中にあったのは北条氏政末弟の上杉景虎である。普通なら敵国出身者が手厚く歓迎されることはあまりない。ただ、謙信には敵対した長尾政景の降伏を受け入れ、その男子（長尾顕景《あきかげ》）を養子にした先例があり、謙信自身も景虎を厚遇しようとした。その意を汲む長尾顕景も側近たちの反対を遮って景虎と親しく交流したと所伝されている（『松隣夜話』）。

余談ながら歴史小説やドラマに二人の不仲を強調する作品は多いが、中近世の文献史料にはそのような関係を検出できない。二人は仲良く交わっていたのだろう。どちらも過去に謙信と敵対した一族の出身同士、通じ合うところもあったのではないか。彼らの間には謙信の姉で顕景の実母であり、景虎の義母となる仙洞院《せんとういん》がいた。景虎の妻は顕景の姉であった。

景虎より先に謙信の養子となっていた長尾顕景は、地元の上田庄で代々一円的に従属させていた家臣団「上田衆」がいて、これが独自の部隊を構成するほど大きな存在であった。

顕景は越後守護代の家督を受け継ぐ養子で、かたや景虎は山内《やまのうち》上杉の家督を受け継ぐ養子とされていたのだろう。実権は顕景に譲り、景虎には権威のみ高い山内上杉の名跡を譲って、越後ではなく関東の象徴とする構想を予定していたと思われる。だが後に謙信は、越後国内の統制と他国への影響力から関東管領・山内上杉家の価値を再認識して、顕景を上杉景勝に改名させ、自身が変則的に掌握していた権力を景勝一人に継承させるよう改めていく。

馬廻の欠員と増員に充てるための軍役

臼井城合戦における関東連合軍の敗北により、現地将士だけでなく、譜代重臣である北条高広の離反を招くなど関東への影響力が減退した謙信であったが、逆に関東から越後に移住して帰国を断念する者もいたようだ。こうした動きは謙信の軍役定書に認められる。

他国出身者の取り立ては永禄一〇年（一五六七）に連続していて、一月二八日には信濃出身の楡井《にれい》治部少輔《じぶのしょうゆう》・修理亮《しゅりのすけ》父子が、四月三日には下野の佐野家臣だった蓼沼《たでぬま》藤五郎が、一二月一四日には上杉憲政「譜代」の大石右衛門尉《うえもんのじょう》と、「野州楠川《くすがわ》城主楠川伯耆守《ほうきのかみ》」息子の楠川左京亮《さきょうのすけ》が、謙信の「御馬まハり」となり、動員する武装と人数を指定されている（上越市史五四八、五五五、五八八、五八九号。『御家中諸士略系譜』、『古代士籍』）。

彼らはそれぞれ関東管領の馬廻だけに許されたという金色の馬鎧を義務付けられており、自身の所領を捨てた武士たちが謙信から扶持《ふち》をもらい、その近辺に移住するとともに、名誉ある謙信の馬廻（旗本。親衛隊）に任じられていることがわかる。

西股総生《にしまたふさお》氏が指摘するように、初期段階の兵種別の軍役は、馬廻（旗本）という大名直属の将士から導入されていった（西股二〇一七）。

馬廻は総大将直属の兵員なので、好きな時に好きな形に兵種別再編が可能である。謙信は馬廻の整備に気を遣っていた。やがてそれは必ずしも少数精鋭の馬廻である必要を失っていく。重要なのは、兵種別編成可能な兵員を増加することだからである。

目指すべきは一〇〇〇～二〇〇〇の範囲に留めた精鋭ではなく、より大きな兵員を自在に編成して、戦術の幅を広げることであった。武田家は本国ではない信濃「葛山衆《かつらやましゅう》」に武装基準を定め、北条家もまた隣国の武蔵《むさし》「岩附衆《いわつきしゅう》」を独立した兵種別編成部隊として構成することを検討していた。これまで謙信が得意としていた軍隊編成は、東国の主流として二大勢力の中で大きく発展しつつあった。先鞭をつけた謙信が立ち遅れるわけにはいかない。そこで謙信は、天正二年から三年（一五七四～七五）にかけて、越後一国の領主層を自身直属の指揮下に置くよう方策を改めようとしていく。

信長の軍制は個々の意識と結果任せ

なおこうした兵種別編成は織田家中においては、東国より遅れること天正九年（一五八一）六月二日、惟任光秀《これとうみつひで》のみが東国軍制を模倣する軍役と軍規の制定書「家中軍法」を作成した以外に記録がない。光秀軍法は「織田政権に伝来する唯一の軍法」である（藤田二〇一二）。織田家は新規の軍制を整備した形跡がなく、光秀本人も軍法の補足で「右の通り軍役を設計したが、まだ改善点があれば何でも指摘せよ。武装と人数が知行に合わなければ修正を施す」と述べているように、この時期ですらまだ試作品の範囲であった。信長の軍隊はこれよりも古典的な感覚で運用されていたのである。

信長から城主に取り立てられた者は、自身の才覚で国を経営し、兵を集めて命じられた戦争に赴き、明確な手柄を立てなければならなかった。結果さえよければ制度や方法は問われない。しかし努力の認められない者は、意識が低いと咎《とが》められた佐久間信盛《さくまのぶもり》のように追放の憂き目を見た。

第一二節　越相同盟の破綻

謙信のご都合主義

結局のところ上杉謙信と北条氏康・氏政父子の同盟は破綻する。

謙信は氏政との「同陣」を前提に軍事行動を起こすという実現困難な要請を伝えており、しかも信玄が両者を引き剝がそうと軍事行動を繰り返し、その歩調を狂わせていた。さらに謙信は同盟締結前から関東の戦線から離脱して、北陸へ侵攻することを希望していた。

永禄一二年（一五六九）七月、氏康が信玄に自領を脅かされた時、謙信は結んだばかりの同盟に従い、武田領の信濃を攻める姿勢を見せておきながら、関東の最前線にある沼田衆を呼び寄せて北陸攻めに着手しようとしていた。

これまで謙信は足利義輝と義昭の切望する軍事上洛を果たせずにいた。その原因は不安定な関東情勢にあった。武田・北条との抗争からはフェイドアウトしていく必要がある。

特に北条を全面的に支援し、信玄との抗争を繰り返し深刻化させることは戦略上とても都合が悪く、どちらとも適度な距離を保っておくことを重視していた。もちろん、こうした方針を進める謙信は、ちょっとご都合主義が過ぎる。その身勝手さに振り回される北条家の中で、不信感が高まるのも無理はない。

それでも氏康が健康である間、越相同盟そのものは堅持された。だが、元亀二年（一五七一）一〇月三日に氏康が病死すると、同年一二月末、当主の氏政は方針を一転させて信玄との同盟を復活させることにした。しかもここで足利義昭の望んだ〝越甲相三和〟とはならず、越相同盟は破棄された。謙信は「手切之一札」を氏政と交わし、両者の関係が白紙に戻ったことを伝えた（遺文後北条一五七二）。

こうして三国の関係は、同盟以前に戻ったのである。

なお、同盟の破棄は氏康の遺言によるものだとする解釈がよく伝えられているが、一次史料にそうした形跡はない。晩年の氏康は言語不明瞭で、今後の方針は氏政がご隠居様である父を頼らず、自身で決断しなければならなかった。氏康の遺志とする所伝を首肯《しゅこう》することはできない。

のちに謙信は、「【意訳】氏政が過去の誓紙を反故にし、しかも弟・景虎と忠臣の遠山康光《とおやまやすみつ》父子を見捨て、父・氏康の遺言に背いた」（上越市史一二五〇、一二五一）とする批難文を多聞天に報告する形式の願文に認め、反故となった北条との誓紙を宝前に捧げている。

相応の人望を集める大将の謙信が、衆目の集う神仏への願文に虚報を書き記すとは考えにくい。少なくとも謙信がこのような認識を唱えても共感されうる現実があったのだろう。

氏康は越相同盟の未来を信じていたが、自己都合を優先する謙信への不信から、氏政はこれを放棄することとしたのである。

残った景虎、返された晴家

その後、小田原に派遣されていた柿崎景家の息子・晴家が越後へ送還された。一方で越後春日山にいた上杉景虎は氏政の弟であるにもかかわらず、そのまま越後に在留した。

景虎には元亀二年（一五七一）に生まれた嫡男の道満丸がいて、妻である長尾顕景の姉（上杉での戒名・華渓院、北条での戒名・清円院）とも親しく暮らしていた。同盟が無くなれば、いわゆる人質としての価値は消失するので、小田原に帰っても差し支えなかったが、ここで得た人縁を重視して自ら在留を望んだようだ。

謙信が景虎を冷遇した様子もないが、それまで北条方との交渉に尽力していた景虎は、政治的には存在感を薄めていく。だが、それまで通り平時も戦時も、謙信の傍《かたわ》らに近侍《きんじ》していたであろう。

ゆえに景虎は、後年の天正三～四年（一五七五～七六）に比定しうる四月三日付に武田家陪臣《ばいしん》が記した起請文で、武田軍と敵対する大名「為始織田信長父子（信長と信忠《のぶただ》）、上杉謙信・同景虎并喜平次、徳川家康父子、今河氏真、飛州衆」として、謙信・景虎・喜平次景勝の三人が一勢力として記されているのである（遺文武田二六二九）。

越相同盟破綻後の東国情勢

ほどなく武田信玄はいよいよ東海道と天下に目を向けた。

謙信は越相同盟が破綻した翌年から常陸佐竹家・安房里見家との再提携を進め、北条軍への対策を強化した。越中・加賀では信玄の策謀により、反上杉派の動きが活性化して、またしても周辺勢力への対応に悩まされる日々に直面することになった。

そこで元亀三年（一五七二）九月、謙信は信長との連携を強化するため、信長のもとへ山崎秀仙を派遣。これを受けた信長からの返報を携える使者が、謙信と信玄の和睦を希望する新将軍・義昭からの使者と一緒に越後へと到着した。だが、本書の冒頭で記した通り、この交渉は難航して、信玄との和睦は決裂したのである。

ここまで上杉謙信の動向を見てきたが、次からは織田信長の動向を見ていこう。

第二章

織田信長という男

第二三節　弾正忠信秀の台頭

勝幡城主・織田信秀

上杉家と織田家が対立関係に入っていくまでの織田信長を見ていく。信長の根本的性質を見るため、まずはその父である織田信秀《のぶひで》の経歴から見ていくことにしよう。

尾張の勝幡《しょばた》城主・織田信秀は、永正八年（一五一一）の生まれである。

上杉謙信が生まれた享禄三年（一五三〇）には、信秀もすでに二十歳の青年だった。信秀は三～四年ほど前に、父の織田信貞《のぶさだ》（系図など二次史料は「信定」と記す）から家督を譲られ、当主の実績を積み重ねていた。もちろん父の後見あってのものである。信貞は約十年間、信秀の成長を見守り続け、天文七年（一五三八）一一月に亡くなった。孫の織田吉法師《きっぽうし》こと信長がまだ五歳の頃である。

信秀は尾張の国主ではなかった。守護ではなく、守護代でもない。

尾張守護は「武衛《ぶえい》」と呼ばれた斯波《しば》一族である。岩倉《いわくら》城を拠点とする上四郡の織田伊勢守《いせのかみ》家と、清洲《きよす》城を拠点に守護を擁立する下四郡の守護代・織田大和守《やまとのかみ》家が尾張を二分していた。信秀は織田弾正忠《だんじょうのちゅう》家の一族として、織田大和守家を支える〝清洲三奉行〟の一人で、〝又守護代《またしゅごだい》〟（略して〝又代《まただい》〟とも）とも呼ばれる守護代の重臣に過ぎなかった。とはいえ立派な重臣である。弾正忠家の実力は一城主より上位で群を抜いていた。実力の源は豊かな経済力にあった。

信秀は、父の代から尾張の港湾・津島《つしま》を支配しており、その収入で大いに潤っていた。織田信貞は、弾正忠家の生命線とも言える津島を守るため、津島から北東の徒歩一時間程度の地に勝幡《しょばた》城を建て、そこを拠点とすることにした。

図11　織田弾正忠家略系図

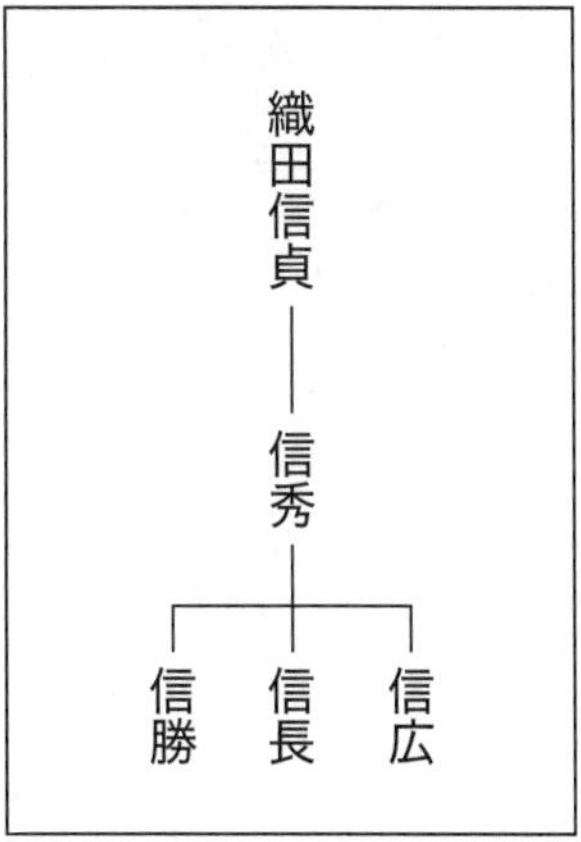

その本丸に位置する屋敷は、来訪した公家の山科言継《やましなときつぐ》が「城之内新造へ移候了、驚目候了」と嘆ずるほど立派であった（『言継卿記《ときつぐきょうき》』天文二年七月八日条）。勝幡城は弾正忠家の富裕ぶり

を雄弁に語っていたのだ。言継たちは勝幡城で一ヶ月以上過ごしたあと、守護代・織田達勝《みちかつ》の清洲城（守護・斯波義達《よしみち》も清洲に在居）で歓待され、一ヶ月近く過ごしたのちに帰京した。公家の一団が守護代と又守護代の居城で長期滞在するのだから、信貞・信秀父子の威勢のほどが知れるであろう。息子の信長もこの豪奢な城内で生まれ育った。

那古野城主・織田信秀

信貞が亡くなる天文七年（一五三八）、信秀は新たな城へ移転した。他人から奪った尾張の那古野《なごや》に築いた城である。

それまで那古野には駿河守護・今川義元の末弟である今川氏豊《うじとよ》がいた。この地はかつて尾張今川一族（今川一族の庶流で、幕府奉公衆・那古野家の一族）が在するところであったが、すでに衰微して久しかったらしい。義元はそんな那古野へ氏豊を遣わし、那古野家を再興させることにした。これにはもちろん尾張守護の承諾が必要である。そこで義元は、氏豊に尾張守護（かつては遠江守護も兼務していた）・斯波義達の娘を娶るよう話を進めた。

ところで信貞・信秀の一族が尾張で大きな力を得たのは、この義達のかつての失策のおかげであった。義達はやり手の大名だったが、肝心なところで大敗を喫して、織田諸族の台頭を許すことになったのだ。

義達は強硬派で、まず国内で外征に反対する尾張守護代（織田伊勢守家）を討ち倒した。邪魔者を沈黙させると、遠江を奪うべく威風堂々進軍した。だが、今川軍に敗北して、守護・義達は捕虜となってしまった。永正一四年（一五一七）八月のことである。

駿河守護の今川氏親《うじちか》は、義達の命だけは助けてやることにした。ただし氏親も甘くはない。遠江の普済寺《ふさいじ》で義達の太刀を没収したあと、頭髪を剃らせ、二度と今川家に刃向かわないよう起請文を書かせたのだ。多くの死傷者を出した上、無様な格好で送還された義達は、

「【意訳】ここから斯波家の武威は衰え、尾張の領主たちはみんな義達を馬鹿にするようになり」と伝わるほど落ちぶれた（『重編応仁記』一〇）。

国内ナンバー一の守護がナンバー二の守護代を討ってまで挙行した大事業が大失敗に終わったため、国人たちは大きな顔をするようになった。次の守護代に擁立されたのは大和守家・織田達勝である。その奉行である織田信貞は、津島の「領主」として、潤沢な収入をバックに実力を蓄えることになった。

越後で例えるなら、守護・上杉定実が守護代・長尾為景を殺して、越中に遠征したところ、能登からやってきた畠山軍に撃破され、頭を丸めて逃げ帰るようなものである。信貞・

信秀の様子は、上田長尾一族が空白化した直江津を実効支配し始めたとでも言えようか。

話を戻すと、そういう経緯で那古野城には今川氏豊が居住することになった。氏親の息子である今川義元は、尾張併呑の布石として氏豊を派遣したのである。

さて、ここからが重要である。良質の史料がないので伝承クラスの文献を見るしかないが、近世成立の『名古屋合戦記』によると、氏豊と信秀は和歌を楽しみ合う仲であったという。当時（天文二年／一五三三）の公家の日記にも、氏豊が勝幡城で蹴鞠《けまり》を楽しんでいた様子を認められる。二十三歳の信秀は、十二歳の氏豊と親しく交わり、那古野に何日も滞在することすらあったという。

ところがある時、信秀は那古野に自らの軍勢を呼び寄せ、強引にその領地を奪取した。驚いた氏豊は京都まで逃げ出すことになった。二人の友情は偽装だったようだ。

事件の真偽は不明だが、信秀が那古野城を奪ったことと、氏豊が京都に逃れたのは事実である。また、同年一〇月九日付文書に守護代・織田達勝が「那古野へ夫丸之儀」として那古野築城を自領として指示を出していることも確かめられている（小和田二〇一六）。

またほどなくして信秀は、那古野の天王坊の所領を安堵して、熱田の豪族たちにも諸役免除の特権を保証したばかりか、後年には息子の信長にこの那古野城を与えている。その手腕は恐ろしいものがあるが、独力で国内の今川勢力（しかも守護の身内と化していた）のトップを排除するほどだから、すでに尾張随一の実力を備えていたのだろう。

しかも那古野築城を守護代が差配している事実から、その軍事行動が守護・守護代の意向に沿って行われているのは間違いない。ここに義元の尾張併呑計画は頓挫した。

那古野を得た信秀は、ここからさらなる躍進を遂げていく。

その頃、三河では松平清康《きよやす》と松平信定《のぶさだ》が争っていたが、信秀の姉が信定のもとに嫁いでおり、かつまた信定が尾張守護代・織田達勝に従属していたため、信秀は信定支援の立場となった。対する清康が信秀たちを黙らせてやろうと、信秀の弟・織田信光《のぶみつ》が防衛する尾張守《もり》山《やま》城を攻囲したところ、その清康が家臣に殺害されてしまった（「守山崩れ」）。天文四年（一五三五）一二月のことであった。清康、享年二十五。清康の軍勢は撤退を開始する。

この幸運を逃すまいと信秀は三河に出兵を繰り返し、松平軍や今川軍を相手に勝利を重ね、三河国人衆を何人も降参させた。また、同時に美濃守護代・斎藤利政《さいとうとしまさ》（道三）と争い、美濃出兵をも繰り返した。ある月は美濃へ、翌月は三河へ遠征ということもあった。手痛い敗戦を喫することもあったが、尋常ならない外征能力である。

軍事だけではない。天文九年（一五四〇）六月には豊受大神宮《とようけ》（伊勢神宮外宮《げくう》）の遷宮費用七〇〇貫（一〇〇〇万円ほど）と同用木《ようぼく》を寄進した。伝統文化を重んずる信秀の精神は朝廷に伝わり、翌年、朝廷は信秀を「三河守」に任官させてこれに報いた（『外宮引付』）。ただし信秀は、これを畏れ多いと思ったらしく、死ぬまで「織田弾正忠」の名乗りを通した。

また、天文一二年（一五四三）正月、近衛稙家《たねいえ》（前久の父）が主導する公家たちの会議で、禁裏の修理を打診されると信秀もこれを快諾。すぐに担当奉行を決定して、同月下旬に重臣・平手政秀《ひらてまさひで》らを派遣した。信秀は一〇〇〇～四〇〇〇貫（一五〇〇～六〇〇〇万円ほど）の修理費を献納したという（『御湯殿上日記』四月三〇日条、『多聞院日記』二月一四日条）。

翌年（一五四四）九月には、尾張守護・斯波義統《よしむね》が尾張国中の織田一族に、信秀の美濃討伐を支援するよう指示しており、守護からの信任も厚かったようである。遡ること三年前、義統は越前侵攻を企画していたが、その途上にある美濃侵攻は、義統の希望だった。駿河今川家も美濃斎藤家も、信秀が独断で争ったわけでなく、守護の意向によって戦端を開いたのだった。信秀は尾張守護が頼りとする右腕だった。

信秀は国内外のみならず、朝廷からの期待にもよく応えた。大神宮や禁裏への潤沢な献金から見て、その経済力は全国屈指の隆盛を誇っていたであろう。守護と守護代は凋落《ちょうらく》し、尾張一国はほとんど信秀ひとりが掌握しており、ここに最盛期を迎えていた。

第一四節　信秀の病死と信長の相続

古渡城主・織田信秀

天文一五年（一五四六）のことと思われる。織田信秀は、それまで拠点としていた那古野城を嫡男の織田吉法師（信長）に譲り、自身は同国内に築いた古渡《ふるわたり》城を新たな「御居城」とした（『信長公記』首巻）。信長が結婚する前後なので、十三歳の頃と推定される。信長には複数の異母兄弟がいて、織田信広《のぶひろ》という庶兄もいたが、嫡男はあくまでも信長であった。

信秀は三十六歳の働き盛りにあり、その後も三河岡崎《おかざき》城を攻め落としたり、道三と和睦したり、信長と道三娘（濃姫《のうひめ》）の縁談を実現させたりして、縦横無尽の活躍を見せていた。

この間、一時的ではあるが、信秀は主人である守護代と対立することになる。天文一七年（一五四八）一一月、尾張守護代で清洲の織田達勝《みちかつ》・勝秀（彦五郎。一次史料「法華寺文書」等は勝秀。近世史料は信友《のぶとも》）父子に属する軍勢が、信秀のいる古渡城を攻めたのだ。

谷口克広氏は、達勝の家老「坂井大膳《さかいたいぜん》・坂井甚介《さかいじんすけ》・河尻与一《かわじりよいち》」が信秀との和睦に反対したと『信長公記』首巻にあるので、達勝が老齢で若い重臣たちの意見を抑えられず、両家の関係が悪化したと見ている（谷口二〇一七）。信秀にすれば、彼らは達勝様に対する我が忠義を妨げる奸臣である。本来なら討ち取るべきだが、信秀は兵を動かさず、弾正忠家重臣・平手政秀（信長傅役《もりやく》）が折衝《せっしょう》に当たった。政秀の尽力で交渉は実を結び、翌年秋に停戦できた。弾正忠家は守護代との友好関係を続けたかったのである。

ところで信秀はこの頃から動きを見せなくなり、弾正忠家もその動きが鈍くなっていく。尾張守護代・織田達勝および美濃守護代・斎藤道三に立ち向かう意思が見えなくなり、戦争回避の方針を徹底している。

天文一八年（一五四九）、かつて信秀が攻略し、息子の信広（信長の異母兄）を置いていた三河安城《あんじょう》城を今川軍が攻めた。ところが弾正忠家が何のリアクションも起こさなかったため、安城城は一一月中に陥落し、信広は太原雪斎《たいげんせっさい》に生け捕られた。織田方は三河の松平広忠《ひろただ》から人質として保護していた松平竹千代《たけちよ》（のちの徳川家康）を差し出すことで、信広を解放してもらった。信秀は長男の窮地に何もしなかったのである。

すでに死期が近づいていたと見ていいだろう。谷口氏は信秀が死病に見舞われ始めていたものと推測している。その頃、信長は、十六歳から十八歳までの間に「うつけ」と呼ばれる素行が増え始めていた。

末森城主・織田信秀

織田信秀が最後の居城としたのは、尾張の末森《すえもり》（末盛）城である。移り住んだ時期は不明だが、まだ健康な頃であろう。史料価値が低いとされるが、小瀬甫庵《おぜほあん》が『信長記』に天文一七年（一五四八）のことと伝えているのは時期として自然である。仮説の範囲で認めていいだろう。その際、信秀は二年ほど滞在した古渡城を破却した。

末森城は標高約四二メートルの平山城で、対今川戦の防御性を意識する作りと評価されている。かつて弟の織田信光が守った近くの守山城は三河からの攻撃に耐えたが、いずれ来るかもしれない今川軍の攻撃から守山城を援護する体制作りの移転と考えていいだろう。

信秀はこのように勝幡→那古野→古渡→末森と、三回も城を変えたが、これまで見てきたように拠点の移転にはそれぞれ個別の理由があった。勝幡築城は経済的拠点と地盤を固めるため、那古野城への移転は那古野の今川一族を排除したあと現地を排他的に固めるため、古渡城への移転は嫡男・信長に那古野城を譲ったあと後見の立場を固めるため、そして最後の末森城への移転は今川対策のためと考えられる。

大名重臣としての拠点移転

信秀の拠点移転は、いずれも形式や権威などを考慮しない実利重視の合理的移転である。ここに守護代奉行ならではのフットワークの軽さを思わせるが、ここでは少し客観的に評価しなおしておきたい。

織田信秀は国政を執り仕切る大名(国主)としてではなく、守護と守護代を支援する大身の重臣として居城の移転を繰り返してきた。大名の家臣が赴任先をコロコロ変えられるように信秀もまた独立した大名ではなく、大名の家臣として拠点を変えていったのである。

なお、信長も那古野→清洲→小牧山→岐阜→安土と、何度も居城を変えているが、独立大名としての意識ではなく、信秀同様、信長も上位者を保護するという観点から、その移転を見直すことができるように思われる。

末森城に移転したあと信秀は体調を悪くして、天文二一年(一五五二)三月九日に逝去した(『定光寺年代記』)。没日は「三月三日」で「御歳四十二」ともいう(『信長公記』首巻等)。信秀は守護と守護代の地位を脅かすことなく、その奉行として短い生涯を終えた。

図12　織田信秀の居城移転
勝幡城→那古野城→古渡城→末森城

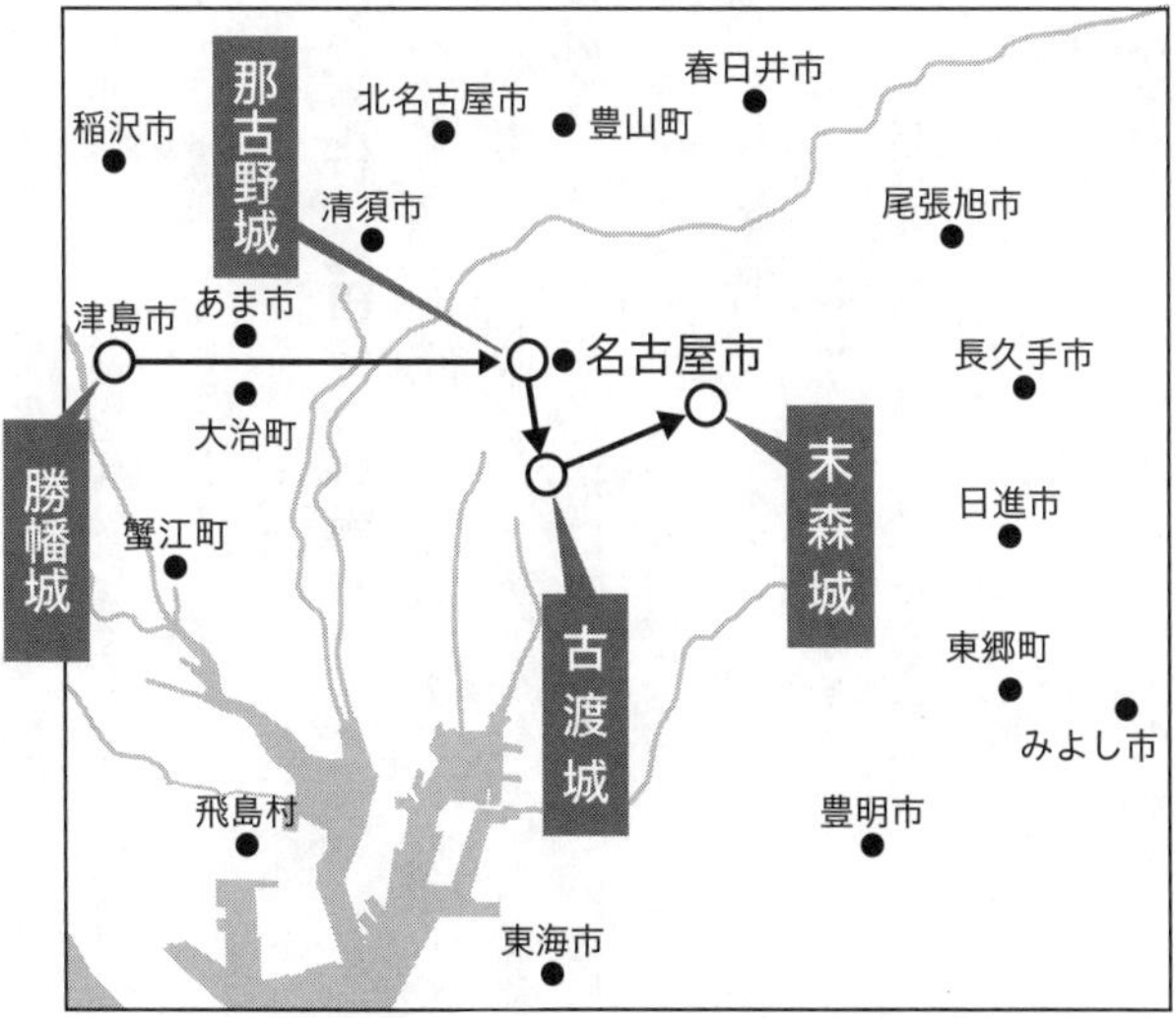

その葬儀または一周忌において、信長は帯刀姿で現れた。そして「抹香を活《かっ》と御つかみ候ヲ仏前へ投懸、御帰」りになった。人々は「例の大うつけよ」と信長を嘲《あざけ》った（『信長公記』首巻）。

ところで当時の城には、一時的な防衛拠点（戦時のみ使われ、普段は破却または放置された）と、永続的な政治の中心地を志向するもの（現代一般に認識されている城）があり、城主が何年も居住するタイプは後者で、末森城もこちらに属する。つまり信秀が不在となっても誰かがその役割を継承していく必要があった。

このため末森城には信長の同母弟・信勝《のぶかつ》が入ることになった。弾正忠家は、信長が相続したが、信勝（信勝は名前を頻繁に変えたが、信勝表記で通す）は信長を支えるべく末森城を託されたのである。

守護代奉行・織田信長の誕生

ところで晩年の信秀が「うつけ」の信長に厳しく教育を施した形跡はない。放任していたわけだが、教育に無関心だったからではなく、健康的余裕がなかったからかもしれない。その信長には平素から政治に関心を寄せていた形跡もない。信秀は、信長が学問に励むことを望んではいなかっただろう。読み書きと礼儀作法は最低限学んでおく必要があるが、貴族的芸道に関心を持つ必要などない。信秀は、守護・斯波義統と守護代・織田勝秀を支える奉行である。奉行には奉行の分限がある。

事実、信長は武芸とうつけの振る舞いばかりに心を傾けた（『信長公記』首巻）。信長としては父に早く回復してもらい、自分は父の麾下《きか》で一介の武人らしく思うまま腕を奮っていきたいと考えていたのだろう。

信長は学問への関心は薄かったが、肉体と兵士を厳しく鍛えていた。立派な武辺者となることだけを考えて青春時代を過ごしていたのだ。しかし亡父のいた時代にはもう戻れない。守護代奉行・織田信長はこれより独自の道を歩み始めていく。

第一五節　又代・織田信長の尾張統一戦

失脚を狙われる又代・織田信長

織田信秀の死後、それまで小康状態を保っていた尾張に分裂の兆《きざ》しが訪れる。要因のひとつは駿河今川家の脅威であった。

信長が尾張を平定するまでの出来事は『信長公記』首巻をベースに研究が進められているので、同書と近年の研究および同時代の古文書を参考にその経緯を見ていこう。

信秀が亡くなると凶報がもたらされた。

鳴海《なるみ》城主・山口教継《やまぐちのりつぐ》（実名は二次史料による）が今川方に転属したのだ。十九歳の「うつけ」ごときでは、今川義元の足元にも及ばないと見たのだろう。教継は今川家臣の葛山衆を

図13　織田信長画像

大雲院所蔵

はじめ、岡部《おかべ》元信《もとのぶ》・三浦《みうら》義就《よしなり》・飯尾《いいお》乗連《のりつら》・浅《あさ》井《い》政敏《まさとし》ら今川勢を国内に導き入れた。大変な事態である。

天文二一年（一五五二）四月、信長は出馬する。直属の「人数八百許」を動員して、鳴海城を攻撃することにした。対する山口軍は「人数千五百許」で迎撃に出た。双方、赤塚の地で交戦する（赤塚合戦）。

ここに確たる決着はつかず、信長は手塩にかけていた手勢「三十騎」を喪失し、捕虜と馬を交換しあって痛み分けに終わった。どちらも顔見知りの侍ばかりだったので、殲滅《せんめつ》など思いも寄らなかったようだ。その後、山口教継は信長方の属城を調略し、今川軍を入城せしめており、信長は心を痛めている余裕もなかった。

しかもこの状況を好機と見るものまで現れた。坂井大膳である。坂井大膳と信長は、ともに守護代・織田勝秀を主君とする「又代《まただい》」だったが、信長の父・信秀とも争ったこともある。同年八月、大膳は信長を倒すなら今とばかりに清洲城から出陣した。たちどころにして諸城を攻略した大膳は、織田一族を人質に取り上げた。これを聞いた信長は那古野城を出て、「海津《かやづ》」（萱津）の地で坂井軍と交戦を開始する。この戦いは負けられない。

この合戦は信長の勝利に終わった。人質となった同族を取り戻し、さらには大膳の息子を討ち取る戦果まで挙げた。この戦いでは、柴田勝家《しばたかついえ》や前田利家《まえだとしいえ》らも奮闘したという。初の勝利をきっかけに信長は、勢いを得ていく。

村木砦攻め

ついで信長は、尾張と三河の国境付近に築かれた村木《むらき》砦に目を向けた。尾張国内まで進出した今川軍が築いた要害である。今川軍の狙いは、尾張と三河に跨《また》がって勢力を広げる水野信元《みずののぶもと》の攻略にあった。信元は時として織田軍に、時に今川軍に味方したが、現在は織田方に属していた。信長としては信元の危機を放置してはおけない。

天文二二年（一五五三）、信長はまず美濃の斎藤道三との直接会見に臨んだ。この会見で信長が引き連れた「御共衆《おともしゅう》」は、総勢七〇〇～八〇〇人で「【意訳】屈強な者たちを先に進ませ、六・五メートルの朱鑓を五〇〇本ばかり、弓と鉄炮を五〇〇挺」を装備していた。国内で「うつけ」と嘲笑われている信長は道三から見て、眩《まばゆ》いばかりの可能性を秘めていた。信長を高く評価した道三は、美濃から安藤守就《あんどうもりなり》を派遣して、信長の居城に詰めさせた。これで背後を心配する必要はなくなった。少なくとも留守中、清洲から居城を襲われる心配はなくなった。万が一、自身が敗れても、美濃方が那古野に立て籠り、道三自ら尾張防衛に乗り出して、仇討ちすることも期待できるだろう。

背後の憂いを断った信長は、翌年すぐに村木砦へ攻めかかった。

天文二三年（一五五四）正月二四日朝、信長は自ら危険な前線に立ち、鉄炮を扱った。

【意訳】信長は堀の端から鉄炮で、城の矢を放つ狭間《はざま》三ヶ所を制圧するように伝え、鉄炮を何度も取り替えて銃撃を繰り返し」と、鉄炮を取り替えながら銃撃する戦法を用いた。

村木砦はわずか一日で降参した。双方とも被害甚大で、信長もその凄惨さに涙を流したという。信長が帰陣すると、那古野城に詰めていた守就も美濃に帰陣し、道三に信長の奮闘ぶりを報告した。話を聞いた道三は「すさましき男」と感嘆した（『信長公記』首巻）。

第一次清洲攻め

その頃、守護の斯波義統は、守護代の織田勝秀と確執を深めていた。

義統は今川義元に痛い目に遭わされた前守護・斯波義達の息子である。当然、今川は仇敵である。その意を汲んで今川軍と戦う信長には好感を持っていた。ところが守護代の勝秀は、坂井大膳を抑えることなく、信長との抗争を止める気配がない。

先年の萱津合戦直後、義統家臣の簗田弥次右衛門《やなだやじえもん》も信長に内応して、「信長御人数清洲へ引入」れ、城下町を放火させており、守護と守護代の対立は決定的なものと化していた。ところがこの時、肝心の斯波義統は清洲城内にいて、防御側が「【意訳】清洲城の外側の信長勢よりも、内側の様子に注意すべきだ」と考えて、義統への監視の目を強めたため、信長たちも守護の身を案じて途中で引き上げることにした。

ここまでの流れを見る限り、守護は織田勝秀や坂井大膳らによって清洲城内に監禁されており、信長はこれを救い出そうとして果たせなかったわけである。

守護・斯波義統の暗殺と第二次清洲攻め

すると七月一二日、守護代・織田勝秀と又代・坂井大膳が、いよいよ目障りな守護殺害を実行する。このまま守護を生かしていても信長を利するばかりだと見たのだろう。義統の嫡男は、警備の侍を多数連れて川狩りに出向いていた。斯波義統もその息子もまさか守護代たちが自分たちに危害を加えるとは予想していなかったようだ。もし守護に逆意を抱けば、それこそ尾張中の武士を敵に回すこととなる。だからそんなことはするはずもないと油断していたのだ。

だが、守護代たちはこれを「能《よき》折伏」と見て、守護屋敷にいた斯波義統を襲い、速やかに亡き者とした。守護を警護する侍たちは「御一門数十人歴々」が切腹、お堀へ飛び込んで溺死する者、逃げ延びる者が多数あった（『信長公記』首巻）。事態を知らされた嫡男・岩龍丸（斯波義銀《よしかね》）は、急いで信長のいる那古野へと奔《はし》った。若君を保護した信長は、仇討ちとして出馬準備に取り掛かり、一八日、清洲城を攻めた。先手の柴田勝家軍が足軽衆を連れて清洲に迫る。守護代の清洲軍が迎撃に向かい、両軍は安食《あじき》の地でぶつかり合った。

清洲軍には『信長公記』の記主・太田牛一《うしかつ》が従軍しており、この時の戦いについて、「敵之（柴田軍）鑓ハ長く、こなた（清洲軍）の鑓ハみしかく」、このため清洲軍は劣勢を強いられ、守護代の老臣たちが多数戦死したと記録している。

ここに現守護は死去、その遺児を信長が養育することとなり、逆心を露わにした守護代は一気に衰退することとなる。

清洲への移転

守護代・織田勝秀は坂井大膳以外の味方を失った。大膳は勝秀に「信秀の弟である織田信光を両守護代とする約束で味方に引き入れよう」と提案した。信光は内応に快諾して、大膳に何枚もの誓約書を送り渡したが、こんな状況で勝秀と守護代の座を分割することに利などあるだろうか。信光は信長に全てを報告して、対策を練った。

天文二四年（一五五五）四月、信光は誘いに乗ったふりをして信長と一緒になって清洲に入るなり、勝秀と大膳を攻め、勝秀は自害、大膳は駿河の今川義元のもとへ逃亡した。信長本人は清洲城に移り、若君を招き入れた。叔父の信光は、信長から那古野城を譲り受け、ここに移転した。

かくして尾張は、現役の守護と守護代が不在となったのである。

残る実力者は織田信長一人で、もはや事実上の国主である。ゆえに清洲城を新たな拠点とすることで自身の立場を明確にする必要があったのだろう。信光にはリスクを取って守護代を切った功に報いるため、それまでの居城を与えた。

実弟・織田信勝との確執

ところがここからまたしても不幸が連続する。それまで信光の居城だった守山城にはその弟の織田信次が入った。同年（一五五五）六月、信次の家臣が無礼な武士を咎めて殺害した。そこまでなら戦国時代アルアル事件である。

だが彼らがこの「馬鹿者」の死骸を改めると、なんと信長の弟・織田秀孝《ひでたか》の遺体だった。青ざめた家臣はそのまままさっさと逐電した。事態を聞いた信次は驚くほかない。

この大事件はすぐさま信長とその弟・織田信勝（信行）の耳に入った。

信長の清洲城と、守山城の距離は約一一キロメートル。

信勝の末盛城と、守山城の距離はその半分以下となる約四・二キロメートル。

当然、信長よりも先に信勝が動き、怒りに任せて信次の守山城を焼き払った。信長も単騎で現場に駆けつけたが遅かった。眼前には焦土と化した守山城下が広がっていた。信長は裁定を下す。秀孝を「【意訳】我々の弟ともあろう者が従者も連れず、低い身分の侍のように馬一騎だけで駆け巡っていて、とても理のあることと思えない」と批難したのだ。

死人に口なしとはこのことだろう。非常時とはいえ、信長も「一騎かけ」で駆けつけたのに、こんな乱暴な批難を加えたのは、言外にこれが本心でないことを示していよう。信勝に〝俺がこう裁いたのだから、怒りを鎮めよ〟と伝えて騒動を落着させたかったのである。

そうしなければ、信次の責任を問わなければならなくなるからだ。もちろん信勝の所業には何も触れなかった。信勝もまた信長にとって大事な片腕だからである。

裁定を終えた信長は清洲城に戻ったが、信次当人は姿を消して行方不明になった。その後、信勝は守山城を信光の家老衆から接収しようと手勢を派遣して、激しく攻めたてた。家老衆はそれでも降参しない。そこで信長は事態を収めるため、新たな城主に自身の異母兄・織田秀俊《ひでとし》を指名した。信次の家老衆もこれに納得して、新城主を歓迎した。信勝はひとまず手を引いたが、信長の裁定に不満を抱いたようである。

度重なる身内の不幸

ついで同年一一月、信長の叔父で那古野城主の織田信光が不審死を遂げる。守護代に起請文を書き送りながらこれを信長に売り渡したことで老臣たちからの信望を失い、暗殺されたのだろう。不穏な情勢はまだ続く。

翌年（一五五六）四月、美濃で斎藤道三が息子の高政《たかまさ》（義龍。その後、頻繁に名前を変えたが、斎藤高政表記で通す）に謀反を起こされ、長良川で戦死してしまったのだ。信長は援軍に出馬したが、道三との合流を果たせなかった。道三は信長に美濃を渡すとの譲状を遺した。ここに美濃は斎藤高政の統治下に入り、敵国となった。

こうなると尾張は美濃の斎藤高政と三河・遠江・駿河の今川義元に囲まれていることになる。国内に緊張が高まり、五月には、信長の代わりに信勝を立てようと、信勝家老の柴田勝家・林秀貞《ひでさだ》・林美作守《みまさかのかみ》らが談合を進めた。

そして六月には、守山城主になって一年になる織田秀俊が自身の家老に殺害された。その家老・角田新五《つのだしんご》はその後、秀俊の守山入りに不満を抱いていた信勝の家臣に転属している。事件の主犯かもしれない。

それまで同母兄弟として国内外の勢力に連携して当たっていた信長と信勝だったが、秀孝殺人事件から、二人の関係は急速に冷え切っていく。信勝が張り切って守山城下を焼いたのも、信長の気持ちを代弁するつもりで勇気を振り絞ったものかもしれない。だが信長は信勝の所業を肯定してはくれなかった。

同年八月、信勝は信長の直轄領・篠木三郷《しのぎさんごう》を横領する。信長も顔色が変わる。ここに兄弟の全面戦争が始まった。

実弟殺害による尾張平定

八月二四日、尾張稲生《いのう》原で信長の直属兵と、反信長の林美作守・柴田勝家連合が対峙する。前者七〇〇人、後者一七〇〇人。緒戦は反信長軍が優位だったが、いざ信長と渡り合う時、信長が「大音声を上ヶ御怒」して、反信長軍は「御威光ニ恐れ」、それ以上の攻撃を控えてしまった。信長は柴田隊を崩し、林隊を襲って美作守の首を得た。角田新五も信長方にその首を取られた。得た首の数は四五〇以上であった。

信長は稲生合戦に勝利したのだ。

ここで仲介が入る。兄弟の実母・土田《つちだ》御前が信勝赦免を願い出たのである。国主同然の立場とは言え、二十三歳の信長も、実母の言葉には逆らえなかった。弟の若気の至りと、我が適当な裁定が国内に騒乱を招いてしまったと反省したであろう。

だが、勇ましい信勝は心を改めるどころか、憎悪を募らせるばかりであった。

その後、弘治三年（一五五七）四月一九日、斎藤高政が信勝に「あれからお変わりないでしょうか。話を聞きたいので使者にすぐお返事ください」という主旨の手紙を送った（徳川黎明会所蔵文書）。どうやら高政が何か企んでいたようだ。翌年（一五五八）三月、信勝は信長に無断で国内に城を築くなど、反抗的態度を再開する。柴田勝家は信勝に失望して、信長への忠誠を誓った。

同年五月二八日、高政は尾張の岩倉城将・織田信賢《のぶかた》と謀って信長の打倒を狙うが、信長は信賢を浮野《うきの》で撃ち破り、城内に逼塞《ひっそく》させた。信長は国外からの侵略を未然に防ぎ、尾張国主としての実力は疑いがなくなった。尾張諸将が信勝を擁立する意義は失われてしまった。

同年一一月二日、信長から清洲城に招かれた信勝はその場で殺害された。ここに尾張は信長のもと平定された。この頃であろう。『信長公記』首巻に「武衛（義銀）様、国主と崇《あがめ》申され、清洲の城渡し進せられ、信長ハ北屋敷へ御隠居候し也」とある。

信長は若き日の長尾景虎が出奔騒動を起こしたように、ここまで務めてきた守護の代役を終わりにして、一武臣の身に落ち着きたいとの意思があったものと思える。だがこの「御隠居」はすぐに無効化することとなる。

第一六節　斯波義銀と今川義元の協心

尾張平定後の守護・斯波義銀

尾張平定後の信長は、永禄二年（一五五九）に上洛して将軍・足利義輝に謁見を望んだ。義銀も同行していたかもしれない。この時、美濃斎藤高政の刺客に狙われたが、信長の側近が「お前たちの所業など見え透いているぞ。明日わが主人のもとへ挨拶に来い」と声をかけ、信長も実際にやってきた刺客たちに「やりたいのなら、今からやるか」と睨みつけて一同を退かせた。

先述の通り、信長は若き屋形・斯波義銀（信長より六歳年少）を擁立した。その後、義銀は美濃侵攻を企図するなど、守護として対外政策を主体的に採っており、信長は伝統的貴人を中心とする社会構造を軽視していなかった。某年（通説は弘治年間と見る）四月のこととして、主従の密接ぶりが『信長公記』首巻に描かれている。

図14　斯波義銀肖像

大龍院（妙心寺塔頭）所蔵

　この時、駿河の今川義元陣営だった三河の名族（足利氏御一家）・吉良《きら》義昭《よしあきら》が尾張陣営との停戦に赴くことになった。義昭は義元の傀儡である。

　天文二四年（一五五五）、義昭兄の吉良義安《よしやす》（斯波義統娘婿）が義元の攻撃により三河西尾《にしお》城（西条城）を奪われ、駿河へと移住することになり、西尾城には今川家臣が入った。このため弟の義昭が義元の意向で当主に据えられ、三河東条《とうじょう》城を与えられた。義昭が本領を回復するには義元に従うほかなかった。

　義元は不穏な三河に安定政権を築きたい。そのため義昭を守護格に置いて三河統治の既成事実を積み重ねると同時に、尾張からの侵攻を食い止めるべく、尾張守護・斯波義銀に交渉を打診することにした。

　このように駿河の者から「取持《とりもち》相《あい》調《ととのい》候て（仲介の調整が進み）」、尾張・三河両国の守護格同士が参会した。信長も護衛のため「武衛（斯波義銀）様御伴《おとも》」として参席した。両陣営とも軍勢を連れており、互いに遠慮しあって一六〇メートルほど距離を開けた状態で対面した。場合によっては交渉が決裂して、その場で戦闘になりえる危険を孕《はら》んでいたが、今回は互いに顔を見て着座し直す程度で大人しく退陣した。

信長は守護・斯波義銀の片腕たらんとする面目を保った。

主従関係の破綻

ここまで義銀の側は、信長の態度に強い不満などなかったはずである。信長は守護への尊重を全うしており、それどころか必要以上に謙《へりくだ》っていた。

ただ、吉良義昭を警護する今川軍の威容には義銀も肝を冷やしただろう。また、実権を権臣に託す主君は、もしその実権を別の実力者に奪われそうになったら、どちらに味方するか判断を誤ると大変なことになる。現在の権臣を倒して実権を奪わんとする別の実力者が、現在の権臣と対決する前に主君そのものに調略を仕掛けることもある。

序章で見てもらったように、信玄は織田・徳川との戦いを前にして、将軍を信長から離反させた。将軍は自らを支える実力者が織田信長では危ういと見て、権臣を別の実力者である武田信玄に切り替えようとしたのである。

義銀から見た信長は武人としては頼りになるが、為政者らしいところがない。所詮は未成熟の「うつけ」に過ぎないと思えただろう。権臣らしく堂々と本屋敷に居座り続けず「御隠居」する青さも不安を煽ったのではないだろうか。

少なくとも別の実力者である義元より劣って見えたはずである。しかもその義元は尾張への領土的野心を隠さない。このままだと義銀は信長もろとも滅ぼされてしまう恐れがある。信長と心中しないためにはその敵対者と組むのが最適解である。一七世紀に編纂された尾張藩の地誌『張州府志《ちょうしゅうふし》』巻第一〇「清州志《きよすし》　人物」は、信長が清洲城を拠点としたあと「義銀与今川義元協心欲」と義銀が義元に通じたことを伝えている。義銀の不安を見通した義元から裏切りを誘われて応じたのだろう。

協心の計略と顚末は『信長公記』首巻に「【訓読】尾張国端海手（海東郡戸田）へ付《つき》て石橋殿御座所有《あり》、（弥富《やとみ》の）服部左京助（友貞）、駿河衆（今川軍）を海上より引入れ、吉良（尾張清洲に亡命していた義安）・石橋（忠義）・武衛（義銀）仰せ談じられ、御謀叛半《なかば》之刻、家臣之内より漏れ聞え、則《すなわち》御両三人（吉良・石橋・斯波）御国追い出し申され候」と記されている。

義銀幽閉および追放の年次は不明だが、私はこれを永禄三年（一五六〇）のことと考える。

まず引用した記事の内容から説明していこう。

斯波義銀の計略と追放

この記事の内容を簡潔に言うと、義銀は、三河の吉良氏や海東《かいとう》郡戸田《とだ》を領する石橋忠義《いしばしただよし》（足利氏御一家。実名は二次史料による。義忠とも）と共謀して今川家に通じ、服部友貞《はっとりともさだ》の手配により、今川軍を海路から尾張国内の戸田へ導き入れようとしていた。ところがその家臣から情報が漏洩《ろうえい》して、信長はすぐさま彼らを尾張から追放したというものである。

補足すると、この「吉良」氏は首巻に苗字しか見えず、個人名は不明だが義銀と対談可能な身分（守護クラス）で、身軽に尾張へ乗り込め、なおかつ同書が説明を施す必要のない人物であること、こうした条件を兼ね備えるのは義安・義昭兄弟のどちらかであろう。

事件は未然に防がれ、首謀者一同あっけなく追放されたが、守護の計略は信長の人生だけではなく戦国史を一変させる大事件を招くことになる。また、その追放は信長個人の都合でなく、巨大なうねりの最中になされたようである。

ここから私見を広げていく。

桶狭間合戦では、今川軍の松平元康（徳川家康）が尾張大高《おおだか》城（城将は今川家臣・鵜殿長《うどのなが》照《てる》）へ兵糧を運び入れたが、そこから鳴海潟と年魚市《あゆち》潟を制圧する予定であった。その目的が石橋領の戸田との接続にあるなら、今川軍が制海権を確保することで斯波・吉良・石橋らの貴人と合流を果たし、尾張一国を短期間で併呑する計画だったと考えられる。

信長の守護追放の年次はいつか

太田牛一は義銀追放の年次を記さないが、『名所図会』など一部の後世史料は桶狭間翌年（一五六一）と記す。ただ、事件に関わる服部友貞は合戦で撃退されており、これが翌年まで放置され、今川水軍を誘い入れる隙を与えられるとは思えず、義元亡き今川軍に尾張国内へ攻め入る余力があったとも考えにくい。義銀追放は桶狭間同年と見るのが妥当だろう。

桶狭間前年（一五五九）の四月、信長および義銀は三河の吉良義昭と停戦の契約を結んだ。そして翌年三月までに今川・吉良主導による三河平定が進んだ。信長はこれを警戒して、尾張国内にある今川の属城に対抗する砦を築き、諸城の攻略に取り掛かった。これを見た義元は、三河・尾張併呑の総仕上げに入る段階と考え、「【訓読】近日義元、尾州《びしゅう》境目に向け進発」しようと動き始めた（遺文今川一五〇四）。

義銀は義元の意を受けた吉良氏から義元の尾張侵攻を密かに知らされ、信長を見限り義元に味方する決意を固めたのだろう。そう考えれば史料上の整合性が取れてくる。

いくら「御謀叛」の疑いがあろうとも尾張が平和な時期に守護を国外に「追出」していたら、信長は数世代後にまで悪評を馳せたはずである。だが信長の守護追放は特に大きな非難を集めていない。その理由は誰から見ても追放が適切な状況があり、なおかつ信長がこれより大きな変事を起こしたことにあろう。変事とは戦場における駿河元守護の殺害である。義元討ち取りと比べれば、さすがに尾張守護の追放も印象が薄くなる。

義銀幽閉については郷土研究家の尾畑太三《おばたたいぞう》氏が諸書と諸説のうち矛盾のない年次を「消去法」で割り出し、これを『西尾城由来記』にある「永禄三年庚申九月」に限られると特定している（尾畑二〇一二）。

五月一九日の桶狭間合戦に勝利した信長は、その直後である六月二日に西美濃の安八《あんぱち》郡まで「御人数千五百余」を連れて侵攻した（『総見記』）。また一次史料でも翌年六月、西美濃の平野庄《ひらののしょう》「神戸《ごうど》市場」（岐阜県揖斐郡大野町本庄）に禁制を発しており、同地侵攻の事実を認められる（信長文書二九）。

ちなみに一五六九年七月一二日付のルイス・フロイス書簡に「美濃の国に入りしが［中略］船にて之《これ》を渡る。途中石の偶像の頭なきもの多数を見たり。信長之を除くことを命じたるなり」とあるが、美濃を制した信長が美濃の「大なる川」沿いに並ぶ「石の偶像の頭なきもの多数」と、仏像の頭を破壊させていたことを記している（『異国叢書』巻三）。この川を通説は長良川としてきたが、同書簡は「近江の国を過ぎて美濃の国に入りしが、大部分は平地にして山少く樹木繁茂し、大なる川」と近江寄りの川であることを記しており、長良川西の一級河川・揖斐川《いびがわ》に比定するのが適切である。信長はこの時に接収した美濃揖斐川ほとりの仏像を破壊させたのだ。御屋形様を悪謀に陥らせた怨敵への報復である。

通常なら義元を討ち取って間がないので、混乱の最中にある今川勢力圏へ東進するのが自然だが、信長は西美濃侵攻を優先した。桶狭間前後を経てもなお無傷のまま残っている勢力のうち危険度の高いものから対応していったわけである。

桶狭間前後の尾張は、右のような状況にあったのだろう。

第一七節　桶狭間合戦の勝因と敗因

今川義元の作戦

ここから日本史上屈指の謎と見られている〝桶狭間合戦〟の内実に迫ってみよう。史料にあることを単純素朴に読み進めれば、次の経緯で展開したと考えられる。

まず信長の擁立する尾張の新守護・斯波義銀が政変を企んだ。永禄三年（一五六〇）、桶狭間合戦の少し前ぐらいのことである。

義銀は義元が自ら尾張国境を攻めると聞き、これを恐れた。斯波家と今川家は長年の宿敵である。リアルに考えて、尾張一国を平定したばかりの信長が、駿河・遠江・三河を支配する義元に勝てる道理などない。もし信長が敗れたら、斯波家の族滅も考えられる。そこで自ら義銀は御家存続のため信長を売り渡すことにした。首尾は密かに進められる。

義元は尾張および三河北部に四万五〇〇〇人の大軍を進めたというが、実際の人数は『定光寺年代記』に「尾州鳴海庄ニテ駿州軍勢一万人」が敗北したとあり、全軍合わせて一万前後であっただろう。

義元の作戦は、尾張大高城を救出し、自軍の本拠地としたあと、そこから海路を使って尾張北部へ侵攻することから始まる。先手勢はその先で尾張独立勢力の服部友貞と合流、さらに尾張一向衆（「河内二ノ江ノ坊主」）が、揖斐川経由で美濃の延暦寺系僧兵団を招き入れ、清洲に向かい、斯波勢が彼らに呼応して動くという流れだったようだ。

尾張一向衆の僧兵は、服部氏と同盟関係にあって同郡一帯を支配していた。この地は海面から美濃へと連なる尾張揖斐川があり、美濃揖斐川も一向衆勢力が根を張っていた。今川軍の侵攻が本格化すれば、僧兵たちは河川を伝って続々乱入する予定だったのだろう。

だが、この計略は信長の知るところとなる。義銀の家臣から漏洩したのだ。信長は軍議の席で、義銀と「一味同心」して籠城策を進める「御家老之衆」を無視して、雑談のみに興じる態度を取った。そして密かに行軍途中の義元を奇襲する決意を固めた。籠城などすれば彼らに寝首を掻かれよう。しかるに行軍中の側面を衝けばどのような大軍でも間違いなく混乱させられる。そのような機会に恵まれる可能性は低いが、そこに勝負をかけたのだ。

桶狭間合戦の経緯

五月一九日、今川義元旗本は桶狭間山（現在地不明）で休憩することにした。作戦が順調なので義元も「【訓読】義元が戈先《ほこさき》には、天魔・鬼神も忍《たま》るべからず、心地ハよし」と謡《うたい》を歌わせ、気分上々だったらしい。『三河記』岩瀬文庫本は「義元ノ近臣五千ニハ不及、三千計《ばかり》ニハ不過」と記しており、兵数三〇〇〇以下だったと見られる（播磨二〇一九）。

その頃、信長は最前線の「中島砦《なかじま》」へ移動して、ここから桶狭間山へ突撃を仕掛けることを考えた。しかし左右の者たちはさすがに無謀と考えて「無理にすかり付《つき》」、信長を制止した。そこで信長は「【意訳】運は天にありと知らぬか。不利になれば退き、敵の背を見て襲えば崩せる。敵の首は打ち捨てよ。勝てば末代までの名誉となるぞ」と将士たちを説得しようとする。そこへ別方面の小競り合いから戻ってきた者もいたので、彼らにもこれと同じ存念を言い聞かせて「二千に不足（の）御人数」で出馬した。どれほどの勝算があったか不明だが、ひとつ布石は打っていた。別働隊である。

信長は先に別働隊を桶狭間山方面に先遣させて陽動を狙っていた。寡兵の部隊を適度に攻めかからせ、今川軍を挑発していたのである。先の小競り合いから戻ってきた者たちも加わっていたかもしれない。別働隊の駆け引きは効果的だったようだ。

桶狭間合戦では織田軍が鉄炮を有効に使用したことが、一次史料の永禄三年八月十六日付・安房妙本寺宛・朝比奈親徳《あさひなちかのり》書状写に確かめられる（遺文今川一五六八）。

【訓読】今川義元討ち死に、是非なき次第。御推察過ぎるべからず候、拙者の儀は最前鉄炮ニ当たり、その場に相仕らず候、

今川家臣の朝比奈親徳は、義元が討たれる寸前、鉄炮に負傷させられたため、主君の義元が戦死する時、旗本が崩壊する現場に居合わせられなかったというのだ。

ということは、朝比奈隊は義元戦死の現場から離れた戦場にいたことになる。織田の別働隊と戦っていたのだろう。親徳は織田別働隊から銃撃を仕掛けられ、応戦すべき状況に誘われていたのである。

さらにここへ奇跡のような現象が尾張三河国境に迫っていた。

突発的な豪雨が降り始めたのである。『信長公記』首巻（天理本）によればその勢いは極めて強く、沓掛《くつかけ》城近くの「楠之木、雨ニ東へ降倒ル」ほどの豪雨であった（以後、本項の史料引用は特に説明のない限り同書を使う）。天が信長勝利の確度を高めた。沓掛の倒木を目撃

図15　桶狭間合戦戦況推定図

したのは織田別働隊であると見られる（橋場二〇〇八）。

今川軍は山地にいた。山の陣地は簡素な山城である。今川軍は低地から攻めてくる敵兵に、頭上から銃撃を仕掛けてさえいれば、まず痛手を喰らわない。それに人数も多い。いくつかの部隊が前に出ていたところで大事に至ることなどありえないのだ。

ところがその鉄炮と防御陣が、魔法か何かで突然まったく使えなくなったらどうだろうか。その魔法が降りかかったのである。

鉄炮使用の可否

今川軍は桶狭間山の野営地で雨晒《あまざら》しに遭っていた。

信長はすでに中島砦を出ており、その近く「山際まで御人数」を接近させていたのだ。そこで強い西風を伴うゲリラ豪雨が降り掛かった。『信長公記』首巻の文章と構成を見る限り、別働隊は義元から見て北面に、信長の本隊は西面にいたと考えられる。

豪雨のため、織田軍も今川軍も、火縄が濡れて鉄炮を扱える状況ではなくなったことだろう。予期しない雨礫《あめつぶて》に人々は苦痛を覚え、具足も重くなり、湿気に弱い弓矢は扱いにくくなっていた。大木を倒すほどの豪雨なら野営地も形を失っていたと考えられる。ここに今川軍は設備と装備の優位を失った。そこに信長が「空晴ルを御覧し」てから鑓を手にとり、「すハかゝれ」と大声をあげて土煙を立てて突進した。

今川軍は豪雨のため一部武具と施設が扱えなくなった。それに加えて信長と別に先行する別働隊が沓掛方面で陽動を展開したことが織田軍勝利の要因となったと思われる。

佐久間信盛の別働隊

さて、件の別働隊とは何か？　それは信長が清洲から善照寺《ぜんしょうじ》砦に移り、さらに中島砦へ移ろうとするところで描写されている佐久間信盛の隊である。信長は善照寺砦の信盛と合流したが、「御人数備《そなえ》られ、勢衆揃《そろえ》させられ、様体《ようたい》御覧し」とあるように、信盛は自身の隊を戦闘態勢に整えて信長に披露している。

これは「御覧し」とあるので、自分の手勢を再編成しているのではない。信長はあくまで見ている側で、実行したのは別人である。他人が他人の部隊を編成しているのだ。

これがもし信長の部隊なら、砦に入った信長がわざわざ他人に少数の兵を再編成させるだろうか。今は急を要する状況で、しかもこれから自分で扱う少数の部隊である。他人に再編成させる余裕はどこにもない。

信長が、信盛が信盛の隊列を揃える様子を見届けた描写と受け止めるのが適切だろう。

信長は自身の動員した兵員を整列させ、その御前で信盛が人数を再編する動きを監査した。隊列を整えているのだから、籠城する準備ではなく野戦準備である。信長は決死の勇士たちの出陣準備を厳粛に見届けたのだ。

ここから信長は移動を開始する。ゲリラ的戦術（「か丶らハ引《ひき》、ひかは引付《ひきつき》」）を使いながら、別働隊の戦いぶりを軸《じく》として、〝その応援に向かう〟〝挟撃を狙う〟〝撤退する〟などその場の状況に応じて生じる選択のうちから、最適解を模索しながら勝利を得るつもりで動き始めたのである。

善照寺砦の別働隊が陽動を仕掛けていたことは、記主不明の『松平記』巻二（家康実母を「我等（＝記主）父」が護送する記述あり。慶長末年成立カ）にも「善照寺の城より二手になり、一手は御先衆へ押来り、一手は本陣のしかも油断したる所へ押来り」と伝わっている。

ただし、佐久間信盛の活動は『信長公記』首巻に記述されていない。信盛は後年、信長に「信長代になり、三十年遂奉公内に、佐久間右衛門（信盛）無比類働申習候儀、一度も有之ましき事」と叱責され、追放の憂き目に遭った（信長文書八九四）。桶狭間の活躍を詳述すると、この追放が非道に見えてしまうので、その活躍を削除したのだろう。

信長勝利の要因と『甲陽軍鑑』の証言

戦争の勝敗が一瞬でつく場合、諸隊の配置、施設と装備、奇襲の有無が決定要因として働くケースが一般的である。

桶狭間の信長はこれら全ての条件が揃えられていた。陽動によって分散した今川軍へ別働隊と本隊が挟撃を仕掛け、豪雨により飛び道具が使用不可となり、山地の防衛能力が極限まで低下する。そして迅速なる急襲を仕掛ける――。どれかひとつでも欠けていたら戦死したのは信長だっただろう。今川軍は「弓・鑓・太刀・長刀・のほり《（幟）》・さし《（指）》物ハ算ヲ乱すにこと《（異）》ならす」と、もはや近接戦武具すら扱えない状態となり、完全に士気阻喪していた。

運は天にありというが、その運をつかんだのは信長の決断であった。

なお『軍鑑』品第六が、この時の今川軍と信長の動きを「駿河勢所々へ乱妨《らんぼう》に散たる隙をうかゞひ、味方の真似をして駿河勢に入交《いりまじ》る」と、今川軍の「乱妨」を強調することから、今川兵が略奪に興じていたため本陣が手薄になって敗れたとする説もあるが、乱妨は略奪のみを示す言葉ではない。『日葡《にっぽ》辞書』の「乱妨」項で「Ranbo」と「Midare samataguru」の発音が示されるように、乱れ（させ）妨ぐる意味を持つ。ここでは今川兵が織田兵の身命と物品を狙って蹂躙する情景を想像できよう。今川軍の先手が佐久間隊の挑発に乗り、敵味方の判断がつきにくい状況があって、信長はそこへ乱入した。『軍鑑』の記述は根拠のない作り話ではないだろう。

永禄三年（一五六〇）五月一九日、晴天のもと、義元はあえなく討たれ、全軍「惣崩」となった。信長は勝利したのだ。

太田牛一の誤記の謎

最後になぜ『信長公記』首巻の説明がいびつになってしまったのかを補足しよう。キーマンは斯波義銀である。

太田牛一の出自は「生国尾張国、武衛様臣下」である（太田家本『信長記』巻一奥書）。義銀の父・斯波義統に仕えていた。しかし天文二三年（一五五四）七月一二日、尾張守護代・織田勝秀の一派がこれを殺害。現場を離れていた嫡男・義銀は、勝秀と不仲である信長のもとに逃亡してその保護下に入った。義銀十五歳のことである。

牛一は同月一八日に信長属下の勝家が清洲へ侵攻した際、「あしがる衆」として義統の弔い合戦に参加した。足軽とは軽歩兵のことだが、軽輩の士分にある侍を指すこともある。義銀は所領も兵員も失ったので、主従ともども信長の意に従い、生活を保証してもらう必要がある。幸い信長は義銀に深い敬意を払っていたので、家臣たちは冷遇されなかっただろう。

ここからの牛一は、将軍・義昭と信長に両属した細川藤孝・和田惟政・明智光秀と同様の立場になる。彼らは原理的には幕臣だったが、居城の与奪権や戦争の指揮権は信長が握っていた。牛一も原理的には義銀家臣だったが、実質的には信長の指揮下にあった。

その牛一は『信長公記』首巻において、桶狭間合戦の年次を史実の永禄三年（一五六〇）ではなく、「天文廿一《てんぶんにじゅういち》年壬子《みずのえね》」（一五五二）と誤記しており、史実と八年のズレがある。しかも数ある合戦の中でも桶狭間だけは特に内容を詳述しているのに、間違った年次を三度も繰り返し記している。同書首巻は写本のみ現存しており、他巻と違って牛一自筆の原本が残されていないため、牛一作ではないという説もある。しかし編者が何者であれ、原著者が牛一である事実は揺らぎにくいだろう。

牛一は何らかの意図をもってわざと誤記したに違いない。

太田牛一が桶狭間を八年ずらす理由

天文二一年（一五五二）は斯波義統が亡くなる二年前で、義統四十歳、義銀十三歳の時である。

しかし『信長公記』首巻（非天理本）は、桶狭間合戦のパラグラフ終盤近くに「【訓読】先年（＝天文二三年）清洲の城において、武衛（斯波義統）様悉く攻め殺し候の時」と、義統が暗殺された時期を本合戦以前とわかるように書いてある。時系列は正確なのに、年次だけ不正確なのだ。これは牛一の勘違いではない。牛一はほかの記述に年次を間違えたところがなく、最重要事件の桶狭間だけ記憶違いしていたとは考えにくい。年次以外の記録は、実体験と当時の証言に基づいているらしく臨場感が高い。意図的に年次を操作した可能性を考えるべきだろう。

牛一は不確かなことや積極的な虚偽を書き残さなかった。だがそれでも桶狭間だけは年次を変える必要があった。なぜ天文二一年かといえば守護と信長の関係が良好な時期だったからだろう。これは牛一の都合ではなく旧主・義銀への配慮であった。

同書は義銀が信長を裏切り、今川軍を領内に引き入れようとしたが、計画が家臣から信長に漏れ、これを知った信長が義銀を尾張から追放した事実を記している。これは隠れもない事実なので省略しなかったが、年次だけは義銀の名誉のため書き換えたのである。

桶狭間最大の戦犯・斯波義銀

当時の牛一は斯波家中に属していた。義銀の計画は途中で信長に漏れ、信長も義銀追放の決意を固めた。ところでこちらも時期は不明だが、牛一が信長の警護を担う「六人衆」の一員に編入されたことが『信長公記』首巻（非天理本）に見える。主君・義銀の企みについていけなくなった牛一が、謀計を信長に密告したことで厚遇されたと考えられよう。

信長は義銀が上座から見下ろす軍議を放置して清洲を飛び出た。父が敬い続けた斯波一族の末裔なので、手荒なことはしなかった。だが義元を討ち取ると、義銀の悪謀が予想以上に大規模な反乱だったことが明らかになり、やむなくこれを拘束して追放することにした。

桶狭間の背後で起こっていた尾張国内の騒動は右のように推移したであろう。牛一としては、旧主・義銀への後ろめたさがあった。牛一には自分を世話した人物に、筋を曲げてでも義理を通すところがあり、事実をありのまま書くと、義銀が桶狭間の大戦犯と明確化されてしまうので、余計な詮索を回避するべく不慣れな嘘をついたのだ。

なお牛一の筆は、義銀と似た形で信長を裏切った将軍・義昭に対しては容赦がなかった。義昭は信長の攻撃を受けて京都から追放されたが、『信長公記』はこれを「【訓読】〝公方様〟かなと諸人敬うべき、この度は引替え、御鎧の袖を濡らせられ、〝貧乏公方〟と上下指をさし嘲哢となし、御自滅と申しながら（も）哀れなり」と、その無惨さを具体的に記述している。牛一は義昭に何の義理もなかったので、信長の面目だけを考えて、遠慮なく執筆することができたのである。

第一八節　美濃平定前の第一次上洛作戦

ブランドゼロからの対外戦略

桶狭間合戦に勝利した織田信長は、今川軍の侵攻という脅威から解放された。これは対外戦略を見直す転換期であった。

まず目をつけたのは、三河の松平元康こと徳川家康である。信長は家康と同盟を結ぶことで、今川家との緩衝地帯を確保した。そして侵攻方向を今川領ではなく、斎藤一色家が領する美濃へと向けていく。

信長の手には、本妻の実父・斎藤道三からの譲状があり、美濃一国は道三の遺志を受け継ぐ自らの管理下に置くのが望ましいと考えていたのだろう。桶狭間から一年ほど経つ永禄四年（一五六一）五月一一日、実父（異説もあり）・道三を討った美濃国主の斎藤高政が、三十五歳の若さで病死する。跡目を継いだ嫡男の龍興は、まだ十五歳の若さであった。

信長は尾張守護（斯波義銀）を国外に追放したので、自身が尾張外交の主体を担っていた。守護のために――という思考を捨てて、それでいて後ろ指を指されない形で、自分たちのために――対外戦略を進めていかなくてはならなくなっていたのである。

すでに信長の権力は、伝統的権威の尾張守護から保証されていない。守護に見限られ、守護を見限った身の上である。桶狭間の慌ただしさで批難の声こそ免れていたが、外部勢力からの信頼は一から作り直していくところに立たされていた。ブランドゼロである。ならば、信義を重んじる大名として身を立てていくべきであろう。

永禄六年（一五六三）信長は、守護・守護代の居城であった清洲城から小牧山城へと拠点を移し、美濃侵攻を本格化させる。翌七年（一五六四）五月、信長は国内の不満分子で美濃に内通する織田信清《のぶきよ》を攻め滅ぼし、尾張の内情を安定させた。信清は、甲斐の武田信玄のもとへ逃亡した。信長の妹と江北の浅井《あざい》長政の婚姻もこの時期とする説がある。

謙信と信長のファーストコンタクト

さて永禄七年（一五六四）中、信長と接触した有力者の一人が、越後の上杉輝虎だった。輝虎と信長のファーストコンタクトを直接示す史料は検出されていないが、初見となる古文書は、六月九日付の織田信長書状である。
宛所は輝虎の重臣・直江大和守政綱《まさつな》（もと実綱。後の景綱）で、書状の冒頭で信長は「【意訳】玉章《たまずさ》（とてもありがたいお手紙）すぐに到来いたしました。謹んで拝閲し喜びを味わっています」と低姿勢な挨拶を行っている（信長文書四五）。ここから輝虎が政綱に信長宛の書状を送らせていたことが読み取れる。また、輝虎が「御養子」として信長の「愚息」を迎えてくれれば「面目の至り」だとも述べており、密接な関係を希望する様子を窺える（信長文書五〇）。

ところで輝虎は将軍から屋形号や裏書御免を許された高位の大名である。比する信長には公権力に属する権威がまだ何もない。もし両者が対等なら輝虎は信長に直接の書状を送っただろうが、当時の社会通念により、重臣の政綱を介する形で接触を図ったのである。

それにしても輝虎はなぜ信長と連絡を交わすことを考えたのだろうか。それまで特に接点のない両者であったが、両者の交流には飛驒の三木良頼《みつきよしより》が介在していた。良頼は輝虎と結んで武田信玄の飛驒への勢力伸張に対抗していた（木村二〇〇〇）。良頼は輝虎に上方の情報を提供することで輝虎に自らの付加価値をプレゼンテーションしていたようだが、信長に注目するよう提言したのかもしれない。信長もまた東美濃に勢力を拡げる過程で、同地に境目を持つ信玄を警戒していた（柴二〇二二）。

輝虎から見ると、信長は面白い男である。桶狭間合戦で今川・武田・北条同盟の一角を崩したこと、自らが果たせなかった敵の総大将討ち取りという大戦果を挙げたこと、また現在は直接の利害関係がないものの、まだ三十一歳という若さであることは、将来有望で、〝奇貨居くべし〟と思えただろう。

輝虎は上方からの情報確度を高めるためにも、また反武田陣営を増やすためにも信長の歓心を買いたかったことと思われる。信長を味方にすれば戦略の幅も広がり得る。ただ、信長は、上杉陣営に加わることで信玄を敵に回すリスクは避けたかったはずである。

このためだろうか。信長は断続的に現況を報告する丁寧な返書を送る程度に留め、積極的交流を進めてはいない。

同年九月には京都の立入宗継《たてりむねつぐ》が勅使として尾張に下向して御料所回復と御所改修を打診した。同年一二月、将軍・義輝が信長に「御内書（将軍家からの書状）」を送ったことを喜んだ信長が「【訓読】生前の大事これに過ぐべからず候」と返信している（信長文書五二）。

信長がいかなる御内書を受け取ったか不明だが、輝虎がなかなか上洛できないでいる状況にやきもきしていたはずだから、信長にも密かに上洛を打診していたのかもしれない。

武田信玄と織田信長の接触

ところで『信長公記』首巻によれば、信玄は輝虎に先んじて信長に関心を持っていたらしく、次の逸話が伝えられている。

尾張の天永寺《てんえいじ》の天沢和尚《てんたくおしょう》が関東に下向した折、甲斐の信玄のもとに挨拶に訪れた。信玄は和尚に、信長の大将としての器量を尋ねた。すると和尚は「朝夕に馬に乗り、鷹狩りをされ、弓・蹴鞠・鉄炮・剣術を稽古している」と答えた。すると武芸を学ぶ合間に何をしているかも尋ねられ、和尚は舞は幸若舞《こうわかまい》の『敦盛《あつもり》』の一節を好んで舞い、小唄は「死なふハ一定《いちじょう》、しのひ草には何をしよ、その一定かたりのこすよの（みな必ず死ぬ。死んだあとでも思い出されるには何をすべきか。おのれを語り遺されるには）」を好んで唄っている様子を伝えた。信玄は、そこから信長の思考を読み取り、「それほどの心意気ならば武辺に優れた人物なのも納得だ」と感心した——。

武士としての覚悟のほどに好感を持ったのだ。同書によれば、信長はこの舞いを桶狭間以後、まったく舞わなくなったという。すると天沢和尚が信玄のもとを訪れたのは永禄三年（一五六〇）以前のことであろう。

永禄八年（一五六五）九月九日、信長は信玄のもとへ使者を送り、同盟を打診した。信玄はこれをすぐに承諾。信長は若き姪を信玄四男・諏方《すわ》四郎（のちの武田勝頼）のもとへ嫁がせた。まだ信濃に接する美濃の一色家が健在であるのに、遠い尾張の信長との同盟を決断したのだから、信玄はその将来性を買っていたのだろう。ちなみに上杉と織田の養子縁組は、その後話が進まず不首尾に終わったようである。

足利義輝の横死

ところで甲尾同盟が組まれる少し前、京都では一大事件が勃発した。この永禄八年（一五六五）五月一九日、将軍・足利義輝が河内の三好義重（義継）の配下たちに殺害されてしまったのである。

義輝が亡くなると、その遺臣たちが義輝の弟である足利義秋（義昭）を将軍にするよう諸勢力に働きかけた。しかし義輝への思い入れが強いはずの越後上杉家は遠方で身動きが取れず、尾張の信長が中心的に動くほかになかったようだ。

信長が武田信玄と同盟を組んだのは、上洛の布石だろう。

同年一〇月までには義輝の遺臣にして義秋の家臣となった細川藤孝が信長に上洛作戦を実

図16　信長の花押

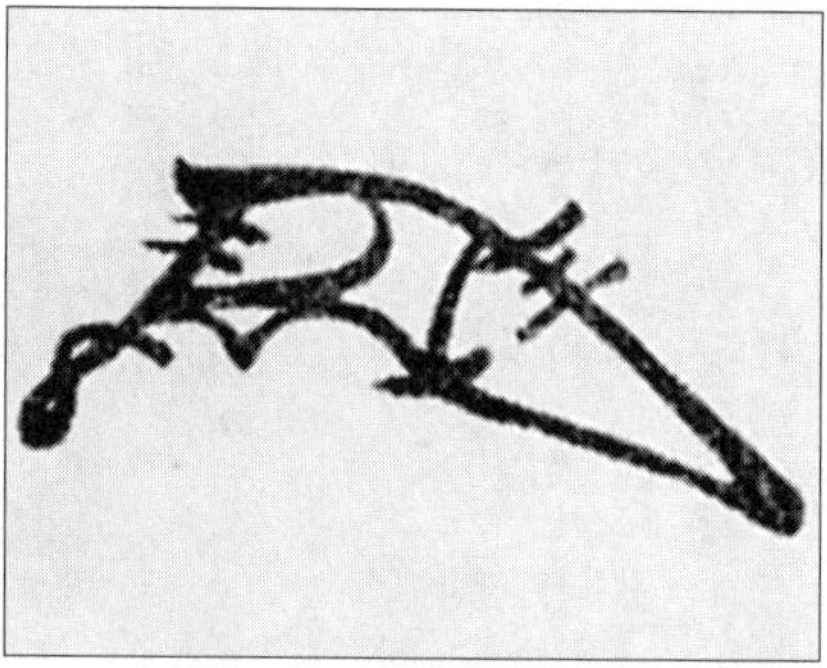

出典：奥野高廣『増訂　織田信長文書の研究』（上巻）

行するよう要請しており、一二月五日付の藤孝宛書状では義秋からの二度目の要請に対し、「【意訳】将軍様からの上意次第で、いつでも御供奉《ごぐぶ》の命令を最優先する覚悟でいます」と返答して協力姿勢を明らかにした（信長文書六〇）。また、越前の朝倉義景と若狭の武田義統と共闘して、義輝を殺害した三好家を打倒する意思をも伝えた。ちなみにこの頃より信長は自らの書状に麒麟《きりん》の「麟」字を象《かたど》った花押《かおう》を使い始めている（「義」字を象ったとする説もある）。

天下へ乗り出そうとする気負いを込めたのだろう。しかし信長一人が意気軒昂であろうとも周囲との歩調が合わなければ作戦を実行できない。信長は美濃の一色義棟（斎藤龍興）と不仲で、しかも近江の六角承禎は義棟と同盟関係にある。信長が動くには、義棟との和睦が前提条件となる。

藤孝らは美濃と尾張を訪ねて、一色と織田の和睦工作に働いた。かくして、ここに濃尾の停戦が成立。いよいよ機が熟してきた。

翌九年（一五六六）七月、義秋には、信長が尾張・美濃・三河・伊勢「四か国」の大軍を主催して上洛するめどが立っていた。決行の日取りは八月二二日と定められた（『多聞院日記』永禄九年八月二四日条）。

信長は美濃と争っている最中であったが、濃尾の和平を実現して義秋上洛に供奉できるよう準備を進める。しかしこの第一次上洛作戦は破綻する。

第一九節　美濃制圧と義昭の美濃入り

絵に描いた天下餅の第一次上洛作戦

上洛作戦を決行する予定日であるはずの永禄九年（一五六六）八月二二日が過ぎた。しかし信長は近江に進軍することができなかった。

しかも近江にいた足利義秋たちは、味方であるはずの近江六角方が裏切りを企んでいるという情報を得て同月末近くに若狭へ逃れた。保護したのは守護の武田義統だった。

翌月の閏八月中に義秋は美濃の一色義棟方から驚くべき報告を受け取った。細川藤孝が信長のもとまで出向き、停戦の証として義棟に人質を差し出す約束をさせたが、信長がこれを反故にして八月二九日に美濃国境へ侵攻したというのである。閏八月八日、義棟は尾張軍を追い払った。

ただ、二二日から一週間後の侵攻であることから、信長の立場から考えると、これは信長が美濃との約束を破ったというより、何らかの理由により義棟が織田軍の美濃通過交渉を期日になっても受け入れなかったことで、信長も作戦決行を果たすため、やむなく強硬策に出たと考えられる。上洛作戦を主催する立場に置かれ、誰よりも乗り気であった信長が自分から作戦を反故にしてまで美濃を攻める理由はない。

とはいえ躊躇なく侵攻したことから、信長は一色義棟に人質を差し出していなかったと見られる。信長が義棟に相当な無理（人質に嫡男を指名するなど）を吹っかけられたか、信長が義棟からも人質を出すべきだと求めて対話にならなくなった可能性があろう。

なお、信長はこの侵攻を開始する前日、大和の柳生宗厳《やぎゅうむねよし》に「【意訳】近江（六角承禎）の動きが不安なので、上洛作戦は延期する」と伝えている（信長文書九四）。

ともあれ信長は上洛作戦を実現できなかった。天下を動かす大計画は絵に描いた餅に終わったのである。信長と義棟の敵対も決定的となった。

織田信長の稲葉山城制圧

足利義秋は朝倉義景の庇護を受け、実名を義昭に改めた。今度こそ入洛して将軍になりたいと決意を固めていたようだが、肝心の義景が積極的に動かずにいた。そこで義昭は再び信長に目をつける。永禄一一年（一五六八）のことである。

この前年（一五六七）、信長は美濃を制圧。稲葉山城を奪い、一色義棟は伊勢へと逃れた。この落城を『信長公記』は八月一五日とするが、当時信長が稲葉山城下に発した禁制はいずれも日付が「九月」となっていること、また「瑞龍寺紫衣輪番世代牒」が「永禄丁卯九月織田上総乱入」とあることから、実際は九月の制圧であるようだ（勝俣一九八〇）。

この裏付けとなりうる史料に、上杉輝虎からの七月一三日付書状がある（上越市史五七八）。それまで信長との関係が停滞していた輝虎はこの時、「濃州一変、殊因幡山《いなばやまの》被《つ》則《とられ》由」と、信長が稲葉山城を乗っ取るらしいと聞き、「【意訳】そのため取りあえず（確認の）飛脚を遣わ」して、「目出度《めでたし》」と祝辞を述べた。

これを輝虎が未確認情報に基づいて先走ったフライングとする見方もあるが、実際は信長に稲葉山落城の見込みが立った頃、これを周囲に喧伝したことで、実際の制圧より早く遠国越後からの祝辞が寄せられたのではないか。『信長公記』の日付も同種の希望的観測による信長発信の情報が牛一の記憶に残ったと思われる。

信長は、有言実行の男であったが、まだこの頃は第一次上洛作戦の破綻を見てもわかるように、見込みの浅い大口を叩くところがあった。それでも輝虎は信長への期待を高めており、信長が美濃一国を得たら今度こそ義昭様の第二次上洛作戦を実行してくれるのではないかと、一筋の光明を見る思いで飛脚を飛ばし、祝辞を伝えたのではないだろうか。

第二次上洛作戦の布石

信長は小牧山城から稲葉山城に拠点を移し、その名称を岐阜城へと改めさせた。そして同年一一月頃より「天下布武《てんかふぶ》」の印文を用いはじめた。

義昭は信長の勢いを見て、今度こそ頼みとすべきだと思い直したのであろう。

だが、義昭の家中では細川藤孝や和田惟政など、信長への上洛要請に賛成するものと、もう信長など当てにすべきではないとするもので意見が割れ、「喧嘩」の状態に陥る有様だった。反対派の声は残されていないが、今ここで信長を頼りにしたら朝倉義景への義理を欠くのは間違いない。

果たして藤孝は信長のもとへ自らの配下を派遣する。

永禄一一年（一五六八）六月下旬のことである。選ばれたのは新参の明智光秀だった。光秀は信長と面談して上洛の意思を確認し、その言葉を直接義昭に申し上げる旨を伝えた。この時光秀は一介の牢人から細川家臣になるとともに、義昭の近辺を警護する足軽の役を拝命していた。側近くに仕える身であるため、義昭と直接の対面が可能だったのである。

さて、同年七月二九日、信長は輝虎に「公方様御入洛供奉之儀」を行うので、「天下之儀、御馳走希候」などと、協調して幕府再興に尽力したい旨を伝えた（信長文書九二／年次比定：柴辻二〇一六）。

中央政権に好意的姿勢を通しつつ地方権力をまとめあげている輝虎と信長の願いは、同志的に結びついていたのである。

義昭・信長ともに動く

義昭一行の決断は早かった。それまで大変世話になっていた越前の朝倉義景の一乗谷《いちじょうだに》城を出たのだ。光秀から信長の返事を聞くと、すぐさま美濃入りを決断する。美濃に留まっていたらしい和田惟政と織田家臣たちが出迎えのため、越前に姿を現した。

これを見た義昭は、七月二五日までに美濃西庄・立政寺《りゅうしょうじ》（岐阜市西荘）へ御座を移した。義昭はこれを朝倉義景の了承を得てのことだと輝虎に伝えている（上越市史六〇九）。

反対意見を信長の声と義昭の決断で抑え込めた藤孝は心より安堵しただろう。立政寺には信長自ら義昭のご機嫌伺いに出向き、義昭より「怨敵退治ノ儀」を「念比《ねんごろ》ニ御頼」されたという。三好ら憎むべき仇敵を打倒するよう心から頼まれたというのだ。信長は謹んでお受けすると言上した。

ここからは腰を落ち着かせる間もなく動き始める。八月、信長自ら近江の佐和山城まで出向き、越前の義景に上洛の援軍を要請した。だが義景は「不快」とのみ答えて要請を拒絶した。朝倉義景は義昭の烏帽子親《えぼしおや》にもなったのに、こんな形で大将を入れ替えられ、面目を失ったのだから不快というのも当然であろう。

信長は次に近江の六角承禎と浅井長政へ、義昭と自身の使者を遣わし、案内と人質の提供を要請した。妹婿である長政は快諾したが、承禎はこれを蹴った。帰国した信長は六角家を打倒して上洛する決意を固め、尾張・美濃・北伊勢・三河からなる四ヶ国の軍勢を動員する手はずを整えた。信長は佐和山滞在中、さらに念を入れて「義昭様から送られた条書の通りに承ります」と誓いの言葉を新たに立てた。そこから再度近江の六角承禎に上洛協力を要請したが、義景同様これを断られてしまった。

信長は、敵味方がはっきりしたところで、前代未聞の上洛作戦を決行する。九月、信長率いる連合軍が六角領を蹂躙。九月一三日に出城《でじろ》の箕作《みつくり》城が落城すると、承禎はその翌日に観音寺《かんのんじ》城を捨てて、甲賀へと逃亡した。あっけない滅亡ぶりだった。観音寺城に本陣を移した信長は、降参者たちを城下に招いて人質を取り、流民の帰還を推奨した。

義昭は近江安土《あづち》の桑実寺《くわのみでら》に御座を移す。信長は輝虎家臣の直江政綱に、「御入洛」作戦が順調に進んでいるので、信玄と和睦して「天下之儀御馳走」を実行してほしいと伝えた（上越市史六一〇）。義昭と信長の第二次上洛作戦はいよいよ佳境に移ろうとしていた。

「天下布武」の意味

ところで美濃を制したばかりの織田信長が「天下布武」の印文を用い始めたことについて諸説ある。過去には「天下取りへの野望」を示すという解釈が一般的だったが、近年では「天下」は日本全土でなく、京都畿内を示す史料が多いことから、これを「京都畿内」とし、

「布武」は「武を布《し》く（自身の武力を行き渡らせる）」ではなく「幕府（武家）の権威を示す」という意味で読まれるようになった。この解釈はほとんど通説にならんとしている。

確かに、信長は「天下布武」の書状を上杉謙信のような佐幕派大名にも常用して、友好関係を保っている。もしこれが天下取りを宣言する印文ならありえないことかもしれない。ただ、ここに落とし穴がある。

そもそもこの時代の印判に、具体的な戦略方針やスローガンを明記する例は存在しない。それなのに信長だけが政治宣言の印文を使っていたとする前提に立つのはどうだろうか。当時は、自分の下の実名（武田晴信の「晴信」、今川義元の「義元」など）、神様の名称（上杉謙信の「帝釈天」など）、その心意気を示す言葉（謙信は、宝は心に在りという「宝在心」の印判を使った）を使うのが通例だった。例えば北条家の印判「禄寿応穏《ろくじゅおうおん》」を「平和な世の中を約束する言葉」と説明する人は多いが、漢文として適切だろうか。それよりも「福禄寿《ふくろくじゅ》（道教の神）」に因むスピリチュアルな印文と見るほうが妥当ではなかろうか。

印文は、自分のキャラクターを伝える程度のもので、具体的にこうするぞという公約ではなかった。謙信はその意匠に獅子、氏康は虎、信玄は龍を施した。特に信玄の龍は、皇帝になりたいのかと思わせるような不遜なデザインだが、ここから「信玄は日本支配をスローガ

図17　印判

豊臣秀家 3　　一剣平天下 2　　天下布武 1

1　有名な天下布武の印判。
出典：松平定信編『集古十種：印章』印章二、国立国会図書館デジタルコレクション

2　織田信長の息子は一本の剣で天下を平定したいと願っていたようだ。
出典：東京大学史料編纂所 編『大日本史料』第11編之4、東京大学（昭和7年）国立国会図書館デジタルコレクション

3　宇喜多（豊臣）秀家は自分の氏名をそのまま印判に使った。
出典：松平定信編『集古十種 ：印章』印章追加一、国立国会図書館デジタルコレクション

ンにしていた」と考えるのは行き過ぎだろう。そして、信長の息子たちも「一剣《いっけん》平天下《へいてんか》」「威加海内《いかかいだい》」の印文を使っている。どちらも旧説の「天下布武」と同じ意味で読むべき文言だろう（乃至二〇一九、和田二〇一九）。

つまり織田信長の「天下布武」は、文字通り「天下に我が武を行き渡らせる」の意味で読むのが最適解である。

確かに戦国後期には、「天下」の意味を京都畿内の意味で使う例が増えている。だが例えば、明応《めいおう》四年（一四九五）七月五日に、下総西願寺《さいがんじ》（千葉県市原市）で阿弥陀堂が造営された際、堂内に「かまくら《鎌倉》の《（住）》十人・二郎三郎殿」の職人

ぶりを「てんかのめいちん《天下名人》」と銘記する墨書が挿入されており、上方ではない地域を「天下」と呼ぶ言語感覚がある。

それから半世紀後の天文一六年（一五四七）に、甲斐の信玄が分国法『甲州法度之次第』（全五五条）を定めたが、その第二〇条目に「【訓読】天下戦国の上は、諸事なげうち、武具用意肝要たるべし」の一文がある。

そして信長時代の天正六年（一五七八）五月の吉川元長《きっかわもとなが》自筆書状は「鹿介《しかのすけ》（＝山中幸盛《やまなかゆきもり》）当世のはやり物を仕《つかまつり》候、只今こそ正真之天下無双ニ候」と播磨《はりま》で奮闘した幸盛を「天下無双」と高評している（『吉川家文書別集』八六号文書）。

これらの「天下」はいずれも京都や五畿内ではなく、「日本全国」またはその地域の意味で使っている。こうした実情を踏まえれば、「天下は日本の意味ではなく、京都または五畿内のことである」と断ずるのは難しいだろう。

信長の「天下布武」は、謙信たちから見ても「ああ、『日本全土を我が武力で平和にしたい』と思っているのか、結構なことだ。武田の龍朱印より控えめだな」と受け入れられる範囲の気分重視な印文だったのである。

第二〇節　第二次上洛作戦の成功

第一五代将軍の誕生

その後、義昭と合流した信長は永禄一一年（一五六八）九月二六日には上洛を果たし、義昭は清水寺に、信長は東福寺に入った。これまで大言壮語ばかりで世間の嘲弄を受けていた信長だが、この時は言葉以上に首尾よく作戦を展開させた。汚名返上である。

織田軍は、三好軍の石成友通《いわなりともみち》、池田勝正《いけだかつまさ》・松永久秀らを降伏させ、足利義昭は一〇月一八日、征夷大将軍に任じられた。第一五代将軍の誕生である。義昭は信長を畿内の「管領代」か、または前例のない「副将軍」に就任させようと考えたが、信長はこれを固辞した。

それでも義昭は感謝の気持ちを伝えようと考え、二四日には信長を「武勇天下第一」と激賞し、三歳ばかり年長の信長を「御父《おんぶ》織田弾正忠」と呼ぶことにした。

さらには「三職《さんしょく》（三管領家）之随一・勘解由小路《かでのこうじ》（斯波）家督」を与え、斯波氏の家職「武衛（兵衛府の武官に相当）」を任じ、将軍家の旗と紋に用いる「桐」と「引両筋《ひきりょうすじ》」の使用も許した。京都の斯波邸も与えられた。大変な特権の与えられようだが、当然の報酬と言えるだろう。

ここに信長は、管領・斯波信長または武衛と名乗る権利を得た。しかし、さすがに旧主への憚りから畏れ多いと思ったものか、武衛・斯波としての名乗りを信長は一切使わなかった。

天下を望んでいたわけではない

信長は河内にいた三好義継を降伏させると、畿内行政の再編を指示した。ただし、畿内政治に介入する気などなかったのだろう。地方（美濃・尾張・北伊勢方面）を統治するだけで手一杯だったからだ。

山城《やましろ》の統治は細川藤孝に託した。河内守護を三好義継と畠山高政《たかまさ》に、摂津守護は和田惟政・伊丹親興《いたみちかおき》・池田勝正に、大和守護は松永久秀に任じさせた。

藤孝の復帰や惟政の参加以外、ほとんど「三好政権」を再編成したようにも見える。ここに信長の色は加えられておらず、再興された幕府への参政意識は見られない。

とはいえ彼らの生殺与奪の権は信長が握っていた。例えば、芥川城（芥川山城）を与えられた和田惟政だったが、ほどなく高槻城へ転封され、その後は信長の意向により、改易を申し付けられている。つまり織田家臣ではない幕臣に城を与え、奪っている。信長にすれば自分が主催する戦争で奪った城なので、これを自分の裁量で人に分け与えるのは当然のことだったのだろう。幕臣たちもまたその采配を、信長に委ねるのが適切と判断したのである。

もし信長の私欲が強かったなら、畿内の新領には自身の家臣を置いたに違いない。だがそうしなかったことに注目しておきたい。

京都には、織田家臣の佐久間信盛・村井貞勝《むらいさだかつ》・丹羽長秀《にわながひで》・明院良政《みょういんりょうせい》・木下秀吉《きのしたひでよし》に兵「五千計」を預けて残した。村井・明院は行政執行の場に頻出する文官相当である。一方、佐久間・丹羽・木下は歴戦の勇士で武官相当である。その役割は、不足する幕臣の補欠となり、治安維持にあたることにあった。

一〇月九日、残された織田将士の宿所に定められた京都阿弥陀寺には、幕臣の細川藤孝と織田家臣の明院良政と木下秀吉が連署して将軍の「御免除」があることを明言されており、また翌年正月八日には織田家臣・森可成《よしなり》が将軍の「御下知」によるものとして、阿弥陀寺に同じ内容の文書を発給している。彼らは織田から幕府に出向した補佐役である。

その信長は一〇月八日に美濃へと帰国した。よくわからない京都の情勢に関わっていくよりも、得たばかりの美濃を本領として統治に専念するのが急務だったからである。

三好三人衆らとの戦いに勝利した将軍

第一三代将軍・足利義輝死後、京都の将軍御所は再建されていなかったので、義昭は京都六条の本国寺《ほんこくじ》（本圀寺。京都市山科《やましな》区）を仮御所とすることにした。まだ大きな防御施設などは備えられていない。

明けて永禄一二年（一五六九）一月四日、織田軍の猛威を回避していた抵抗勢力の残党（三好三人衆、一色義棟、長井道利《ながいみちとし》など）が本国寺に迫ってきた。今なら勝算があった。近江が大雪で路地不自由のため、信長は美濃から大軍を連れてすぐに動けないからである。

三好三人衆方「一万余」と、義昭と幕臣たち「二千」は、六条で合戦となり（『当代記』）、幕府軍は「武家御足軽衆 廿《にじゅう》 余人討死」「責衆死人手負数多これあり」と苦戦を強いられた（『言継卿記』）。それでも抵抗勢力を一時的に押し返した。義昭は幕府の始祖・足利尊氏《たかうじ》が着用した鎧を身につけ、敵兵相手に太刀を振るって武勇を発揮したという（久野二〇一九）。

その二日後、再び七条へ寄せてきた三好三人衆に、幕府方の池田・伊丹勢が迎撃に出てきた。さらには三好義継らも幕府軍として駆けつけて轡を合わせ、桂川《かつらがわ》南岸の広地で合戦が始まった。世にいう桂川合戦である。幕府軍は士気旺盛で夕方までに三人衆を退かせた。

　ここに本国寺の変は未遂に終わった。一歩間違えれば、将軍が生捕りになり、そのまま京都を奪われる恐れもあるほど激しい戦いであった。

　ちょうど桂川合戦があった同日、事件が岐阜城に伝えられた。信長はすぐに豪雪の近江へ馬を駆らせた。従者の中には強行軍に耐えきれず、凍死する者がいたが、それでも信長は休むことなく京都へ急いだ。将軍の御前に到着したのは同月一〇日のことであった。

　そこで信長は諸将に恩賞を与えた上で仮御所を移転しようと提案した。こうして信長は、二条の武衛陣跡を「二条御所」として改築することに決めたのだ。信長は行動が早い。

　二月二七日には、自分と徳川家康の領国、五畿内ならびに若狭・丹後・丹波・播磨の一四ヶ国から侍たちを動員して二条御所の建築を催した。その間、先の桂川合戦で武功を挙げた三好義継の忠勇を認め、義昭の妹との縁談を「中媒」した。三月二七日の夜半、将軍の妹は雨のなか、義継のもとへと嫁した（『言継卿記』）。三好長慶の後継者で、しかも義輝殺害に関与した義継が、ここまで地位を保証される流れに至っているのは不可解に思えるが、これ一点だけを見ても信長に幕政参加の意思が薄いことを看取できるだろう。

ただし信長の意思とは関係なく、幕府では話にならないとばかりに、若狭・丹波・摂津の者たちが、所領の安堵や訴訟の裁決を求めて京都妙覚寺《みょうかくじ》に殺到してきた。戦後の論功行賞を担当し、二条御所の改修を采配しているのは妙覚寺に宿泊する信長だったからだ。

畿内管領にならなかった信長と、関東管領になった輝虎

信長は副将軍にも管領にもならなかった。

理由のひとつは関東管領・上杉輝虎という失敗例があったからではないだろうか。輝虎はその役職のため、自身の戦いを私戦ではなく公戦とすることができたが、その代償として自由な活動を制限された。

今回、信長が快進撃を続け、期待以上の結果を得られたのは、義昭が将軍候補で、信長が何の役職もない地方大名であったことが大きいだろう。

もし信長が重要な役職に就くか、その内定を得ていたら、役職による縛りが生じたであろう。参戦諸将に利害関係が生じた場合、それぞれの意見を伝統的方式により対応しなければならなくなる。重責は拙速《せっそく》を許さず、万事を巧遅《こうち》に導きかねない。一介の武人たる信長向きではないと言えた。

輝虎は、将軍や関東公方などの上位権力からではなく、関東諸士という民意によって関東管領への就任を求められ、断ることができなかった。信長は、義昭個人から顕職に就くよう求められた。これなら断りを入れるのも簡単だった。義昭一人を納得させればよかったからである。ここに両者の運命は大きく変わっていった。

第二節　幕政から逃げるための「殿中御掟」発布

「殿中御掟」作成の背景

ところで永禄一二年（一五六九）一月一四日、織田信長は「殿中御掟《でんちゅうおんおきて》」を作成した。そこには信長の署名と、これを公認する将軍・足利義昭の袖判《そではん》が押されている。旧説はこれを信長が義昭をコントロールするために作ったと解釈してきた。義昭を傀儡にして天下の権を握らんとする野望が露骨に現れたものとしていたのである。

まず「殿中御掟」成立までの背景を説明しておこう。前年（一五六八）一〇月一八日、故足利義輝の弟・義昭が、征夷大将軍に任じられた。信長のおかげであった。

義昭は将軍に就任する直前の同月九日以前より、山城国の寺社から所領安堵を求められていた。寺社勢力は義昭の将軍就任を待つももどかしく、早々に安堵を希求していたのだ。義昭の幕臣たちはこれと並行して相論の裁許も多数、実施している。

所領の安堵と相論の裁許は、将軍就任後も繰り返し実行された。幕府はその対応に忙殺されていたことが想像される。

かかる中、永禄一二年（一五六九）一月四日、抵抗勢力が本国寺の義昭を襲撃する。二日後、幕府軍はこれに勝利して平和を取り戻す。

さらにその四日後の同月一〇日、救援に駆けつけた信長が将軍御前に到着し、四日後の一四日、「殿中御掟」を作成した。

信長の幕府への思い入れ

しかし信長は、将軍に就任したばかりの義昭から「副将軍」や「管領代」の役職を受けるよう打診されて断っていた。

もし信長に野心があれば、断る道理などないはずである。

これについて〝信長は名誉より実権が欲しかったのだ〟と見る向きもあるだろうが、まだ美濃と尾張と北伊勢までしか掌握していない信長が天下を望むなら、使えるものは利用するべきである。仮に「副将軍」「管領代」が名誉職に過ぎなかったとしても、東国で輝虎が形骸化しつつあった「関東管領」に就いて輝虎が大きな動員力を得た先例がある。

ならば、信長も将軍の名を借りれば畿内周辺の兵を動員する実利を得たはずである。ところが信長は将軍の提案を受けることなく、早々と美濃へ帰国して領国経営に専念した。京都の政治に関与する意志がなかったと見ていいだろう。

しかも翌年正月、抵抗勢力が大軍で将軍の在所を襲撃した際、信長はごくわずかな供回りだけを連れて領国を飛び出し、豪雪のなかを突破するなり、京都へと駆けつけた。

結果、通常の五割増の速度で京都に着いた。その間、厳寒で凍死する従者があり、信長本人も寿命の縮む思いをしたはずである。到着すると、敵勢はすでに幕府軍の手によって打ち払われていた。これは将軍にとっても信長にとっても幸いだった。もし信長到着まで敵軍が無傷で滞在していたら、数騎程度の兵しか伴わない信長は、大軍相手に苦戦を強いられていた。あっさり戦死させられる恐れだってあったのである。

ここまで、信長は幕府に対して私利私欲なく、一命を捨ててでも将軍のために尽くすつもりで動いている。「殿中御掟」が作られたのは、「本国寺の変」事件からたった数日後のことであった。信長が将軍を傀儡にしようなどと考えていた様子はどこにもない。

その後の三月二七日、信長は、将軍の妹を三好義継に嫁がせた。将軍外戚の地位を他人に譲るなど、お人好しも甚だしい。このような縁談はかつて足利義輝を滅ぼした「三好政権」の復活に繋がりかねない。それを実行させたということは、信長に幕府の権威を利用するとか、寄生するという私的欲望がなかった証左となろう（ちなみに義継はこの四年後に敗死する。享年二十五）。それどころか信長は「三好政権2.0」が、新しい幕府を支えてくれてもいいいんじゃないかと思っていたのではないだろうか。

現代人にまで忠義を疑われる

それにしても信長は報われない男である。

全身全霊を費やして義昭のため忠節を尽くしたにもかかわらず、やがて義昭と不仲となり、最終的には決裂して、ついに幕府をも崩壊させてしまっている。こんなことは信長の望むところではなかったはずだ。

しかも現代人には「信長は幕府を利用して、権力を握りたかった」という野心家の人物像が定着している。信長の目指した道と正反対の評価が定着しているのである。

さてその信長像を支えるのが「殿中御掟」の旧解釈である。ここまでの経緯を見る限り、「殿中御掟」を幕府から実権を奪うため作成したと解釈することはできない。

近年浮上する評価として「殿中御掟」は信長が将軍を傀儡化するためではなく、かねてから幕府で守られてきた基本的規定を明文化することで、その機能回復に努めたものとするものがある。こちらの解釈は新しい「保守的な信長」イメージに合致することから、歴史愛好家たちの間で支持を集めている。だが疑問が残らないわけではない。

もし幕府の秩序を保つのに必要な規定だったなら、なぜ義昭が将軍に就任した直後にこれを定めなかったのだろうか。また、なぜ信長が現れるまでこのような原則が明文化されていなかったのだろうか。

それに「殿中御掟」の文章はやはり明確に、幕政の一部に制限を加える内容である。つまり信長が幕政に口出ししている事実を否定できないのである。

「殿中御掟」の文章

正月一四日に発せられた「殿中御掟」九箇条の意訳を掲出しよう。意訳では便宜上、条番号を付しておく（毛利家文書の翻刻をベースに、蜷川家文書と仁和寺《にんなじ》文書の翻刻を補完的に参照とした。二日後に追加された七箇条は略す）。

【殿中御掟】

一、普段から将軍近くで忠勤するのはこれまで通り、御部屋衆・定詰衆《じょうづめ》・（猿楽師などの）同朋《どうほう》以下の者たちとすること。

二、公家衆と御共衆と申次《もうしつぎ》は、将軍の御用に応じて参勤すること。

三、惣番衆《そうばん》の面々が常勤すること。

四、幕臣が従者を将軍のお側近くに出仕させる場合、当番衆に就かせて、交代で公休を得るよう堅く申し付ける。もし交代制を守らない場合、その者の罪を問うこと。

五、将軍のもとへ直接、訴訟を持ち寄るのは停止とすること。

六、奉行《ぶぎょう》衆の出した結論に異を唱えないこと。

七、将軍御前で行われる決裁は、幕府の定めた式日に従うこと。

八、当番の取次を無視して、年が変わるたびに別の担当へ書類を提出することがないようにすること。

九、諸門跡の坊官・山門の衆徒《しゅと》・医師《くすし》と陰陽師の輩などがみだりに祗候《しこう》してはいけない。

追記として、将軍に呼ばれた御足軽・猿楽はその限りでないこと。

永禄一二年　正月一四日　　織田信長

各条の要点を説明しよう。どれも幕府機能の健全化を目的としている。

一条目は、幕府に余計な側近を増やさないよう提言している。将軍の側近を増やそうと提案する者が内外にいて、信長はこれを牽制したのだ。

二条目は、将軍からの用事があれば、公家衆と御供衆と申次は参勤するよう推奨している。逆を言えば、用もなく自発的に参勤するべきではないと伝えている。幕政への制限ではあるが、信長の善意もあると思う。ひとまず先へ進もう。

三条目は、将軍側近の警備が、将軍のもとを離れないよう指導している。つまり部外者の出入り管理を強化する内容である。

四条目は、前条の補足である。警備を交代制として、これが順調に機能することを目指している。

五条目は、将軍への直訴の停止である。直訴する者がいたのである。

六条目は、前条の補足で、幕府が出した結論に異見があり、奉行衆に訴えて結論を乱そうとする者の動きを牽制している。

七条目は、前例なき特別扱いが横行しないことを目的としている。

八条目は、結論が決まりつつある訴訟を覆さんがため、一からやり直させようと、年明けに新たな訴訟担当者に訴状を提出するのを禁止している。

九条目は、かつて許されていた軽輩の者が自由に出入りすることを否定したものである。裏を返せば、そういう前例に乗じて利権目的で殿中に伺候する連中がいたことになる。

「殿中御掟」を作った信長の真意

先行研究は「殿中御掟」から丹念に信長の意図を探ってきた。野望の現れなのか、それとも単純に幕政の正常化を願っての産物なのか。どちらというよりも、この文書が発された背景として、信長の京都の政治に巻き込まれたくないという気持ちがあったように見える。

信長の心境を説明しよう。あとから史料で補足する。

義昭の上洛を成功させた信長は、前代未聞の快挙によって大変な支持を集めた。一方、立て直された幕府に期待を寄せる人も多かったが、これまで何度も機能不全に陥り、形骸化した前例がある。過去に「三好政権」が形を得たのもその所産である。

このため畿内近国の公家や武士や寺社は、自身の権利問題を解決するのに、幕府のみに裁定を依頼しようとする意思が希薄化してしまっていた。もちろん幕府に決裁してもらうことが正当性を得る近道ではあるが、その幕府がまた下克上で崩壊したり、将軍がすげ替えられたりしてしまったら、問題は振り出しに戻ってしまう。

すると三好政権の時のように、畿内政治を期待できる最強の実力者から、訴訟の決裁や所領の安堵をしてもらおうとする動きが出るのは当然である。畿内近国の人々は将軍を頼り、また同時に信長を頼ることにした。それだけでも迷惑だが、中には将軍の判定に納得できない者も現れる。

すると「将軍に話を持ち込んだのが悪かった。年始にはこの争論を持ち込んでいないふりをして、別の実力者に正しい判定をやり直してもらおう」または「将軍の考えは間違えている。諫めてもらって修正させよう」などと動く者が続出する。特に三好政権で冷遇された者たちにはそういう気持ちが強かったことだろう。

これでは信長も美濃の政治に専念する暇がない。何より将軍の言うことを否定する声が自分のところに集まるのは困ってしまう。

そこで信長は幕府の政治窓口を義昭が選出した人々に限定させ、しかもこれが安定するように「殿中御掟」を作成したのである。そしてその写は、各地の諸勢力へと送られた（仁和寺や毛利家にその写が残っているのはこのためである）。

このように幕府の政治は厳然たるものとして機能することになったから、間違っても困ったからといって自分のところに持ってこないようにというのが、信長の真意である。

二日後に追記された七箇条も全てこの延長にある。つまり「殿中御掟」は信長が義昭をコントロールするために作ったのではない。訴訟の決裁や所領の安堵は幕臣たちが精査して決定し、一度出た結論はもう覆らない、だから信長には持ち込むな――と内外に示したものである。

板挟みに苦しんだ信長

さて、同年三月二日、そんな信長を懐柔しようとするものか、禁裏より衣冠姿の万里小路《までのこうじ》惟房《これふさ》と広橋兼勝《ひろはしかねかつ》が派遣され、信長に「副将軍事」が打診された。しかし信長は「御返事不申」すなわちこれを辞退した（『言継卿記《ときつぐきょうき》』永禄一二年三月二日条）。その直後、信長の恐れていた事態が起きる。「殿中御掟」の範囲から外れる事案が発生したのだ。

同年三月六日、禁裏御大工惣官職《きんりおだいくそうかんしょく》をめぐる相論で、義昭は過去の綸旨など証文が揃っていた「公方大工」の「定宗《さだむね》」を棟梁に認定した。ここまでは幕政がしっかり機能した。だが、朝廷がこれに異を唱えた。定宗よりもこれまで禁裏に尽くしてきた実績のある「宗久《むねひさ》」を惣官職にさせたかったのである。そこで勅使として山科言継《やましなときつぐ》を信長のもとへ派遣し、「宗久」への惣官職安堵を求めたのだ。

信長はここで「【訓読】武命はこの段、堅固」と、将軍の命令がとても固くて曲げられないことを述べ、さらに「大工風情」のことだから「申し入れ難い」と、自分では関与できないことを返答した。信長は朝廷よりも将軍の肩を持ったのである。

一見すると、古い証文をもって「公方大工」の棟梁を決定した義昭の裁定が正しいようでもある。だが、朝廷の「禁裏」修築に従事するのだから、朝廷の意見に耳を傾けるのが理にかなっているとも言える。いずれにせよ、信長にすれば板挟みである。

片方を立てればもう片方が立たなくなってしまう。そうすると恨みを買うのは自分である。できることならこんな揉めごとには距離を置きたいと考えたことだろう。

若き日の謙信も家中の訴訟問題に悩まされ、〝もう知らない、好きにしてくれ〟とばかりに国主の座を捨てて、他国に出奔しようとしたことがある。信長もこのような面倒に巻き込まれることを予見して「殿中御掟」を作成したのではないか。

近年の研究は「殿中御掟」を、幕府がかねてから運用していた伝統的慣習を明文化したものとする読解が主流にあり、もちろんそういう側面もあろうが、信長としては〝みんな、幕府への意見は義輝・義昭政権のルールに従ってくれ〟と表明したかっただけだろう。

幕府から政権運用を託された信長

同年、信長は伊勢を攻めて、国司・北畠家を圧迫した。義昭の仲介で、当主・北畠《きたばたけ》具房《ともふさ》の養子に信長の息子を入れる形で停戦となった。実質的に信長の勝利である。

その後、信長は御礼のため上洛し、義昭に「勢州表一国平均」を報告したが、義昭との意見違いがあったらしく、早々に帰国してしまう。伊勢の統治のことか、あるいは訴訟の相談で揉めたようだ。

ともあれ京都の公家たちは驚いた。信長不在では、幕府の政治に従うしかないからだ。信長は「信長京之（事）、存じまじき」とあるように、いよいよ京都の政治に関わりを持ちたくないと思い始めていた（『言継卿記』永禄一二年［一五六九］一一月一三日条）。

ところが人々は、幕府だけでなく信長にも所領安堵を求めてくる。各地方に保険を兼ねて

〝非力な守護〟と〝実権を握る守護代〟の両方に、所領安堵を求める国人や寺社がいたのと同じ構図である。地方では、守護の裁許に不満を持ち、守護代を動かす者もあった。

そして幕府は、畿内政治を単独で動かすことの限界を感じ、信長に政権を託すことを考え始める。

永禄一三年（一五七〇）一月二三日付の「足利義昭・織田信長条書」がその証跡である。ここで信長は、将軍に「【意訳】将軍には功臣に与える知行がないから、信長が与えることにする」「将軍が諸大名に文書を出す時は信長を仲介すること」「これまで諸大名に出した命令はリセットすること」などの内容を了解させているが、義昭に任せていられないからそうしたのではなく、義昭から〝予ではもう無理なので〟と相談されて、やむなく「天下之儀、何様ニも信長に任せ置かれ」ることを承諾したのである。

このように幕府は単独で政権運用をする実力がなく、これを信長に託すことにした。ところがここから両者の関係は破綻して、幕府は自滅の憂き目を見るに至ったのである。

後年、義昭は謙信に対して、「【意訳】天下再興のことを頼みます。北条や武田と停戦して、上洛したら諸国のことは謙信に任せるつもりでいます」と書き送っている（上越市史一一四四）が、前述の「足利義昭・織田信長条書」の通り、畿内近国のことを謙信に委ね、自分はそこに大人しくしていることを考えていた。そしてこの有力者依存の体質は、信長の時代から変わりがない。ゆえに誰が上洛して幕府を支えることになったとしても、信長時代同様、幕府政治が自主性を得ることはなかっただろう。

信長、五箇条の条書を作成する

織田信長が岐阜城に帰り、京都の政治にはしばらく関わりませんとの態度を見せているところへ、京都から幕府の足軽衆・明智光秀と僧侶・朝山日乗《あさやまにちじょう》が派遣され、信長と会談した。これに応じた信長は既存の「殿中御掟」とは別に、「五箇条の条書」を作成した。

これは義昭の行政権限を軽くし、信長の立場を重くする内容であることから、両者が対立し始めた史料と評価されることが多い。私もそのように考えたことがある。しかし、先入観を捨てて読み返してみよう（信長文書二〇九）。

【意訳】

〈義昭黒印〉

条々

一、将軍が御内書を諸国へ発する際は、まず信長に下命して書状を添えさせること。
二、これまで出された将軍の御下知は全て無効とし、御思案して定め直されること。
三、幕府に忠節した者に恩賞・褒美として与える土地がない時には、信長の分国の中から提供するのでご下命なされること。
四、天下のことは、いずれも信長に委任された以上、誰であっても将軍の裁可を得るまでもなく信長が意思どおりに行うのを認めること。
五、天下は御静謐となったのだから、朝廷のことはいつも怠りなくおこなうこと。
以上。

永禄一三年（一五七〇）正月二三日　信長〈朱印〉

朝山日乗
明智十兵衛尉（光秀）殿

宛所は、後奈良天皇の寵《ちょう》を得た怪僧の日乗と、将軍の身近に仕えながら正式な幕臣ではない足軽衆で、細川藤孝の従者（中間《ちゅうげん》）として出向する明智光秀である。どちらも前歴に波乱のある人物で、確たる幕臣とは言いがたいが、信長とは気が合っていたらしい。

光秀は流浪時代の義昭側の使者となり、信長と面談して信頼を勝ち得ていった人物である。朝山日乗も前年（一五六九）七月に幕府から信長への使者として下された際、信長から「勢州千石知行」を下されるほど信頼を得ていた（『言継卿記』永禄一二年七月六日条）。こういう者たちが信長との交渉役に選ばれるのは、それだけ幕府の人材が欠乏していたことを示している。

幕府から信長への政権委譲があった

さて、条書の内容であるが、結論から言うと、事前に義昭から信長に政権委任の打診があって、これに応じた返書である。日乗と光秀が信長との窓口役を担当していることは、幕府が伝統的な政権の運用体制を維持できなくなった証跡か、または内々の打診であることを示していよう。

前年一一月に美濃へ帰国した信長が幕政不干渉の意志を示すと、驚いた公家たちは坂本まで追いかけたが、信長はこれを振り切った（『二条宴乗記』、『正親町天皇宸筆女房奉書条』等）。

このため、京都で大きな混乱が起こったのだろう。これを鎮めきれない将軍は、信長に政権の改善を任せるしかないと考え、日乗と光秀を派遣した。信長も将軍たっての頼みとあれば断りきれず、さりとてそのまま考えなしに受け入れるほど間抜けでもなかったため、現実的な対策を考案して提案したのが「五箇条の条書」だったのだろう。信長は消極的ではあるが、将軍からの提案を受け入れる姿勢を示したのである。

なお、信長はこの時、上杉輝虎同様、「裏書御免」を免許されたと見られ、信長と輝虎間の書状は互いの書止を「恐惶謹言」、脇付を「進覧之上」と三管領同士の書式でやりとりしている（水野二〇一八）。

第三節　将軍主導の金ヶ崎合戦と姉川合戦

将軍主導の浅井討伐作戦

ここからは織田信長と徳川家康の連合軍と、朝倉義景が派遣した朝倉景健《かげたけ》らと浅井長政の連合軍がぶつかった姉川合戦について見ていこう。姉川合戦は信長と家康の活躍ばかりが注目されるが、本来は将軍・足利義昭も参戦して、公的に行われるはずの戦いであった。

なお、本稿における姉川合戦の説明は、佐藤圭氏の論文「姉川合戦の事実に関する史料的考察」を参考とさせてもらう（佐藤二〇一四）。

足利義昭と織田信長の連合政権

信長は「五箇条の条書」を作成したその日、諸国の群雄に対して「この信長は二月中旬に上洛して、皇居の修理、幕府への奉仕、その他天下の静謐を固めるべく務めるつもりでいます。皆さんも上洛して朝廷と幕府に御礼を申し上げ、精勤することが大切です。延引は認められません」との上洛要請書を送りつけた（信長文書二一〇）。

これは信長が自身の権勢を確認することを目的として進めたものではなく、義昭の政治的意図があった。

上洛を要請されたのは、『二条宴乗記』永禄一三年（一五七〇）二月一五日条によると、伊勢・三河・飛驒・但馬《たじま》・和泉《いずみ》・河内・紀伊・大和・近江・若狭・丹波・丹後・播磨・因幡《いなば》名代・甲斐名代・淡路《あわじ》名代・備前《びぜん》名代などであるが、朝倉義景の名前だけはここにない。

義景は物理的に近在で義昭とも関係が深い大名ながら、上洛を要請されていないのである。信長は二月二五日に上洛を開始し、諸国の大名たち（徳川・松永・畠山・姉小路・北畠・

池田・三好・宇喜多・一色・水野ら。『言継卿記』にその人数「三万計」とあり）も上洛した。信長が上洛を要請した者には「武田孫犬丸《まごいぬまる》（若狭守護・武田元明《もとあき》）［同若狭国衆］」もいたが、この「若狭国衆」である武藤友益《むとうともます》は姿を見せなかった。元明と若狭の国衆（地域領主の意味。学術用語の国衆とは異なる）は、朝倉義景の支配を受けており、義景の許可なく上洛することができなかったのだ。

朝倉義景は義昭が将軍に就任したその年に、義昭の甥である若狭の武田元明を圧迫して越前に強制移住させた。義昭は自身の上洛を助けもせず、私戦にかまける義景に不信感があった。反朝倉の武田家臣の工作もあり、義昭は友益が「悪行」を企てているとして、信長に討伐を命じた。その狙いは越前討伐にあり、信長は上洛した大小名の総大将として義昭の意のままに動き出す。

ところで今回の上洛要請に応じなかった者はほかにもいた。北近江の浅井長政である。長政の権力は強大な隣国・義景の影響下にあった。とはいえ長政は信長の妹を娶っていたので、裏切りを疑う必要などなかった。

金ヶ崎合戦を生き延びる

信長が総指揮を執る幕府軍は、まず武藤友益を降伏させた。ついで幕府軍は〝友益は義景の圧迫を受けて上洛しなかったことが判明した〟として越前に進軍した。いよいよ本命の朝倉攻めが本格化する。

四月二六日、幕府軍が越前の天筒山《てづつやま》城と金ヶ崎《かねがさき》城を攻め落とすと、信長のもとへ長政の裏切りが知らされた。当初、信長はこれを「【意訳】（長政には）妹を嫁がせ、江北《こうほく》を任せている。何かの誤報だろう」と信じなかったが、真報と判明するとすぐに京都へ撤退した。

長政が裏切った理由は不明だが、後の本能寺の変同様、天下政権を差配する信長を殺害するまたとない絶好の機会で、自分が起てば間違いなく朝倉義景が味方となってくれることが直接の原因となったのではなかろうか。野心ある武将は自分に有利な状況があれば、理由なく裏切るのである（むしろ理由などない方が、相手も油断していてリスクが少ない）。

信長は三万の大軍を捨て、たった「十人計」の供廻りだけで逃亡した。戦死者は「人数二千余」にのぼった（『多聞院日記』）。

これだけ見ても信長未曾有の危機であり、長政にすれば千載一遇のチャンスであったのは間違いない。信長は京都まで逃げ延びた。

永禄一三年（一五七〇）四月二三日、元号は永禄から元亀に変わった。昨年九月から将軍・義昭が朝廷に提案していた元号への改元が実現したのである。

五月二一日、無事に京都から岐阜城まで帰陣した信長は、長政と浅井領防衛のため二万余の大軍を派遣したという朝倉軍を近江で討伐するため、諸将に参戦を呼びかけた（『越州軍記』等）。次なる軍事行動には義昭が自ら出馬することになった。

義昭は三河の家康にも支援を要請する。これより信長は「元亀争乱」と呼ばれる大乱に巻き込まれていく。

野洲河原合戦

六月四日、まず近江の六角承禎が江南《こうなん》奪還のため出馬してきた。

信長不在の織田軍は、昼前後（一一〜一三時）の野洲河原合戦《やすがわらかっせん》（「小濱《こはま》合戦」。『信長公記』は「落窪《おちくぼ》合戦」と記す）でこれを討ち払い、六角方に二〇〇〇〜三〇〇〇人の戦死者を出さしめた（『言継卿記』六月四日条）。

一六時頃には義昭のもとへ諸方面より報告が届けられた。

ちなみに言継は、合戦から十日後の一四日、朝山日乗から三〇〇人以上の戦死者名を記す頸《くび》注文一巻（討ち取った敵方の戦死者リスト）を見せてもらっており、奮戦して勝利を得たのは「佐久間右衛門尉（信盛）・柴田修理亮（勝家）・江州《ごうしゅう》衆《しゅう》進藤・永原等」であったと記している（『言継卿記』六月一六日条）。

信長が、戦果の詳細を京都にまで触れ回らせたということは、六角勢との戦闘を公戦と認識していたということで、頸注文は義昭のもとにも届けられたに違いない。

余談ながらこの合戦直前に、近江長光寺《ちょうこうじ》城を守っていた柴田勝家が、六角勢の大軍に囲まれたという逸話がある。

城内には蓄えの水が少なく、やがて城を開くしか道がないところまで追い詰められた。一六日、勝家は長刀《なぎなた》の石突《いしづき》で水瓶《みずがめ》を叩き割るなり、「打って出る」と宣言して城を出ると、敵勢を見事に撃ち破り、六角軍の首八〇〇余を岐阜城の信長のもとへ送り届けた。喜んだ信長は勝家に感状を与えた。かくして勝家は「瓶《かめ》わり柴田」と讃え称されることになったという（『常山紀談』）。逸話の真偽は不明だが、佐久間信盛と柴田勝家の働きで勝利したのは事実である。

織田信長、小谷城を攻めて失敗する

六月一五日、近江に在陣していた朝倉軍が越前に帰陣。信長は同月一九日に岐阜城を出馬した。予定では足利義昭も一八日に近江北部へ進軍することになっていた。

ところが信長は二一日に浅井長政の本拠地・小谷《おだに》城を攻めるも激しい抗戦に遭い、翌日には弥高寺《やたかでら》のある山のふもと（「やたかの下ニ野陣」／『信長公記』）まで後退した。美濃国境付近である。原因のひとつは、義昭の進軍が遅延していたことにあろう。義昭方は一八日当日に突如、近江出馬を延期して「廿日に御進発」することに予定を変更したのだ（元亀元年六月一八日付細川藤孝書状／『細川家記』一・藤孝一所収文書）。

このため信長は梯子《はしご》を外されたように孤立した。

もちろん義昭にも事情があった。摂津池田家の内紛と、三好三人衆に畿内侵攻の動きがあったため、動くことができなくなったのだ（『言継卿記』六月一九日条）。翌日、義昭は上野秀政、細川藤孝、一色秀勝《ひでかつ》、織田信広ら「都合二千計」を率いて、池田家の内紛を落ち着かせに赴いた。

その後、義昭は近江への出馬を二七日に延期して、しかも二七日にはこれをまた延期することにして、延び延びになっていた。繰り返しの延期は、三好三人衆の動きを警戒してのことであろう。三人衆は七月二一日に「七八千」もの軍勢を催して摂津に入り、上洛戦を仕掛けようとした（『言継卿記』七月二一日条）。

万が一にも義昭不在の間を狙われて京都を奪われてしまったら、義輝殺害以来の幕府の不名誉となり、義昭の求心力も地に堕ちてしまう。こうして将軍の参戦は何度も見送られることになったのだ。

かくして織田軍は幕府軍の助けなしに、浅井長政を討伐しなければならなくなった。

姉川合戦勃発

同年六月二八日、姉川合戦が行われた。

かつて足利義昭と信長は、朝倉・浅井連合軍を相手取り、近江姉川において会戦を展開しようと考えていた。「浅井御退治」（元亀元年六月一七日付細川藤孝書状／『細川家記』一・藤孝一所収文書）を望む義昭が西の京都から、信長は東の美濃から進み出て、浅井勢を挟撃しようとしたのである。だが計画通りにはいかず、義昭は決戦に間に合わず、信長は義昭の到着前に朝倉・浅井連合軍と戦端を開かざるを得なかった。

織田・徳川の兵数は不明だが、朝倉軍は八〇〇〇人、浅井軍は五〇〇〇人であったという

（『信長公記』）。明け方より開戦し、徳川家康の奮闘が勝利の要因となったとされている。朝倉・浅井連合の「宗徒之者《むねと》（主だった者）千百余討捕り」、その首を実検にかけたらしい。当時の史料では合戦翌日の京都にふた通りの伝聞が知らされてきたらしく、『言継卿記』六月二九日条に次の記録が見える。

【意訳】近江北部で合戦があり、浅井長政が戦死して、その兵も七〇〇〇～八〇〇〇人が戦死した。礒野《いその》員昌《かずまさ》も同じく（戦死した）。

【意訳】昨日（二八日）近江北部の合戦で、北近江衆と越前の兵が九六〇〇人戦死した。徳川家康と織田信長の兵も多数の戦死者を出した。越前衆は前波の兵五〇〇〇人以上が戦死した。

しかし、浅井長政と礒野員昌は戦死しておらず、戦死者数も明確でない。その後、フロイスが「信長は、其後近江の国に赴き、二人の領主と戦ひ、此戦に於て六千人を殺されたり」と書いているので、六〇〇〇人討ち取り（宗徒一一〇〇以上、牢人・雑兵四九〇〇人ほど？）

が実数に近いのかもしれない（『日本耶蘇会年報』所収・一五七〇年一二月一日フロイス書簡）。

なお、『信長公記』は「討捕頸之注文」として、その頸注文を記しており、確実な戦果を周囲に伝えるため情報整理をしていたことがわかる。

ともあれ結果は織田・徳川連合軍の勝利に終わった。これにより、朝倉・浅井軍の勢いは失墜する。

姉川合戦における信長の特徴

ところで、信長は「六月二八日」を決戦予定日と考えていた。

例えば信長は、五月二五日付遠藤《えんどう》新右衛門・新六郎宛朱印状に「【意訳】近江北部へ侵攻するので、来月二八日以前にそれぞれ美濃岐阜城まで出陣するように」と美濃の遠藤胤俊《たねとし》・慶隆《よしたか》に指令し、六月六日付武田信方《のぶかた》宛朱印状でも「きたる二八日、近江北部で軍事行動を実施する」と述べている（信長文書二三三号、二三四）。

おそらく信長は味方ばかりでなく、敵にも何月何日に決戦しようと申し入れていたのだろう。これは平将門の時代から見られる武人の風習でもある。姉川合戦において信長は、決戦予定日を敵味方双方に伝えていた。そして戦勝後にその戦果が大きく誇張されて伝わり、やがて確実な戦果を調査して頸注文に記して周囲に触れさせていた。この二点は、信長がこの合戦を公戦として考えていたことを裏付けていよう。

しかし義昭は近江出馬を実行できず、予定を十日過ぎても動くことができなかったので、信長は家康と二人で朝倉・浅井連合軍と戦うことになり、幕府の直接的支援なしに勝利した。それでも信長は律儀に頸注文を作成して、これを幕府陣営の勝利に位置づけようとしたのである。

第三節　信長の比叡山焼き討ち

近衛前久の反幕府連合結成

ところで上杉輝虎の関東越山を支援したあと、京都に戻っていた関白・近衛前久だが、永禄一一年（一五六八）六月、三好長逸《ながやす》に命を狙われているとの風聞があり、同年一一月には京都を出奔していた。

石山本願寺推定地（著者撮影）

次の逃げ先は大坂本願寺であった。朝廷は現職の関白が急に不在となったため、前久のライバルである二条晴良《はれよし》を関白に任じた。背景には、晴良と足利義昭の結びつきがあったらしい。前久は、一連の流れを「倭（佞）人之所行」であると見て、憤りを覚えていた。

信長は前久に帰京を打診したが、将軍・義昭が信長に同意しなかった。このため、前久は信長に帰京しない旨を伝えて、大坂に引き籠もっていた。

八月一〇日、前久は薩摩の島津貴久《たかひさ》に「無念」の思いであることを伝えるとともに、覚悟を決めて「江州南北（六角承禎・浅井長政）・越州（朝倉義景）・四国衆（三好三人衆）」で連合を結成した上で「近日拙身も令出張候《しゅっちょうせしめそうろう》」と述べている（『島津家文書』六六三）。畿内周辺の諸勢力を動員して、幕府を転覆させてやろうと企んでいたのである。

関東越山の時も周りを巻き込んで壮大な計画を立てるのが好きだったが、今回もまたとんでもないことを考えていたのである。

そして前久の計画はその言葉通り、実行されていく。

俗にいう「第一次信長包囲網」である。

志賀の陣勃発

元亀元年（一五七〇）八月二〇日、摂津で三好三人衆が朝倉浅井連合に呼応する形で挙兵。姉川合戦の翌々月のことである。

将軍の「奉公衆」と織田信長率いる「濃州衆《のうしゅうしゅう》」は、摂津に出馬して天王寺に陣を置く（『言継卿記』元亀元年八月二三日条）。その人数は、「将軍方六万余人数也、三人衆三万余」と伝わっている（『尋尊記《じんそんき》』元亀元年八月二四日条）。

八月二六日、両軍は「河州中嶋表ニテ合戦」を展開したが、「信長衆数多討死」という惨《さん》憺《たん》たる結果となった（『多聞院日記』元亀元年八月二八日条）。幕府軍は苦戦の末、中嶋砦を制圧する。その後、三〇日に義昭本人が「御勢二千計」を連れて京都を出て、山城勝竜寺《しょうりゅうじ》城へ入り、中嶋砦内堀へと移った（『細川両家記』）。

その後、両軍は交戦を繰り返すが、その途中である九月一三日には雑賀衆《さいかしゅう》・根来衆《ねごろしゅう》が参戦して、しかも「一きをこり《(揆)》」て、諸国より動員された本願寺の衆徒が信長の本陣を襲った（『尋尊記』元亀元年九月六〜一四日条）。結果として織田軍は敗退し、幕府奉公衆の野村越中守が戦死した。

ここに信長含む幕府軍と、三好三人衆・本願寺軍の対立構造が決定づけられる。

この状況を見た朝倉・浅井方は、起死回生の時とばかりに近江から京都に向かい、義昭と信長を包囲攻撃しようと図る。反幕府陣営に、朝倉義景と浅井長政も加わったのだ。また、六角承禎も南近江で挙兵して京都と美濃の路地を遮断する準備を進めていた。

ここまで「江州南北・越州・四国衆」が出揃っているように、一連の軍事行動には、近衛前久の蠢動《しゆんどう》があったと見ていいだろう。

しかも比叡山延暦寺が朝倉・浅井軍と合流。大挙して近江坂本へと迫ってくる。

ここに織田家臣軍が迎撃に向かい、宇佐山城合戦が勃発する。

結果は織田軍の大敗である。信長の弟である織田信治や森可成が戦死した。これを朝倉家臣・山崎吉家《やまざきよしいえ》は「数多討捕之、即日落居候」と誇らしげな筆致で、謙信側近の河田長親《かわだながちか》に書き送っている（上越市史一〇一九）。

連合軍は、山城国に兵を出して、山科・醍醐寺《だいごじ》に放火した。

このままでは、背後に迫る朝倉・浅井・叡山軍に京都を制圧されてしまう。信長は将軍を先に帰京させたあと、二三日になって大坂を離れた。

連合軍は信長が近づくと比叡山に拠点を移して、信長は坂本に布陣して、これと対峙する構えを見せた。志賀の陣である。

低姿勢な交渉

信長は窮地に立たされていた。

比叡山から見下ろす朝倉・浅井連合軍を速やかに処理しなければ、身動きが取れない。さっさと片付けてしまわないと、いつ大坂の本願寺・三好三人衆・雑賀衆・根来衆が優勢に立ち、京都制圧に乗り出してくるかわからない。

伊勢でも長島の一揆衆が濃尾の織田軍と対峙していた。

義昭の要請を受けて上洛の軍を催す家康は、南近江で六角軍と交戦しており、この重大局面を一変させられる力があるわけではない。

そこで信長は比叡山延暦寺の僧侶たちを呼び出すと、「信長に味方すれば、もとの領土を全て返す」と伝え、「どうしても味方できないならせめて中立を保ってほしい」と懇請《こんせい》した。

信長らしからぬ低姿勢の交渉である。ただし、硬軟織り交ぜることを忘れてはいなかった。もしそれでも敵につくなら延暦寺の「根本中堂・三王廿一社」をことごとく焼き払うと予告したのである。だが比叡山は、朝倉・浅井への支援を停止しなかった。

信長は義景に山を下りて決戦するよう提案するが、義景は時間が長引けば信長が苦しくなるのを知っているので相手にしなかった。姉川で有力家臣を失っており、短期決戦に応じる力はもうない。権威に守られた法の山に立て籠もるのが良策と言えた。

ただ、苦しいのは義景や長政らも同じであった。一〇月末には本願寺が音を上げるようにして信長と停戦する。六角承禎も徳川軍に苦戦しており、こちらも一一月に信長と停戦した。このように各所の戦域も優位に立てず、劣勢に追いやられつつあった。

二ヶ月も対陣していると、大自然の問題が迫ってきた。雪が降りはじめたのである。

豪雪による停戦

一二月が近づくと朝倉軍は雪を心配しなければならなくなってきた。

本国からの輸送と連絡が雪で途絶える状況を考えるなら、このまま寒い山の上で冬を過ごすのは危険だ。信長は、朝廷に仲介を依頼した。

朝廷もこれを是《ぜ》として、一一月二八日、近江に将軍・足利義昭と関白・二条晴良を下向させ、特に義昭は信長の陣所と三井寺へ入り、比叡山・朝倉義景・浅井長政を説得して、停戦を実現させる。一二月一四日、両軍とも納得の上、雪の降る中「【訓読】互いに異儀なく帰国」した（小早川家文書二二七号）。

朝倉義景への人質として、信長は家臣の稲葉良通《いなばよしみち》（氏家卜全《うじいえぼくぜん》とも）と柴田勝家の子を、義昭は家臣の三淵藤英《みつぶちふじひで》の子を送り、また朝倉義景も幕府方に人質を送った（『尋憲記』四）。

ここに義昭は、体面的かつ形式的に、信長と義景の仲介者にして保証人となったわけであるが、実際には最終的に責任を問われるべきラスボスであったはずだ。それがいくら落としどころとして必要だからとは言え、当事者がまるで部外者のごとく振る舞うのは、問題があろう。停戦のため仕方ないとはいえ、信長もこれを自分と義景の私戦として処理することを受け入れたのは甘すぎた。

ここに足利義昭・二条晴良包囲網は、当事者たちが主導して第一次織田包囲網に塗り替えることで巧みに終結してしまった。これには近衛前久も拍子抜けしてしまったのか、畿内を中心とする争乱に関心を失い、その後は大人しくなる。

それにしても降雪を理由とする停戦など、一時凌《しの》ぎに過ぎない。

承禎は敗退して姿を消したが、ほとんど無事の状態で残された大坂本願寺は、再起を企んでおり、この状況に興味を持った信玄はそれまで音信の途絶えていた本願寺に長延寺《ちょうえんじ》実了《じつりょう》（甲斐の一向宗僧侶。上杉憲政の一族）を派遣して黄金・太刀・馬などを贈った。

信玄としては、畿内が乱れれば今回のように三河の家康も本拠を捨てて、将軍または信長の援軍に駆けつけることになるので、武田軍が東海道へ進出するのに有利な状況が生まれやすくなる。このように不穏な情勢は水面下で継続していたのである。

第二次織田包囲網の始まり

翌元亀二年（一五七一）、信長は先の停戦を利して、いまだ敵対する勢力の排除に動き出す。北近江の浅井長政に属する佐和山城の磯野員昌を攻めて降伏させ、ついで伊勢の長島一向一揆を攻撃した。しかしこちらは思わぬ抗戦に苦しめられ、撤退時に氏家卜全が戦死するという屈辱を味わわされてしまう。

信長はこれに懲りることなく、比叡山に兵を向けて下坂本を焼き払った。すると比叡山の僧侶たちはこれを恐れて黄金五〇〇を贈ってその怒りを鎮めようとしたが、信長は「黄金が欲しいのではない、その罪を罰することだけが我が望みだ」と返答してこれを断った。

ところが僧侶たちは「山王は非常に尊崇せられ其罰も畏怖せらるゝが故に之を破壊することなかるべし」と信長を侮って比叡山に引き返し、反信長方である坂本の町人たちも妻子を連れて比叡山に避難した（『異国叢書』巻三、一五七一年一〇月四日付フロイス書簡）。

信長は、比叡山が昨年信長の勧告を断ったことを許さない姿勢をもち、「天道の恐《おそれ》をも顧みず、婬乱・魚鳥を服用、金銀賄に耽《ふけ》りて」いると批難して、比叡山の焼き討ちを決行することとした（『信長公記』）。

比叡山炎上

元亀二年（一五七一）九月一二日、信長は近江比叡山・延暦寺を焼き討ちする。

信長は、三万もの大軍に山の周囲を包囲させて攻め登らせた。

織田兵が頂上まで達すると、僧侶たちは武器を手に取って応戦してきた。彼らが守る堂内には寵愛する美女や稚児がいて、その堕落ぶりが露見した。

山頂では延暦寺方の抗戦で約五〇人の織田兵が負傷したが、僧侶は一人残らず織田軍に斬り殺された。織田兵はその後も山中に潜伏する僧侶たちを捜索して、見つけ次第に銃殺した。この争いで四〇〇の学堂が全て焼失させられたという。その被害者数は『言継卿記』によれば「男女三四千人」、フロイス書簡によれば僧侶が「約千五百人」で、俗人の男女児童は「同数」だったという。死者の合計は約三〇〇〇人と見ていいだろう。

しかしこの焼き討ちは、信長と織田包囲網の私的闘争であった。幕府からの役職任命を断っていた信長は、第一次織田包囲網で義昭が戦略的に離脱すると、後ろ盾もなく独力で過去の落とし前をつけようとしたのであった。

ただ、比叡山の天台座主《てんだいざす》は、正親町天皇の異母兄弟・曼殊院覚恕《まんしゆいんかくじよ》であった。現地には不在であったが、覚恕と天皇はこれを不快に思ったことであろう。覚恕は信玄と交流があり、例えば元亀元年七月、信玄は覚恕に南宋の宮廷画家毛松《もうしよう》の筆という絵画『猿図（獼猴圖《びこうず》）』（東京国立博物館蔵）を寄進している。その後、覚恕は信玄が権僧正《ごんのそうじよう》の位に叙されるよう斡旋した（『戦国遺武田氏編』一九二六〜八、四〇五九・四〇六〇）。

第二四節　幕府崩壊と信長の困惑

織田信長の誤算

義昭が将軍に就任した時、信長は役職任命を打診されたが、畏れ多いとこれを固辞してしまったため、公的な立場になく、幕府の意思を代行するというポーズも取れなかった。こうして信長は幕府の権威のない状態で、過去の落とし前をつけなければならなかった。そうしなければ、あちらがこちらを私的に攻め滅ぼそうとする恐れがあったからである。

その過程で、幕府と信長の関係を悪化させる事件が起きる。

延暦寺の遺領問題である。

信長は比叡山焼き討ちに大きな功績のあった明智光秀に、比叡山すぐ近くの坂本がある近江滋賀郡を与えた。光秀は早速坂本に居城を構築する。

滋賀郡を統治するということは、延暦寺のあった土地そのものを管理するということでもある。当然ながら持ち主を失った寺や土地も散らばっている。欠所跡式《けつじょあとしき》である。そして欠所と化した比叡山に連なる知行地は、近江ばかりでなく、山城にも点在していた。

これらの分配は足利義満以来、将軍が比叡山の山門使節を守護に準ずる権限を与えることで管理・保護を継続してきたものである（下坂二〇〇一）。今回も幕府が執り行うべきであるが、これを光秀が違乱《いらん》してしまった。おそらく意図的な横領ではなく、過失であろう。〝やっちまった〟のだ。

元亀二年（一五七一）一〇月、滋賀郡統治に乗り出した光秀は、山城の廬山寺《ろざんじ》領を収公した。するとこれを「【意訳】延暦寺の末寺だろうと明智光秀が違乱しました」とする訴えが起こったのである（『廬山寺文書』）。本件は信長にも「【意訳】今度、山門のことにつき、諸門跡領を明智光秀が押領せしめたようです」と光秀の押領として報告された（『言継卿記』元亀二年一二月一〇日条）。

困った光秀は、幕臣の曾我助乗《そがすけのり》に仲介を頼み、なんとか赦免を得られた。その過程で光秀は「将来が不安なので、将軍から直接罷免されて、私が頭を丸める形にしてもらいたい」と願っていることから、信長を庇う形で落着させたようである。

光秀が引責するも義昭と対立

もとより明智光秀はとても微妙な立場にあった。幕臣・細川藤孝の中間《ちゆうげん》出身で、いわば細川家臣であるが、それが将軍の御足軽衆として足利義昭のもとへ出向しており、義昭の側近的な立場でもあった。

とはいえ身分が低いので、親しく会話するほどの仲ではなかっただろう。これに加えて信長は、堅苦しいことを考えず、身分がどうあれ自分の軍事行動に参加して功績を立ててくれる人物には城と権限を与えて、物の役に立たせようと考える人物だった。

かくして光秀は、よくわからない立場のまま坂本城主に取り立てられたのである。細川藤孝は光秀の出世を喜ばしいと思ったかもしれないが、義昭および一部の幕臣にすれば、信長に天下の采配を託しているとはいえ、光秀が実力で地位を得ていく様子を面白く思わなかったのではないだろうか。

ところで足利義昭はこれ以降、今回の事件を口実として、光秀に無体なことを言いつけていたようだ。その証左となるのは、元亀三年（一五七二）末に、信長が義昭に宛てて書き送った意見書の一三条目の項である（信長文書三四〇）。

【意訳】

一、明智光秀に地子銭《じしせん》を徴収させ、私の買い物代行に預けておいたものを、「山門領の収益の肩代わりだ」と言い立てて将軍様が強奪したことに異見を申し上げます。

義昭たちは光秀に「山門領の収益が残っているだろう。その代金として、お前が織田から預かっている金銭を取り立てさせてもらう」とその資金を強引に横領していた。信長は、幕府と自分の関係を悪化させないため、汚名を一身に受けている光秀が黙って無体を受けていることを知って、これを助けようとしたのである。

山門領問題が、足利義昭と織田信長の仲をこじらせる中、そこに目をつけた武田信玄が比叡山の復興を唱えて、東海道への進軍を開始した。背後には天皇とその異母兄弟である天台座主・覚恕の思惑もあっただろう。

本書の冒頭で記したように、信玄は比叡山の焼き討ちと山門領問題から将軍と信長の決裂を狙って、西上作戦を仕掛けたのである。

信玄死後の信長

東海道を蹂躙する信玄が亡くなると、信長は反攻に出た。

まず、この機に乗じて攻めてきた美濃東北部（奥美濃郡上《ぐじょう》）の安養寺《あんにょうじ》への逆襲である。

安養寺は僧兵を用いる好戦的な寺院で、元亀元年（一五七〇）九月二日に本願寺顕如から織田への攻撃要請を受けていた。だが、独立心の強い安養寺は、要請に応じる気配を見せなかった。本願寺に乗せられて火中の栗に手を出すべきではないと判断したのだろう。

ところが元亀三年（一五七二）五月、まだ表向き信長と友好関係にある武田信玄から、西上作戦の布石として協力を打診された。本願寺方からの提案であろう。さらに代々親密である美濃国人の遠藤氏がその作戦に参加するらしいことを仄《ほの》めかされると、方針を改めて反織田連合軍に呼応することを決定したのだった。

ただ、安養寺は岐阜城に人質を差し出していた。

人質は和解の切り札となりうるので、必ずしも即座に斬り殺されたりするとは限らない。場合によっては、停戦交渉の切り札として使われる。安養寺からすれば、信長が人質を殺害する理由などなく、保護し続けると見ていただろう。

だが、信玄の急な病死によって、反織田作戦はほぼ破綻した。反織田勢力の勢いに翳《かげ》りが見え始めた元亀四年（一五七三）五月二日、信長は安養寺からの人質を全員殺害させた。

自分を窮地に追いやった者たちに厳しく対応する姿勢を鮮明にしたのである。

同年七月一八日、信長は二日より京都を離れて山城槇島城《まきしまじょう》に立て籠っていた足利義昭を追放した。義昭は枇杷庄《びわのしょう》に「御退城」して、信長は義昭の嫡男である「若公様」を人質に預かった。義昭は二〇日に河内若江《わかえ》の三好義継居城へと移転して、さらには「紀州由良《ゆら》」へと後退した（『兼見卿記《かねみきょうき》』、『当代記』二）。

この時「二才御曹子様」である若公《わかぎみ》（のちの「義尋」）は「江州《ごうしゅう》佐和山ノ城」へと下向することになった（上越市史一一五一、『年代記抄節』）。

謙信は義昭と信長の和睦を図る細川藤孝から「貴国の事、信長に対されて仰せ談じられ儀」と、信長と協力して両者の関係修復に尽力するよう懇請されていた（上越市史一一五四）。謙信はすでに三月一九日付の長景連《ちょうかげつら》宛書状で「上意御手違候間（もし将軍様が間違いをおこされたら……）」と、義昭が判断を誤る恐れを述べている。

しかも謙信はここで、「信長忠信《ちゅうしん》」を評価しない義昭が「以前柴田二三手ニ而志賀へ打登」した時を振り返り、志賀の陣で信長と義昭が窮地に立たされた際、慌てた義昭がもし謙信に見放されたら、自分は「京都ニ御座成間敷《なるまじく》」と不安を訴え、支援を要請していたことを告白している。謙信は明言を避けているが、かつて義昭は信長を切り捨て、将軍が初めから朝倉・浅井・本願寺陣営だったこととして落着させるべく助けを求めたようである。謙信はこの先例を思い出して義昭の動きに不安を覚えていたのだ（上越市史一一四一）。

謙信は、義昭の動向に意見や関与できないこともあり、信玄に呼応して反織田連合に参戦したことを知ってからは「【訓読】公方様此の如く御成り（将軍様もあのようなことになってしまわれた）」となかば諦観するような感想を漏らした（上越市史一一六五）。よりによって信玄ごときの策に乗せられるとは――と失望感を漏らしていたのである。

織田信長の異見十七箇条書

余談ながら、フロイスは一五七三年（＝元亀四年）四月二〇日付書簡で、「美濃（＝織田信長）より公方様（＝足利義昭）に十五ヶ条（＝前年九月の異見一七箇条書）を送り厳しく之を責めたり」と信長から将軍への異見書について言及している。

この異見書の原本は現存しないが、『信長公記』元亀三年九月条と『尋憲記《じんけんき》』元亀四年二月二二日条にその写《うつし》がある。

そして両者ともフロイスの記す「十五箇条」ではなく一七箇条となっている。なぜフロイスの記録で一五とされる意見書が、日本の記録では一七として写を残されているのか。

黒嶋敏氏は『天下人と二人の将軍』で、一七箇条内の四条目〝将軍が浮き足立って信長の建造した邸宅を無駄にしていることへの異見〟は、あとから加筆されたもの（本当に邸宅を無駄にした翌年の正月下旬以降）と指摘している（黒嶋二〇二〇）。私はこれに加えて一条目の〝将軍が禁裏に参内しないことへの異見〟も後筆と考える。

信玄が幕臣に宛てた信長と家康を批難する書状写が、正親町天皇の宸筆として伝来している（丸島二〇一七）。ということは、将軍は水面下で禁裏と密接であった。しかし堂々と参内することはなかったので、信長はここを批難することにした。

フロイスが「十五ヶ条」と記してあることを併せて鑑みれば、信長は将軍に問題点を明示して、是正を求めた。だがこれが改善されなかったため、異見書は将軍弾劾《だんがい》状として機能することになった。そこで信長は、朝廷に共犯的妥協点（〝私・信長は、朝廷と幕府は疎遠と認識しています〟というアピール）を構築するため、元亀四年二月中旬までに、はじめ一五箇条だった異見書を現在伝わる一七箇条にアップデートさせて、朝廷との共犯関係を模索したのだろう。

正親町天皇は、元亀三年九月二〇日付で、武田信玄の菩提寺である甲斐恵林《えりんじ》寺を勅願寺とする綸旨を諸勢力に発しており（平山二〇二二）、朝廷は水面下で武田方の西上を支援する気配があったようだ。将軍異見書に相違があるのは、こうした朝廷の動きを〝見なかったことにしたい〟と畏れる信長の政治的妥協工作が背景にあったと言える。

魔王・信長の誕生

義昭が挙兵すると、信長は「幕臣たちに人質を出して詫びを入れたい」と申し入れた。しかも将軍に「君臣」の誓いを守り、信長・信忠父子で剃髪して恭順姿勢を明確にしようとしたが、義昭が交渉を蹴って信長の娘を送り返し、融和路線の道は閉ざされた（信長文書三六四）。やむなく信長は将軍を攻撃して打ち破り、最終的には将軍追放の運びとなったが、それでもまだ信長は引き続き義昭の帰京を模索していた。

義昭は紀伊から堺に移ると、毛利輝元に保護を求めた。そこへ織田家の羽柴《はしば》（もと木下）秀吉が、毛利家の安国寺恵瓊《あんこくじえけい》から義昭帰京の交渉を求められ、これに応じた。ところが義昭は信長に改めて人質を寄越すよう要請しているというので、我慢ならなくなった秀吉は「【意訳】信長様には将軍様は行方不明とお伝えしておきます。どこへでもお隠れください」と言い放ち、独断で交渉を打ち切ってしまった（『吉川家文書』六一〇）。

それでも信長は諦めていなかった。翌年（一五七四）正月一六日に、足利義昭が六角承禎に宛てた書状で「【意訳】現在、信長がしきりに帰洛を勧める使者を遣わしている」と述べられており、信長の困惑ぶりが確かめられる（遺文佐々木九九〇）。

なお、信長は将軍を追放した直後の八月に越前の朝倉義景を攻め滅ぼし、また九月には近江の浅井長政をも滅ぼした。なお、謙信は織田と朝倉の和睦を斡旋しようとしたが、これは果たせなかった（上越市史一一二六）。

ここから信長は、公儀に見捨てられた超大国大名として、天下にぽつんと残された。このため、暗闇の中を手探りで進まざるを得ない環境に置かれた。

信長は公的な大義を失ったまま、敵対した者たちと争わなくてはならず、ただ勝利を求めて動き回るほかなくなった。そして落とし所のない勝利を得ると、二度と起き上がれないよう徹底して叩き潰していくのである。ほかに選択肢などないのだから仕方ないと言えよう。

魔王・信長の誕生である。

ここから信長の残忍性は、ほとんど剝き出しとなっていく。特にそれは、一向一揆の勢力に対して顕著に現れることとなった。

信長の見せしめ

天正二年（一五七四）正月には、浅井久政・長政父子と、朝倉義景の髑髏《どくろ》を金箔塗りにすると、身内の酒宴の席においてこれらを飾ってみせた。足利義昭が健在ならこのような振舞いはしなかったであろう。公儀がないので、憎悪の赴くまま敵を完全に殲滅して、辱めることが可能になってしまったのである。ただ、信長自身もそれで本心から満足していたかどうかはわからない。それまでこんなことはできなかったのだから、いざ実行してみると意外にそれほど楽しいとは思わなかったかもしれない。信長はこの時以外、敵の死体を人前で辱める振る舞いは、特に見せていない。

同年七月二三日および八月七日、信長は「一揆共懇望仕候へとも、此刻可〝根切《ねぎり》〟事」「可為〝根切〟候、其方無異儀之由可然候」と、交戦中である伊勢長島の一揆衆が命乞いをしても無視して、根絶（根切）するよう家臣の河尻秀隆《かわじりひでたか》に強く言い聞かせている（信長文書四六〇、四六七）。これは長島一揆衆が過去に一度信長に降伏を願い出て、赦免を認めたものの再度離反したばかりか、信長の一族まで手にかけたことで、信長の憎悪を限りなく昂らせていたことが一因と考えられる。

さらに同年八月五日、信長は本願寺の者たちについて「大坂根切」にするつもりであることを細川改め長岡藤孝にも述べている（信長文書四六五）。こちらも度重なる抗争に信長が怒りを募らせていたためであろう。

九月二九日、実際に織田軍は、伊勢長島一揆衆が降伏を申し出て、外に退出したところを取り囲んで銃撃し、逃げる者は切りつけたばかりか、城に残った「二万計」の人数を焼き殺させた（『信長公記』）。

天正三年（一五七五）には「府中町ハ、死かい《(骸)》計にて一円あき所なく候、見せ度《たく》候、今日ハ山々谷々尋捜《たずねさがし》可打果候」と、越前平定に際して一揆衆を皆殺しにした様子を誇っている（信長文書五五三）。実行したのは、『信長公記』に「惟任《これとう》（光秀。もと明智）・羽柴（秀吉）両人として府中の町にて二千余切捨」とあるように秀吉と光秀だった。

同年一一月二一日、信長は、織田家を裏切って武田信玄の部将と婚姻した自身の叔母を捕獲すると、岐阜城近くの河原で逆さ磔《はりつけ》に処して殺戮させた。

これより信長は、不本意にも王道から外れて覇道へと突き進んでいくことになる。

その要因は信長の野心や個性というよりも、浅井長政の裏切りと、武田信玄の罠と、足利義昭の御謀反と、羽柴秀吉が独断で義昭との交渉を蹴ってしまったことで、これらが連鎖反応を起こしたことにあるだろう。

信長は、拠り所とする天下の大義のために死に物狂いで強豪たちと戦ってきたが、足利義昭から見限られ、敵だけが残った。義昭は信長を切ることで、ちゃっかりと自身の敵を味方につけた。だがタイミング悪く、それまでの戦いはほとんど信長単独の勝利となっていった。信長は想像を超える勝利を持て余し、怒りを抑えられず、反撃を恐れて無軌道な殺生を繰り返していくのであった。

第三章

信長の「根切」と謙信の「悪逆」

第二五節　謙信の家中改革と加賀一向一揆

なぜ景虎に上杉を名乗らせたか

越後の上杉謙信は、後継体制と軍制の改革に乗り出した。まずは後継体制である。

元亀元年（一五七〇）一二月、同年中に養子として北条氏康の末子である上杉三郎景虎を迎えた謙信（当時は輝虎）は、有髪のまま入道となり、「不識庵謙信」の法号を名乗ることにした。東国武将が入道して法体となるのは、基本的に隠退の意思表示である。ゆえにこれは上杉家の家督を景虎に譲るポーズとして認められよう。

ただし話は少し複雑である。謙信は先立って姉の子・長尾顕景を養子に迎えていたのだ。これは謙信がまだ長尾景虎を名乗っていた頃で、自身が上杉一族となる未来を予想していなかった時期である。しかも顕景は越後長尾一族の通字「景」を実名の下に置いているので、謙信の後継者として迎えられたと考えるのが普通であろう。

ところが、ここに長尾の主筋である上杉一族として景虎が入った。これは何を意味するのだろうか。この疑問は〝謙信が長尾家督のみを重視して、上杉家督を相対的に軽視していた〟と見れば解決する。謙信は上杉憲政から関東管領山内上杉一族の「名跡」を一代限りのものとして消極的に受容していた。名誉職の一種ぐらいに受け止めていたのである。

ゆえに次代には、顕景が長尾家惣領として越後一国を統治するだけの体制に帰するつもりでいた。ところが、越相同盟を結ぶにあたり、自身をこの立場に押し上げた関東諸士への義理を通すため、それまで謙信の上杉家継承を認めず「長尾」と呼び続けていた北条氏康・氏政らにこの継承を既成事実と認めさせようと、同盟の人質として送られた北条三郎を上杉景虎と名乗らせることにしたのである。

ここに謙信は越後守護代・長尾家の惣領としての実権を顕景に譲り、上杉家の名誉的称号は景虎に譲るつもりであったと考えられよう。つまり、関東管領の職権と責任を離れて、関東のことは関東に委ねることを望んだのである。

同床異夢の越相同盟破綻

謙信は越相同盟の中心に景虎を置き、これを両家の象徴的主人として奉戴する東国秩序の構築を企図していたのだろう（もちろんその上に古河公方・足利義氏がいる）。しかしその理想は果たされなかった。

元亀二年（一五七一）、北条氏康が病死して、同年末に氏政の代になると同時に、同盟は破棄されてしまったからである。原因は、第一二節で述べた通り、謙信の消極性にあった。謙信は武田家と戦う意欲を失っており、北条家から武田領への侵攻を要請されてもあれこれと理由をつけてこれを回避していた。このため、北条家からの信用を失っていたのである。また、関東現地の諸将も北条家との同盟に不満を露わにしており、東国における謙信の求心力は減退しつつあった。

かくして上杉家と北条家は再び敵対することになった。謙信はその脅威を放置したまま西進は困難と考えたらしく、対北条戦を本格化することにした。

ここで謙信は、自身の後継体制を見直す必要に迫られた。氏政の弟である景虎は、なんと自国に戻らず、越後に残る決断をしていた。すでに妻子がいたこともあろうが、謙信や顕景との密接な関係があればこそで、景虎は相模から同行している側近たちとともに、越後上杉家の一員として骨を埋める覚悟であった。

上杉弾正少弼景勝の誕生

謙信にとって、景虎の決意は嬉しいことであったが、これから北条侵攻を実行するにあたり、関東諸士の協力が必要不可欠である。だが、後継者が氏政末弟の景虎であることを彼らが面白く思うはずがない。

ここに苦肉の策として長尾顕景を上杉一族に昇格することを考えたものと思われる。顕景は山内上杉家の家臣・上田長尾一族の出身であるため、対北条の旗頭とするのに申し分なく、このまま景虎を後継者の一人とするより関東諸士の理解を得やすい。

ここに長尾顕景の地位を改める計画が進められる。

まず、天正二年（一五七四）一二月一九日、謙信が「御剃髪、護摩《ごま》灌頂《かんじょう》執行有テ、法印大和尚ニ任セラル」ことになった（天正三年四月二四日謙信書状にも「去年極月十九日、令発体《（法）》遂沙門以来、護摩灌頂迄執行、既任法印大和尚」とある。ここに「御剃髪」したと伝わるので、「不識庵謙信」を称した時はまだ剃髪していなかったようである。ちなみに、剃髪直前まで四度加行《しどけぎょう》や伝法灌頂《でんぽうかんじょう》を執行したため、毛髪が伸びっぱなしになっていて、ここに改めて剃髪しなおしたとは考えにくい。なぜならこれらは略式でも合計一二五日を要する上、中断は許されないが、剃髪前月の閏一一月二四日付で、関東の大名宇都宮広綱に敵への防備を充分にするよう、注意を促す俗世の書状を書き送っているからである)。

翌月の天正三年(一五七五)正月、春日山城に国中の領主が集まった。この時謙信は頭を丸め、出家姿となっていた。見慣れない異相に家臣一同驚き入っただろう。家中一同の集まる場で、長尾顕景は謙信の意向により上杉景勝に名乗りを改め、さらに謙信が足利義輝の尽力によって授かった「弾正少弼《だんじょうしょうひつ》」の官途を譲り渡した(上越市史一二四一、一二四二)。年賀の挨拶は、越後上杉家の新体制を披露目するイベントとして機能したのである。

撰吉日良辰、改名字・官途、上杉弾正少弼与成之候、彼官途者、先公方様(足利義輝)江深忠信之心馳依有之、被仰立被下候条、不安可被思事、目出度候、恐々謹言、

正月拾一日　謙信〈花押〉

長尾喜平次(顕景)殿

任今日吉日、改名乗、景勝与可然候、恐々謹言、

正月拾一日　謙信〈花押〉

上杉弾正少弼(景勝)殿

官途の移譲は後継体制の明示で、これより謙信は「弾正少弼入道」として景勝を後見することになる。また、謙信は景虎を養子に迎えた頃から、家中からの尊称が「御屋形様」から「御実城様」（「おみぢやう」または「御みのき」：上越市史一一五八、『越後廣瀬村編年史中世編』四〇〜四一頁）に改まっていた。後見人となったことを示すのだろうが、景虎と顕景は「御屋形」の称号を得ていない。だが顕景が景勝になると、その尊称が「御中城」に変化した。家中では前例のない呼び名で、ゆくゆくは景勝が次の御実城の称号を継承することを示すようである。意図的に屋形号を避けたのであろう。

ここから類推できるのは、謙信が景勝を次の屋形とするつもりがないことである。さらに言えば景虎の合意を得るため、屋形の地位はその嫡男「道満丸」が長じた時に継承させるつもりだったのではないか。景勝は道満丸の後見人であり、なおかつ正当な家督相続として、実権を譲られる流れにあったのだろう。指揮官・為政者の経験と事績を重ねていない景虎は、景勝・道満丸体制を穏やかに見守ることで、尊厳を損なうことなく将来を保証されていたのである。

馬廻増員の軍制改革「上杉氏軍役帳」

謙信は後継体制の刷新と同時期進行で、軍制をも改めた。

天正三年（一五七五）謙信はこのタイミングで「御軍役帳」を作らせたのである（通称「上杉氏軍役帳」）。これは越後国中の領主たちへの軍役定書であった（上越市史一二四六）。

同書には越後国内ほぼ全域の領主階層が網羅されており、ここに謙信は本国の掌握を完成させたと言ってよい。それまで謙信は国内領主ほぼ全員から人質を集めていた。永禄一二年（一五六九）三月一日には本庄繁長の反乱に際し、下郡の新発田城主・新発田《しばた》忠敦《ただあつ》に府内に人質を差し出すことを要請しており、ここで謙信は「国中ニ者、其方ならては証人不かの無之候」と、越後国内では忠敦一人だけが人質（証人）を差し出していないこと、今後は国内全員から人質を預かる体制に改めることを述べて、人質を提出するよう要請している（上越市史六七四）。謙信は領主階層の身内であるかどうかを問わず、人質を集めて春日山城・城下の施設内に住まわせており、国内領主の全員に軍役を賦課する条件は整っていた。

さて「御軍役帳」について、先行研究はここに示される特異な身分秩序の側面のみ注視する傾向が強く、軍事的特徴を見落としている。

図18　天正三年「御軍役帳」から割り出されがちな比率

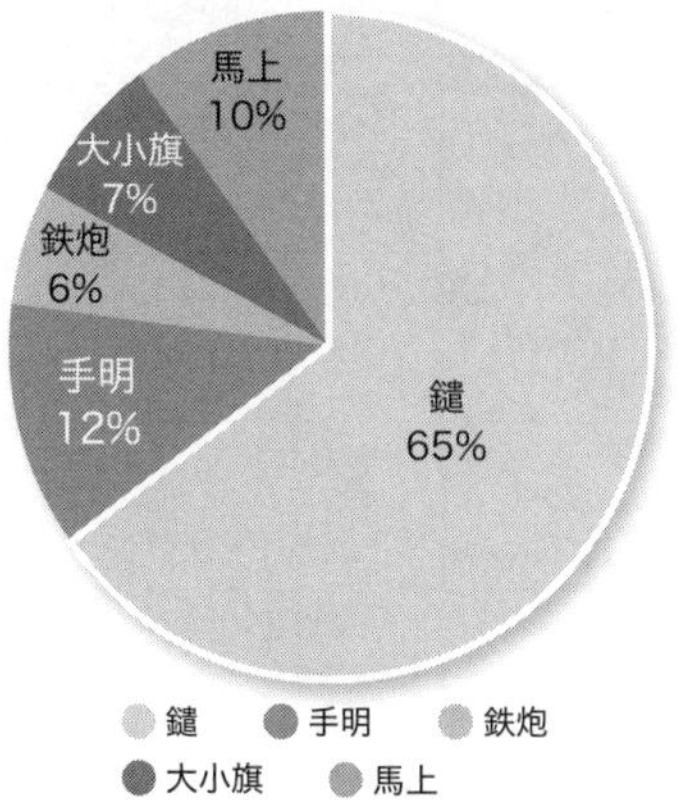

「御軍役帳」に記された兵種をこのように円グラフ化して上杉軍の軍隊編成と兵種比率を追求する試みが過去に重ねられてきたが、実のところ同書は既存の謙信旗本を含めない増員帳で、近世の大名の動員人数全体を示す文献と性格が異なるものであるため、ここから上杉軍の全貌を読むことはできない。

軍事的特徴で注視すべきことは多数あるが、三点に絞るなら、①謙信自身と上杉景虎の名前がないこと、②他国に赴任する重臣たち（北条高広や河田長親など）の名前がないこと、③永禄三年（一五六〇）に古志郡で軍役が見直された者やその後に軍役を定められた者の名前（永禄二年に鑓の「せんさく《詮索》」がされた大関氏、永禄一〇年［一五六七］に軍役定書を作成された楡井・蓼沼・大石・楠川ら）が見えないことを指摘できよう。なお、下郡の本庄繁長はここに名前がないものの、永禄一二年（一五六九）三月二六日付で出羽《でわ》大宝寺《たいほうじ》家臣・杖林斎禅棟から上杉重臣たちに宛てられた書状に、降伏した繁長が府内に「息・千代丸（本庄顕長。当時六歳）」を「出仕」すなわち謙信近辺に奉仕することが交渉され、ここに本庄氏が謙信直属軍

「区分」は通説（藤木 1963・則竹 2011）に倣う。この区分は現代の研究者が付す便宜上のもので、史料に記されているわけではない。

区分	名前	鑓	手明	鉄炮	大小旗	馬上
国衆上郡《かみごおり》	斎藤《さいとう》下野守《しもつけのかみ》	153	12	10	12	18
	千坂《ちさか》対馬守《つしまのかみ》	36	10	2	4	6
	柿崎《かきざき》左衛門大輔《さえもんだゆう》	180	30	15	15	20
	新保《しんぼ》孫六《まごろく》	40	15	2	3	7
	竹俣《たけのまた》小太郎《こたろう》	46	10	3	5	6
	山岸《やまぎし》隼人佐《はやとのすけ》	35	10	2	3	5
	安田《やすだ》惣八郎《そうはちろう》	60	15	5	5	10
	舟見《ふなみ》	70	10	5	5	10
旗本	松本《まつもと》鶴松《つるまつ》	101	15	13	13	16
	本庄《ほんじょう》清七郎《せいしちろう》	150	30	15	15	30
	吉江《よしえ》佐渡守《さどのかみ》	76	10	5	6	8
	山吉《やまよし》孫次郎《まごじろう》	235	40	20	30	52
	直江《なおえ》大和守《やまとのかみ》	200	30	20	20	35
	吉江《よしえ》喜四郎《きしろう》	60	15	5	10	15
	香取《かとり》弥平太《やへいた》	90	15	5	7	15
	河田《かわだ》対馬守《つしまのかみ》	60	20	5	7	15
	北條下総守	60	20	7	7	11
国衆中郡《なかごおり》	小国《おぐに》刑部少輔《ぎょうぶしょうゆう》	80	15	10	10	10
一門	長尾《ながお》小四郎《こしろう》	50	15	3	3	10
合計	三九将	鑓 3609	手明 642	鉄炮 321	大小旗 367	馬上 566
						5505人

表1　上杉家軍役帳（「御軍役帳」）

区分	名前	鑓	手明	鉄炮	大小旗	馬上
一門	御中城様（上杉景勝）	250	40	20	25	40
	山浦《やまうら》殿	170	20	25	15	20
	十郎《じゅうろう》殿	54	10	4	5	8
	上条《じょうじょう》殿	63	15	2	6	10
	弥七郎《やしちろう》殿	106	15	10	10	15
	山本寺《さんぼんじ》殿	50	10	2	3	6
国衆下郡《しもごおり》	中条《なかじょう》与次《よじ》	80	20	10	15	15
	黒川《くろかわ》四郎次郎《しろうじろう》	125	15	11	11	17
	色部《いろべ》弥三郎《やさぶろう》	160	20	12	15	20
	水原《すいばら》能化丸《のうげまる》	58	10	5	6	8
	竹俣《たけのまた》三河守《みかわのかみ》	67	10	5	6	10
	新発田《しばた》尾張守《おわりのかみ》	135	20	10	12	17
	五十公野《いじみの》右衛門尉《うえもんのじょう》	80	15	10	8	11
	加地《かじ》彦次郎《ひこじろう》	108	15	10	10	15
	安田《やすだ》新太郎《しんたろう》	90	20	10	13	15
	下条《しもじょう》采女正《うねめのしょう》	32	10	2	3	5
	荒川《あらかわ》弥次郎《やじろう》	32	10	2	3	5
国衆中郡《なかごおり》	菅名《すがな》与三《よぞう》	47	10	6	6	9
	平賀《ひらが》左京亮《さきょうのすけ》	62	10	7	8	11
	新津《にいつ》大膳亮《だいぜんのすけ》	58	10	6	7	10

に加入する条件が整えられていることがわかる（上越市史六九一）。

①は、この軍役帳には謙信や上杉憲政、上杉景虎に該当する人名が見えていないことへの疑問である。彼らは軍役に携わらない特権的な立場にあったから省略されたのか。そうではないだろう。なぜならこの軍役帳が作られる以前よりすでに謙信の直属軍として、個別に「軍役定書」を出された者たちの人名も見られないからである。それに③で過去に軍役が定められたはずの者たちがリストから外れていることも見落とすわけにはいかない。

端的に言うと、越後国内の城主階層を馬廻に准ずることで、謙信直属の軍隊（兵種別編成を指令され、謙信個人の判断で再編される将士）は、もともとの謙信親衛隊に、領主を加える形で大幅に増加されたのである。それまで一〇〇〇〜二〇〇〇人程度であった謙信の親衛隊はここで一挙に「麾下八千」と呼ばれるほどにまで膨れ上がった。

なお、「着到定」や「軍役定書」と呼ばれる、兵の人数と武装を指定する文書は、小身《しょうしん》の対象人物を直属軍に取り入れる時に発給されるものである。謙信は「御軍役帳」の作成前に大身《たいしん》の領主階層複数名へ同内容の軍役定書を発給しており、「御軍役帳」はこれらをひとまとめにした文献と認められる。

謙信は、北条軍相手に決戦を挑み、これを否応なく壊滅させることを意図して、直属兵を増強した。もし北条軍を壊滅させられなかったとしても、これまでにないレベルの統制力を誇示することで、関東の争乱を静穏化させたかったものと思われる。

関東さえ静かにできれば、北陸を西進することができるようになる。

北陸と越後軍の因縁

紀伊の興国寺《こうこくじ》に籠る足利義昭は、天正二年（一五七四）三月二〇日付の謙信宛文書で、「甲越（武田・上杉）并《ならびに》本願寺門跡」が「三和」して「上洛」するよう呼びかけた。義昭は謙信に諸国の仕置きを任せるとまで言っており、翌日付の河田長親宛書状も同内容を伝え、「天下再興儀頼入候《たのみいり》」とまで述べていた。翌月、本願寺は挙兵して織田の摂津中島《なかじま》砦を奪取した。続けて遊佐信教《ゆさのぶのり》と三好康長《みよしやすなが》も河内高屋《たかや》城に拠ってこれに呼応した。義昭に京都に戻る強い意志があり、これを実現可能と考えて軍事行動を選ぶものが複数いたのである。

謙信には天下のことがどうあれ、北陸にはかねてからの因縁があり、関東や信濃に出るのに負けない熱意で軍事行動を重ねていて、今後そちらに目を向け直そうとしていた。特に加賀一向一揆の鎮圧に傾注している。

越後の上杉謙信と加賀一向一揆の闘争には謙信の祖父・長尾能景以来の因縁がある。ここではどうして両者が争い合う関係になったのか概観していこう。

全ては能登守護の畠山義元《はたけやまよしもと》が本国から逃れ、越後守護代・長尾能景のもとへ亡命したことに始まる。義元は、加賀で興った一向一揆を敵視しており、一揆衆がほぼ全域を支配する越中へ、能景と一緒に侵攻するつもりであった。能景のもとには、越中の射水《いみず》・婦負《ねい》郡《ごおり》守護代である神保慶宗《じんぼよしむね》も参戦することになっていた。

こうして加賀一向一揆相手に戦うことになった能景だったが、思いのほか苦戦して、永正三年（一五〇六）に敗死してしまった。一揆衆に味方する現地領主が多すぎたのだ。

加賀一向一揆は、謙信にとって祖父の仇なのである。

その後、畠山義元は能登に帰国できたが、永正一二年（一五一五）に病死してしまう。

長尾為景と加賀一向一揆の戦い

能景の跡を継いだ長尾為景は、〝越中侵攻を要請した越中守護の畠山尚順《ひさのぶ》（当時は畿内にいた）が非協力的であったことに加えて、神保慶宗《じんぼよしむね》が自身の責任を果たさないので、こんなことになったのだ〟と強く憤った。事実、慶宗は長尾を裏切って一向一揆と結び、越中の自領を保っていた。

永正一五年（一五一八）、為景は、管領・細川高国《ほそかわたかくに》と越中守護・畠山尚順改め卜山《ぼくざん》の要請により、畠山勝王丸《かちおうまる》を総大将に奉じて、越中に本格侵攻した。為景は卜山に神保慶宗討伐の報酬として、越中東部の割譲を約束されていた。

これについて、本願寺九世の実如《じつにょ》は当初中立姿勢を採っていたが、二年後（一五二〇）の八月一八日、為景の越中平定がほぼ確定する頃、「長尾為景が越中へ乱入する様子」について、「もし加賀まで脅かそうとするなら、法敵であることが確定する。その場合は女・子供も矢を拾うなどして一命を捨てる覚悟で参戦する意思がなくてはならない」だと、加賀・本《ほん》泉寺《せんじ》の蓮悟《れんご》に伝えている（『加州御教誡御書』十七通目）。

とても厳しい要求だと思うが、実如はそれぐらいしなければ信徒として「あさましき事」とまで言っている。

同年一二月二二日、長尾為景は激戦の末、神保慶宗とその党を滅亡させて越中を平定したが、加賀には攻め入らず、一向一揆との講和を卜山に提議して、とりあえず全面戦争を回避した。ちなみに為景は連年の功績を認められ、卜山から「毎々約諾之筋目」により越中の「新河郡守護代職《にいかわぐん》」に任じられた。

翌年（一五二一）二月、為景は「掟事」として、越後国内に能景以来の一向宗の禁止令を発し、国内の治安維持を図った。本人が一向宗でなくとも、近所に門徒がいるのを黙認したら同罪として制裁を加えるという過酷な法度であるが、一向一揆は武士の支配秩序を否定する危険思想として活動してきた経緯がある以上、全面否定するしかないと考えたのだろう。「彼《かの》宗旨蜂起」を企むのは謀反も同然の罪悪とされたのである。

しかし結局は一向一揆衆が同年七月に越中に侵攻して、為景と戦うことになった。為景と本願寺・加賀一向一揆衆の闘争は翌年春、停戦という形で落ち着くことになる。

上杉謙信と加賀一向一揆の戦い

長尾為景そして息子の晴景のあと、謙信は本願寺・加賀一向門徒たちと一時的に友好的関係を結び、天文二二年（一五五三）と永禄二年（一五五九）は無事に上洛を果たしている。

また越中では永禄三年（一五六〇）、神保慶宗の息子・神保長職《ながもと》と椎名康胤《しいなやすたね》とが越中を二分する勢力と化して互いを敵視していた。昨年夏に謙信が双方の争いを仲裁しても止まず、謙信が自ら出馬して長職を攻めた。

長職は本拠地の富山《とやま》城から増山《ますやま》城へ逃亡して生き延びたあと、武田信玄と通謀して再び上杉軍の侵攻を招いた。

神保軍はこれに敗北したあとも反乱を繰り返し、上杉軍に敗れていくが、能登守護の仲介で生き延びた。だがその後、畠山家中に内乱が勃発すると、長職は上杉陣営に鞍替えし、一方、ライバルの椎名康胤は反上杉陣営に鞍替えした。また神保家中は、親上杉派と反上杉派に分裂し、反上杉派は加賀一向一揆との共闘体勢を採った。

永禄一一年（一五六八）には、本国を追放された能登守護・畠山義綱《よしつな》の帰国を支援する形で上杉軍が越中に侵攻したところ、越後北部の本庄繁長が謀反したため、一時撤退を余儀なくされた。上杉軍は翌年、改めて侵攻を繰り返し、越中西部まで制圧した。

これに抵抗する反上杉派の加賀一向一揆は、金沢御堂《みどう》の坊官・杉浦玄任《すぎうらげんにん》を越中に派遣して、謙信と一向一揆の戦争が本格化するのであった。

こうした経緯があって、謙信は加賀の一向一揆衆と越中で戦争を繰り返していた。両者の間に宗教や階級など思想的な問題があったわけではなく、単なる軍閥同士が越中という土地を介して、その支配権をめぐり、闘争を繰り返していたのである。

第二六節　上杉軍の越中平定

椎名康胤から家督を譲り受けていた謙信の身内

越中東部（新川郡）の松倉城主・椎名康胤は、謙信（輝虎）二度目および三度目の越中遠征があった永禄五年（一五六二）またはその近くの年に、その身内である長尾小四郎（景直《かげなお》）を養子として迎え入れていたという。康胤としてはライバルの越中西部の増山城主《ますやま》（もと富山城主）・神保長職《じんぼながもと》を越後勢が押さえ込むことを期待して、話を承諾したのだろう。

謙信としても、越中の治安が落ち着くなら望ましいことであった。

永禄一一年（一五六八）三月、重臣たちによるクーデターで能登を放逐された守護の畠山悳祐《とくゆう》（義続《よしつぐ》）・義綱父子を支援するため、謙信は四度目の遠征を敢行。越中において悳祐を支援する神保長職と協調することとなる。

だが、神保は椎名にとって長年の宿敵である。康胤は、謙信がこれを第二次〜第三次越中遠征で滅ぼさなかったばかりか親密にするのが我慢ならなかった。せっかく優位に立った越中の力関係が逆転する恐れもあった。

さて、謙信が越中に進軍すると思わぬ事態が起こった。越後下郡で、信玄と結んだ本庄繁長が挙兵したのだ。謙信は同年四月に帰国を急いだ。

しかも信玄は「近年椎名肥前守（康胤）ト無二ノ好《よし》ミヲ修シ」ていたと『謙信公御年譜』に伝わるように、椎名康胤に調略の手を伸ばしていた。謙信の帰国をチャンスと見たものか、神保長職が加賀一向一揆勢と不仲であることを視野に入れ、大坂本願寺の顕如と通じ、敵方へ転じてしまったのである。八月一二日申刻《さるのこく》（午後四時頃）に「越中無二に色立つ」との様子を春日山城で知らされた謙信は、東を本庄繁長に、西を椎名康胤に、南を武田信玄に囲まれ、「如何共《いかんとも》人数無く」という人手不足に陥ったが、越中・信濃方面の防備を固めるよう指示した（上越市史六一二）。

翌年（一五六九）八月、謙信は五度目の越中遠征を行い、椎名討伐を決意する。康胤は難攻不落の松倉城に立て籠るなり、城下町の金山根小屋《かなやまねごや》を焼き払う焦土戦術を行った。上杉軍が城攻めに利用するのを避けるためであった。これにより松倉城は「巣城」以外の全てを失ったが、それでも堅固に百日間持ち堪えた。

なお、謙信はこの陣中で前年まで特別な関係になかった徳川家康からの「使僧」を容れ、「向後《こうご》之儀ハ無二可申合《もうしあい》心中候」を望む旨を八月二二日付松平真乗《まつだいらさねのり》宛書状に記している。

二二日、上杉軍は「金山へ押詰、要害際《きわ》に陣取、廿二之暁しんしやう則、此方《こちら》より堅固ニ持《もち》なし」というように新庄城を攻略したあと、金山を占領して椎名軍を圧倒していた（上越市史九三一、七九九）。翌日には「所々作毛打散候《さくもうちちらし》」て、城内の敵を挑発したようである。

椎名康胤は頑強に抵抗するが、謙信は松倉城以外の越中東部にある制圧地域を安定させるべく、魚津城に河田長親を配置する。

越中平定の仕上げ

元亀二年（一五七一）三月、謙信は越中西部の雄・神保宗昌《そうしょう》（もと長職）の要請で越中に出馬した。康胤が加賀一向一揆とともに挙兵したからである。康胤は一揆勢とともに激闘を繰り広げた。越中での権勢を取り戻すため、加賀一向一揆勢の力を借りたのだ。だが謙信の軍勢は強力で、たちまち一〇ヶ城を奪い取り、四月には帰国した。

そんな折、宗昌が元亀二年（一五七一）二月二日の瑞泉寺禁制を最後に史料から姿を消す。宗昌は親上杉派の筆頭と化していたが、同時期より息子の神保長城《ながくに》（のち長国《ながくに》、長住《ながずみ》／

久保二〇一八）が反上杉方への姿勢を強めていく。この影響もあってか上杉家と敵対する勢力（武田・椎名・本願寺）の意向により加賀一向一揆勢が越中侵攻の準備を進める。

元亀三年（一五七二）五月、謙信は越中の日ノ宮城主・神保覚広《ただひろ》と小島職鎮《もとしげ》より援軍の要請を受ける。五月に越中へ乱入した加賀北部の一向一揆勢（指揮官は坊官・杉浦玄任）が大軍であるため、越後からの援軍を求められたのだ。一揆勢には椎名康胤も味方していた。

八月六日、越後を発った謙信は一八日、腹心の鯵坂長実《あじさかながざね》が在城する新庄に着陣。一向一揆勢は富山に陣を展開した。謙信がこちらに近づいたことで危機感を抱いたのだろう。玄任は加賀の金沢御堂に援軍を要請するが、あいにく〝織田信長vs.朝倉・浅井連合軍〟の争いが激化していて、加賀南方の一揆勢はこの対応に赴いていたため、今ある戦力のみで対応しなければならない状況にあると確かめられただけだった。

飛騨から江馬輝盛《えまてるもり》も上杉方として参陣することで謙信は軍事的優位性を決定的に確定せしめた。加賀一揆勢は謙信と対峙するが、すでに戦意は失われており、大軍の体を保てず、朝倉義景を介して和平を申し出た（上越市史一一二六）。

元亀四年（一五七三）正月、椎名康胤は、長尾顕景（のちの上杉景勝）に「身上取成《とりなし》頼み入り候」と降参の意を表する（上越市史一一三六）。以後、康胤は史料の上で活動を停止している。これで松倉城も謙信の支配下に入った。松倉城は「金山根小屋」と一体化する山城で、「金山」の地名は文字通り金山を擁していたと考えられる。傍証材料として文化八年（一八一一）の『松倉山由来書上申帳』に「かね（金）掘出候［中略］松倉之城主・河田豊前守殿江、御運上銀指上《さしあげ》候　承《うけたまわり》伝《つた》へ申《もうし》候」ことが伝承されている（魚津市二〇一五）。

慶長期においても松倉の地は「越中の七かな山」のひとつとして、その産金を誇った。康胤を排除して松倉・金山を占領した上杉軍は潤沢な軍資金を確保するため、側近の河田長親を配置して厳重に管理したようである。

越中で激しい戦闘を繰り返した成果として、謙信は同国西部の富山城まで制圧した。その後、天正元年（一五七三）と三年（一五七五）に加賀一向一揆勢が現れて、これを数日から一ヶ月の短期間で迎撃した。

あとは加賀と能登さえ平定すれば、上洛可能である。

この間、朝倉義景・浅井長政が滅び、信玄が亡くなっていた。『軍鑑』品第五三によると、信長は信玄が亡くなった年より謙信に「一年に七度づゝの節句をいはい（祝）使者をこし、佐々権左衛門（長秋《ながあき》）と云、信長譜代の侍《さむら》ひをつめさせ」たが、謙信からは「二年に一度ばかり」使者を派遣しただけだったという。信長は、目まぐるしく変化する情勢による両家の関係悪化を恐れていたのだろう。時代は謙信と信長の二人を勝ち残らせていた。

第二七節　信長を見限った謙信

濃越同盟の硬直化

上杉謙信と織田信長は、これまで足利義昭を将軍として奉戴することを原則とする良好関係を築き、やがて共通の敵である武田信玄への対策から軍事同盟を結び合ってきた。

ところが信玄が病没。さらに義昭が挙兵して信玄とともに反織田連合軍に加入してしまった。ここに信長と義昭は対立し、将軍は京都から追放されることになった。このため上杉家と織田家の関係を繋ぎ止めるのは、信玄の跡を継承した武田勝頼への対策、およびもうひとつの共通の敵である本願寺・一向一揆衆への対策となってしまった。両家にあるのは〝敵の敵は味方〟という論理だけである。

信玄は勝頼に「謙信を敵と思わず、彼を頼りとするように」と遺言し、謙信も信玄が亡くなると城下に音楽を停止させ、その死を悼《いた》んだと伝えられている。

信玄死後、多方面に敵を抱える信長と謙信の関係は、次第に硬直化することとなる。

信長からの誠意

ここで天正元年（一五七三）後半からの上杉謙信と織田信長を見てみよう。

この時は信長・家康との対武田同盟が機能的に生きており、同年末越中での戦争に勝利して春日山城に凱旋した謙信は、一二月三日付の徳川家臣宛書状写に「（越中が片付いたので）信・関手合申心中無他事候、可心安候」と述べており、武田領挟撃を公言していた。謙信は武田軍に苦戦を強いられている徳川家を安心させようとしていた（上越市史一一七七）。

ところで信長は一二月二八日付の伊達輝宗宛書状で、朝倉義景を滅ぼして越前を平定したあと「以来、若狭・能登・加賀・越中、皆以為分国属存分候」などと北陸を自分の「分国（＝領域）」にしたと誇らしく述べた上で、「来年甲州令発向、関東之儀可成敗候」と、甲斐および関東への侵攻作戦を伝えており、武田領だけでなく関東の北条領まで平定する予定であることを伝えていた（『伊達家文書』二九一）。

武田領は自分たちの敵なので当然であるにしても、自分とまだ直接敵対していないはずの北条領まで視野に入れているのは、不可解に見えるが、信長が謙信とともに天下を分かち合うつもりでいたと考えれば、一応の理解ができようか。自分の敵は謙信の敵で、謙信の敵も自分の敵だと認識していたのかもしれない。

なお、ここに「分国」としてある国々は、厳密には信長の領国ではなく、信長に属することを申し出る現地将士がいた範囲であろう。越中は謙信も自身の「分国」と認識していた（元亀三年六月一五日付・上杉謙信願文に「越中・信州・関東・越後、藤原謙信分国、有無事安全長久」を祈念している）。ここでいう「分国」とは、自分の支配する国ではなく、自分を頼りとして、その強い影響下にある非独立領域と見ている国と考えるのが実情に即している。二人とも、自分が越中の支配者と考えて排他的支配を主張しているわけではない。どちらも互いに向かって「越中は自分の分国」だと主張しているわけではなく、それぞれの目に入らない範囲で述べている。

信長にとって謙信は、自分が将軍・足利義昭を追放したあとも、これまで通り味方でいてくれている信義ある武将であり、家康同様、大切な盟友でいてくれていると考えていたのではないだろうか。

武田挟撃作戦の準備

ここでいよいよ謙信が武田挟撃作戦を本格的に提案する。

天正二年（一五七四）正月九日付の上杉謙信書状で、徳川家康の家臣・榊原康政《さかきばらやすまさ》に宛ててする予定でしたが、味方の都合がつかずにいました。ようやく越山できそうです。家康殿も休む暇がなく、お疲れではないでしょうか。これまで越山を延期していましたが、この春には味方の都合が整うらしく、関東諸士がこぞってこちらに従属することになりました」と、久しぶりに家康と連絡を取っている（上越市史一一八三）。

「【意訳】越中より帰陣した際に連絡を取って以来です。昨年の冬、武田領である甲信へ侵攻

謙信は同書状で、信長と家康には一八日から越山を開始して西上野を放火するので、信長と家康にはこの機を逃さず甲信へ攻め込むことを提言して欲しいと康政に伝えている。ちなみに「武田勝頼の戦略は大したことがないので、深く考える必要などない（「武田四郎経略名之下ニ候間、不可過推察候」）」と、勝頼の力量を軽視するコメントも付している。

武田挟撃作戦の具体的な日程は記していないが、謙信は四月中旬以降を想定していたと思われる。その後、信長は四月初旬まで畿内にあって政治的行動に専念しており、猶予が与え

られていたと見えるためである。それまで謙信は膠着状態に陥る恐れのある武田家との交戦を避けていた節があるが、信玄が亡くなり、なおかつ義昭が京都から追放されたことで、武田家と決着をつけるタイミングが来たと考えたのだろう。

謙信は、家康・信長とともに武田家を撃滅する計画を進めていた。

信長、「洛中洛外図屏風」を謙信に贈る

同年正月一八日、謙信は春日山城を発ち、関東へ向かって越山を開始した。二月五日、謙信は関東上野の沼田城へと入る。関東諸士の要請に応えて、上野の北条陣営を片付けてしまおうと考えたのである。

謙信としては、この作戦を首尾よく進めた上で武田領を攻めるつもりであった。謙信の計算では、家康と信長とともに武田領を挟撃して、一挙に攻め滅ぼす予定でいた。

三月一八日、信長は朝廷より従三位《じゆさんみ》に叙され、参議を任官された。破格の昇格である。また、同月二三日、信長は大和の東大寺に、名香・蘭奢待《らんじやたい》の切り取りを申請した。

かつて天文四年（一五三五）、美濃の有力者・土岐氏が美濃を得た時に、蘭奢待の一部分を獲得することで、美濃統治の正当性を確たるものにしようとしたことがある。信長もまた

義昭なきあとの政権運用の正当性を得るため、この先例を模倣しようと考えたのだろう。だが、東大寺からは「【意訳】足利義政様以来、奈良社参も中絶しており、どうしたらいいのかわからない」（『天正二年截香記《せっこうき》』）と断られた。

このため信長は朝廷を介し、切り取りの許可を得ることにした。これでようやく納得した東大寺が信長に「一寸」（三センチメートルほど）角のもの二片を切り与えた。切り取った香木の一片は正親町天皇に献上された。

同月中、信長は上杉家に「洛中洛外図屏風」を贈り届けさせた（『謙信公御書集』天正二年三月条／「同年三月尾州、織田信長為使价、佐々市兵衛遣于越府、被贈屏風一双、画工・狩野源四郎貞信入道永徳斎、永禄八年九月三日画之、花洛尽、被及書札」。『謙信公御年譜』天正二年三月条／天正二年春三月下旬、織田信長ヨリ使節到来ス、濃彩ノ屏風二隻贈ラル、一隻ハ洛陽ノ名所、一隻ハ源氏ヲ画ク、狩野源四郎貞信筆也」）。

謙信はこの時すでに越後府内にはいなかったが、信長としては重要な武田挟撃作戦を順調に進めるためにも、従三位・参議の叙任や蘭奢待切り取りによって、余計な不信感を抱かれることなく、連携の強化を図りたかったのだろう。こちらの屏風は「上杉本」としてその後の上杉家のあった米沢に今も遺されている（米沢市上杉博物館所蔵）。

同図は過去に義輝またはその実母である慶寿院《けいじゆいん》が発注したもので、永禄の変による義輝と慶寿院の暗殺により、納品先が失われたため、永禄八年（一五六五）九月頃に完成したあと、信長のもとに収められたと見られている（黒田一九九六、小谷二〇一六）。同屏風には闘鶏に興じる少年期の義輝の姿が描かれているのが印象的である。

ある意味これは義輝の形見も同然で、謙信の心象に合うと判断したのであろう。

信長も謙信が関東にいることはさすがに知っていただろうから、「洛中洛外図屏風」が「越府」に届いた時、武田挟撃作戦を実行予定中の謙信が、現物をすぐに見ることがないことは理解していたはずである。これをあえてこの時期に、越後へ送り届けさせたことには相応の意義があるはずだ。結論から述べると、勝頼を滅ぼしたあと上杉家との関係を良好に保つことを企図していたのではなかろうか。

信長と謙信の関係は、今や共通の敵である武田への対抗策という側面が残るばかりで、もしこれを打倒してしまったら、互いに領域を接するとともに、軍事同盟を継続する理由がほとんど消えてしまうことになる。

信長は義昭の息子「若公」を近江佐和山城に保護しているが、謙信がもし〝信長は若公を傀儡にするつもりだ〟と警戒心を抱いたら、両者が対立する未来が起こりうる。ゆえに信長は武田を滅ぼす過程で、陣中において互いが顔を合わせて歓談したあと、帰国した謙信が義輝の形見である「洛中洛外図屏風」をまざまざと見つめ、信長との同志的関係を再確認することを想定していたのかもしれない。

少なくとも、この段階で信長が将軍ゆかりの宝物を謙信に贈ったことから、足利幕府の廃止を積極的には考えていなかったと考えられる。天下諸国を安定させ、義昭と和解したあと、「若公」を新将軍に奉じるつもりでいたのではなかろうか。

不発に終わる武田挟撃作戦

ところがここに予想外の出来事が発生する。四月三日付織田信長書状に「大坂惣張行之立色」とあるように、前年和議を結んだはずの大坂の本願寺が総力を上げて挙兵し、摂津中嶋（国堀）城を攻め始めたのだ（信長文書七四八）。三好康長《やすなが》や遊佐信教《ゆさのぶのり》もこれに呼応して高屋城に籠り、抗戦の構えを見せた。

信長はこれに手早く対応するが、決定打を与えられずにいた。これにより信長は武田挟撃作戦に参加不能となってしまう。このため、謙信も四月に武蔵まで進軍して戦果を挙げたあと、そのまま越後へ帰国した。

周囲をよく観察していたであろう勝頼は、遠江に出馬を開始。五月一二日より徳川領の高天神城《たかてんじん》を囲み始めた。岐阜城に戻っていた信長は、救援のため自ら出馬して、六月一七日に三河吉田城へ着陣した。ところが、翌々日に高天神が降参したとの知らせを受けたため、吉田城へ引き返すことにした。家康もまた吉田城に入った。

信長は決戦できなかったことへの「御無念」を表明して、家康に「御兵粮代金皮袋二ツ」を送り渡し、同月二一日に岐阜城へ帰陣した（『信長公記』）。

高天神城の思わぬ降参により、信長は東国への侵攻を果たせず、謙信との約束を実現できなかったのだ。

謙信の詰問に弁明する信長

謙信は側近の山崎秀仙（専柳斎）を美濃に上らせ、信長の対応を厳しく咎めたて、次なる作戦への参加を要請した。

これを受けた信長は、六月二九日付・謙信宛の七ヶ条の「覚《おぼえ》」（信長文書四五五）において、まず二条目に「【意訳】武田領の信濃・甲府方面へ信長が入らなかったのは、油断していたとはいえ、このところ五畿内そして越前と北近江のことで手を焼いていたためです」と多忙のため武田挟撃作戦を実行できなかったことを弁明しており、七条目では「来秋、信・甲への出勢、得其意候、九月上旬時分可然哉之由尤候」と、来年九月上旬に武田領侵攻に同意する旨を述べている。

また、同条において「【訓読】四郎（勝頼は）若輩に候えども、信玄の掟を守り、表裏之条になすべく、油断之儀無く候、五畿内表をおろそかにして、信・甲にせい《精》を入れ候様ニと承り候、尤に候」とも述べている。「勝頼は若いのに信玄の掟を守り、裏表を使い分けるところがあって油断できないので、五畿内方面への戦域を手薄にしてでも武田対策に兵力を割くようにとのお話を承りました。もっともなことです」という意味である。

これは末尾に「承候、尤候」とあるように、信長の意見ではなく、謙信からの意見である。山崎秀仙は謙信の言葉として〝勝頼に油断してはならない。五畿内を捨て置いてでも甲信に兵を投入なさい〟と信長に伝えたのだろう。謙信の要請に信長は萎縮して、その通りにいたしますと返答したのである。

一変した謙信の武田勝頼評

謙信は徳川家臣・榊原康政に対する書状では、武田勝頼について「勝頼の戦略は大したことがないので、深く考える必要もない」という低評価を下していたが、ここで信長が謙信に送った覚では「若いのに信玄の掟を守り、裏表を使い分けるところがあって油断できない」と高評価に一変している。

信長の覚の七条目は、謙信が山崎秀仙を介して信長に伝えた言葉をそのまま「承りました」と記すものだろう。つまり謙信が信長に伝えた勝頼評と考えられる。

それにしてもわずか半年ほどでここまで評価が変わるものだろうか。謙信は勝頼に何か嵌められたわけではなく、信長と家康も高天神城を奪われた程度である。それなのに勝頼評は大きく変わった。これは勝頼の才覚や戦略とは関係ないであろう。

背後にあるのは、謙信の心変わりである。

この頃、紀伊に亡命中である足利義昭は、織田信長との対決姿勢を崩していなかった。

この年の三月六日、義昭は伊予《いよ》の河野通直に「【訓読】武田四郎（勝頼）・北条其外東国勢（が）、濃州令乱入いたらしめ」、城を多数奪ったという有利な戦況を伝え、「（義昭の）御入洛御行《おてだて》半《なかば》候」なので協力するようにと伝えた（『河野家之譜』）。二〇日には家康にも「【意訳】近頃、信長とのもめごとが重なってしまい、やむなく京都を退去した。今より勝頼と和睦して天下静謐へのご尽力をお願いしたい」と要請した（『大日本史料』第一〇編之二一、一七一〜二〇三頁)。

なお家康と同日、謙信のもとにも義昭御内書が送られたとする説がある。ここで義昭は「【意訳】勝頼と謙信と顕如《けんにょ》(大坂本願寺)が妥協して和平し、今より幕府秩序を再興するようお願いしたい。もし三者が和して上洛してくれたら諸国は輝虎(謙信。入道しても剃髪していないので輝虎呼びヵ)の覚悟に任せたいと考えている。そうなれば末代までの名誉となろう」と、武田および本願寺との和議と上洛を要請している(上越市史一一四三)。

義昭に非があるとはいえ、将軍より信長の肩を持ち続けたにもかかわらず、今回、信長は武田挟撃作戦を反故にした。また、信長の地盤がこちらとの約束を守れないほど、脆弱であることも見えてきた。ここより謙信は、勝頼への積極攻撃を停止する。

謙信の戦略転換

謙信は、将軍が諸方面に上洛支援を求めている状況を察して、信長との関係が幕府再興という原理から外れてしまっていることへの後ろめたさを刺激されていたであろう。

また、信長が謙信と友好関係にあった大名である六角承禎《じょうてい》と朝倉義景を滅ぼしたこと、残虐な殺戮を繰り返していることも不快に思っていたはずである。そもそも謙信は上方に対して織田との友好関係だけを重視していたわけではなく、永禄一三年（一五七〇）にはかねてから交流のある反織田派の承禎に合力を約束しており、越相同盟を利用して北陸に進出することで、行き過ぎた信長の行動を抑制しようと考えていた様子がある。

何よりも重大なのは、義昭と信長の関係が修復不能な状態まで破綻してしまったことである。謙信の信長に対する私的な好悪がどうあれ、義昭と信長のどちらかがある限り、幕府は復活できない。義昭は信長に屈する気が微塵《みじん》もなく、このままでは信長は将軍なき政権をもってこれと争い続けなくてはならない。信長が勝利すれば幕府は消滅する。ならば手段はひとつだろう。義昭個人の資質がどうあれ、私的な遺恨の有無に関係なく、織田を畿内から排除する以外に、幕府再興の手立てはないのだ。

実際ここから謙信は、勝頼および本願寺と連携して、信長を打倒する方針に転換していくのである。そう考えると、信長のもとへ遣わした山崎秀仙は、謙信のブラフであることが見えてくる。

現状、本願寺が信長によって滅ぼされる恐れがあるので、〝今度こそ一緒に武田領を挟撃しなおせ。兵を東国に向けることを最優先になされよ〟と訴えて矛先を変更させることで、本願寺の延命を図ったのである。

謙信は勝頼を評価しているわけではなかったが、それでも自分さえ挟撃に加わらなければ、しばらく持ち堪える実力はあると見込んでいただろう。信玄の作った組織をそのまま運用する勝頼が、信長や家康などに易々と敗れたりはしないと踏んでいたのだ（実際に勝頼は謙信死後も四年間、信濃と甲斐を支配し続けた）。

信長の兵力を分散させ、その伸長を停滞させる。その間に自分が北陸に進出して上洛の方途を開く。そして畿内情勢に介入する。それが謙信の新しい戦略であった。

第二八節　長篠合戦の全容と勝因

関東への意欲衰えず

天正二年（一五七四）、謙信は武蔵羽生《はにゅう》城の後詰に出馬して城内に兵糧輸送を試みたが、増水した利根川を越えられなかった。しかも氏政と決戦間近まで行ったが、これも思うように果たせなかった。謙信はこの失敗を「謙信ばかもの」と強く嘆いた（上越市史一二三四）。

このため余力を残した北条軍が謙信帰陣直後、下総の重要拠点である関宿城を制圧。地形の変化が激しいため、当時の環境を想像するのは難しいが、利根川・渡良瀬《わたらせ》川・常陸川が交わる中心地で、北条氏康が「一国を被為取候《とらせられそうろう》ニも、不可替候」（遺文北条五八一）と評したことで知られている。その喪失はかなりの痛恨事だっただろう。

このため謙信の関東越山意欲が低下したという意見が研究者たちから示され、かつて私も「謙信の関東離れ」を支持していた（乃至二〇一一）。だが謙信は、天正三年（一五七五）四月二四日付で多聞天《たもんてん》に捧げた願文で、北条氏政のことを「天道・神慮・筋目（を）不弁《わきまえず》」と批難して、「当年中ニ関東、存分の如くこれありて、北条氏政一類退治申すべく候」と、北条一族の討伐を宣言しており、その戦意はいささかも後退していない。これは上杉家臣団にも直《じか》に読み聞かせただろう。願文を捧げる直前の二月一六日に作られた「御軍役帳」は、今後の決戦に勝利する確度を上げる準備として、旗本を増強したものである。

またこの頃、足利義昭が上杉家に、武田と北条と停戦して協力し合って上洛を進めてほしいと打診していたが、同年九月、上杉家臣たち（河田長親・直江景綱）が義昭に、謙信は義昭の提案する「三ヶ国無事之儀」に対し、勝頼との和議には応じるが、氏政との和議には「滅亡」されようとも「御勘当」されようとも応じられないという考えであることを伝えていた（上越市史一三二〇）。かつて謙信は氏政に、家康と信長を介し、武田信玄の西上作戦をやめさせるよう打診したが、氏政は交渉を振り切った（上越市史一一四三）。これを恨む謙信は北条とは決着がつくまで戦い続ける気でいたのだ。

ちなみに先述の願文において謙信は、氏政が景虎を見捨て、氏康の遺言を無視する形で同盟破棄に持ち込んだと咎め、自身の戦いが公的なものであることを強調している。謙信は、北条軍を打倒しても獲得する地域を私領化する意思はなく、関東諸士の合意を得る形で何らかの新体制を整えるつもりでいたであろう。

戦勝後、関東の秩序をどう整えるつもりでいたか不明だが、北条家に自身の優位性を立証したあと、妥協点を提示して交渉した上で暫時的に関東不干渉の意向を示し、西進優先で動く気でいたのではなかろうか。妥協点の切り札は、氏政の弟である上杉景虎の鎌倉入りであったかもしれない。

関東が落ち着けば越中はほぼ平定しており、本願寺との和議が固まれば、加賀の大半も味方となってくれる。すると能登さえ片付ければ後顧の憂いを断つことができる。

関東と能登、どちらか片方を残していては上洛など不可能である。

長篠城を攻めた勝頼の狙い

ここから織田信長と武田勝頼の長篠合戦に至る流れとその戦い、その影響を見ていこう。

足利義昭による第三次織田包囲網は、もともと義昭と対立していた勢力をも味方に引き入れ、信長の味方であったはずの毛利輝元も参加させるまでに至った。

天正三年（一五七五）四月六日、信長は岐阜城を発し、「五畿内・尾・江・勢州・若州・丹後・丹波・播磨・根来寺四谷之衆」からなる「御人数十万余」もの大軍を催して、摂津高屋《たかや》城の三好康長《やすなが》と大坂本願寺の顕如を攻めた（『信長公記』）。すると同月一九日に康長はあっさり降伏。信長は秋にまた再戦するとして、すぐに帰国した。大軍を率いた割には、短期間の戦争に終わったのである。

これを見た甲斐武田勝頼は同月二八日、越中の杉浦紀伊守《すぎうらきいのかみ》に対し、「当春夏之間」に信長が上洛して大坂を攻めるのを「後詰（援軍）」として阻止するべく、自ら三河と尾張へ攻め込み「可決是非候（決着をつける）」覚悟だと伝えた（遺文武田一七〇一）。

勝頼の狙いは、三河・遠江の徳川領であった。

武田軍は先遣隊と武田勝頼本隊の二手に分かれ、信濃から三河へ進軍した。

ここからは、金子拓《ひらく》氏の概説に沿いながら私見を交えて説明していく（金子二〇二〇）。

二次史料主体の見解ではあるが、武田軍は岡崎城にある徳川家臣の内通に乗じて出陣しており、その目的は岡崎城の制圧にあったと考えられている。岡崎城はかつて家康の居城であったが、家康は遠江浜松城に移転しており、その嫡男・松平信康の居城であった。

その信康が出陣して勝頼の軍勢に接近する。岡崎城内の内通者にとって裏切りの好機であったが、ここでその企てが発覚し、関係者は捕獲され、全ては失敗に終わってしまった。

四月三〇日、勝頼は浜松城から接近した徳川家康の軍勢と交戦してこれを吉田城に追払った上で、三河吉田《よしだ》城と二連木《にれんぎ》城を放火した。

すでに岡崎制圧は困難と化していたが、ここまでの戦果に自信を得ていたらしい。ただ、ここで長篠へ「一動《ひとはたらき》」しようと考え、翌日の五月一日に奥平信昌《おくだいらのぶまさ》の籠る長篠城を攻めた（遺文武田一七〇二号、『当代記』）。突発的な判断に見えるが、俯瞰すれば勝頼の戦略的意図が見える。

三河への本格侵攻に長篠を無視することはできない。それに城主の信昌は、今川、徳川、武田、そしてまた徳川へと帰属先を転々とした領主だが、勝頼を裏切って徳川に帰参した際、勝頼は人質である信昌の身内や家臣を処刑した。信昌は家康長女と婚姻することが決まっており、家康がこれを見殺しにすれば、家康の三河支配は崩壊する。

長篠城跡（著者撮影）

すなわち勝頼の狙いは、家康を長篠近くに引き出し、決戦することにあっただろう。岡崎を奪取できなかった以上、家康に痛打を与えてこれまでの戦果を確たるものとしたかったのである。だが——その長篠城は、信長から送られた鉄炮と兵糧が備えられていて、五月一八日まで持ち堪えた。これこそ信長の望む展開であった。

五月一三日、信長は嫡男・信忠とともに岐阜を出て、かなりの大軍で三河に向かった。同月一八日に信長は、三河の「志多羅《したら》之郷（設楽郷）」でも一段と低い極楽寺山《ごくらくじやま》（茶臼山カ）に布陣して、その際「段々に御人数三万計《ばかり》」の自軍を「敵かたへ不見様に《みえざるように》」して身構えた。信忠は新御堂山《にいみどうやま》に布陣した。

家康はその前面にある敵から視認しやすい高松山（あるいは弾正山）に布陣して、前列に滝川一益《いちます》・羽柴秀吉・丹羽長秀・佐久間信盛を並べ、家康と一益の隊前に馬防柵を構築して守りを固めた。

武田勝頼は長篠の付城である鳶巣山砦《とびがすやま》を出て西に進軍し、有海原《あるみはら》前に布陣した。そしてこの五月二〇日、駿河にいる家臣・今福長閑斎に宛てて「【意訳】心配して飛脚を送ってもらい感謝している。こちらはほぼ思い通りになっているので、安心してほしい。信長と家康が長篠の後詰に出てきたが、何ほどのこともなく対陣している。敵はなす術を失って切羽詰まっているので、野戦を仕掛けて決着をつけようと思う。こちらは順調である」と書き送っている（遺文武田二四八八）。信長と家康が無策で怯《おび》えていると見ていたのである。

信長は防戦を望んでいたか

さて、その信長はどうであっただろうか。

ちなみに、金子氏は織田軍が馬防柵を構築し、信長がここから一歩も出ることなく交戦するよう指導したこと、また鉄炮を大量投入して兵の損耗を戒めたこと、そして織田本陣を敵から見えにくい形で布陣していること、これらの状況から「ここで武田軍と本格的に干戈《かんか》を交えるつもりはなく、たとえそうなっても、できるかぎり本願寺戦のために兵を温存しておきたかったのでは」と推測しており、防戦に努めるつもりだったと見ているようだが、私は別の解釈があると思う。

その理由は、ふたつ。

ひとつは、信長が謙信に書き送った条書で、「五畿内表をおろそかにして、信・甲にせい《(精)》を入候」と、大坂本願寺より武田攻めを優先する姿勢を明言しており（信長文書四五五）、この言葉を翻して〝甲・信をおろそかにして、五畿内表にせいを入れる〟ような構えを見せるとは考えにくい。

もうひとつは、信長の「根切」宣言である。信長はこの戦いを始める前の五月一五日に長《なが》岡《おか》（細川）藤孝から「鉄炮放」と「玉薬《たまぐすり》」を、同月一七日には筒井順慶からは「テッハウ衆」を集めさせており、各所の鉄炮兵を現地に呼び寄せていた（『多聞院日記』）。その五月一五日および二〇日付の藤孝宛書状で、武田軍を「所与天条、可根切候」「此節根切眼前」と、その根絶を二度も連呼しているのであり、ここに決戦意欲だけでなく勝利への確信すら見えるからである（信長文書五〇九、五一〇）。

この「根切」という表現は、長篠合戦を分析する上で重要なワードになるだろう。「根切」

という言葉をこれから開始する合戦に使うことは通常なく、「悉討果《ことごとくうちはたす》」などと表現するのが通例である。言うまでもなく「根切」とは殲滅や根絶を意味する言葉だが、相手が何者かを意識することなく問答無用で滅ぼすニュアンスも含んでいよう。ここであえて「根切」と表現するのには、何らかの具体的なビジョンがあったと思われる。

勝頼の移動と信長の布陣地

勝頼は「一万五千計《ばかり》」の将士を前進させ、砦から「あるみ原《有海》三十町計《ばかり》（約三・七キロメートル）」まで前進した。これで両軍の距離（「陣のあわひ」）は、「廿町計《ばかり》（約一・八キロメートル）」まで縮まったという。

ちなみに両軍の距離に関して、金子氏は、鳶巣山砦から三〇町ほど西に進めば有海原の勝頼の布陣地である「信玄台地」に着くが、そこから高松山までは二〇町もなく、眼前にあることを指摘している。もし有海原から二〇町先というと現在の通説となっている有海原の「長篠・設楽原決戦場跡」からかなり西に離れた地域となってしまうことを言及し、太田牛一の「誤り」を疑っている。

確かに直線的な距離だとそうなるかもしれない。だが、徒歩の移動で考えると、信長が次

織田信長
戦地本陣…茶臼山
・設楽原へ進出した織田軍の
第二本陣はこのあたり
…古くから『城山』と呼ぶ
△織田軍布陣は東側台地
△徳川軍布陣はその南端
▲武田軍布陣地は見えない
▽雁峰峠を越せば岡崎道へ
平成二十三年暮秋　設楽原をまもる会
寄贈　新城ロータリークラブ
長篠合戦織田信長本陣跡（著者撮影）

に本陣を置いたとされる茶臼山《ちゃうすやま》（新城市牛倉城山／『長篠日記』）のふもとまでが、ほぼ一・八キロメートルなので、『信長公記』はここを指していると思われる。

信長は勝頼の接近を「備互に相陣のあわひ廿町計に取合《とりあい》候、今度間近く寄合候事、与天《てんの》所《あたうるところ》候間、悉討果の旨」と喜び、別働隊を編成すると、長篠城の付城である鳶巣山砦への迂回奇襲を実行させた。

長篠の合戦開始

五月二一日の早朝より戦闘が開始された。緒戦では馬場信春《ばばのぶはる》隊七〇〇〇人が佐久間信盛隊六〇〇〇人と、内藤昌秀《ないとうまさひで》隊一〇〇〇〇人が滝川一益隊三〇〇〇人と、山県昌景《やまがたまさかげ》隊一五〇〇〇人が徳川家康隊六〇〇〇人と有海原で戦ったが、一方的に押されて柵の内側に撤退したという。寡兵の武田軍が善戦したのだ。

馬防柵の先には多数の鉄炮が備えられていたので、武田将士は辟易《へきえき》しただろう。

ところで『信長公記』はその時間を特定していないが、連合軍の派遣した別働隊が鳶巣山砦を制圧したのは交戦中のことに思える。ならば長篠救援は達成されたことになる。武田軍にすれば挟撃の危険が生じ、長期戦をしている場合ではなくなってきた。

武田の先衆別働隊による鉄床戦術

ここで山県昌景は「味方左の方へ廻り、敵の柵の木いはざる、（敵の）右の方へおし出し、（敵の）うしろよりか丶るべき」と考えて動き始める。敵軍が柵に隠れていては埒《らち》が開かないので、柵のない高松山の南側から背後へ回り込もうとしたのだ（『軍鑑』品第五二）。

これより『信長公記《しんこうき》』に目を転じると、武田別働隊の動きが記されており、一番・山県昌景、二番・武田信綱、三番・小幡信貞《おばたのぶさだ》、四番・武田信豊《のぶとよ》、五番・馬場信春が突進したが、いずれも信長の指示通り動く足軽の銃撃によって崩されている。なお、三番隊の西上野衆を率いる小幡一党については「関東衆、馬上の巧者にて是又《これまた》馬可入行《いれるべくてだて》にて推太鼓を打て懸り」

とあり、馬による突進を行なったと見ることができる。狭い有海原では不適切な動きであるだろう。

この突進には長年の論争があるが、私は敵兵への正面攻撃ではなく、鉄床《かなとこ》戦術（本隊が作業台、別働隊が金槌となり、挟撃する戦術）を企図する移動だったと考える。簡単に説明したい。

敗北の理由は先衆の壊滅

武田勝頼は、緒戦で早々と白兵戦を諦めた織田・徳川が、柵に隠れるばかりなので正面攻撃では決定打を与えられないと考え、山県昌景ら精鋭部将を選抜した。

そしてこれを高松山南方から左巻きに後ろへ回らせ、背面からの攻撃を準備させることにした。数千人の精鋭先衆を、別働隊に臨時編成したのである。

高松山は短期間で構築した防御陣なので、背後には柵がないと判断したのだろう。高松山前面には勝頼を始めとする諸隊が残り、激しい銃撃をもって別働隊が移動するのを支援した。別働隊は高松山南方の防備を破り、無事に背後へ回った。

だがここで別働隊は思わぬものを視認することになる。茶臼山に屹立《きつりつ》する信長の馬印《うまじるし》——

金の唐傘——である。茶臼山は制圧しやすい小山だった。これまで信長の居所を確認できていなかった先衆がここを切所と判断したのなら、信長の狙い通りであった。

茶臼山へ接近する別働隊に対し、家康本陣の高松山後方と、信長本陣の茶臼山（信長本人は高松山在中）と、松平信康本陣の松尾山から一斉射撃が開始される。これが信長のいう「根切」で、武田の先衆を続々と崩壊させた。大量の鉄炮は虐殺を加速する。

短時間で大半の将士を喪失した武田先衆だったが、それでもここで後退するのは危険と判断した。後方に逃げ込めば有海原の味方中に動揺を誘い、総崩れを招くのは必定だったからである（最後は実際にそうなった）。

そうなれば織田・徳川の大軍は有海原の武田軍を、前面と側面から殲滅せしめることだろう。武田軍が総崩れを避けるには、先衆が前面の敵陣を制圧するほかない。それまで武田右翼にあった馬場信春も、真田信綱《さなだのぶつな》と土屋昌続《つちやまさつぐ》に持ち場を託して先衆に加わった。

それでも根切は止まらなかった。通説は、長篠合戦で使われた鉄炮の数を『信長公記』が記す「千挺」または「三千挺」（『亜相公御夜話』も「御鉄炮三千挺」と記す）とするが、これは高松山東部から有海原までの五人の「御奉行」が使った数である。武田の先衆が向かった先には通説以上の鉄炮（信長は翌年の摂津天王寺合戦で「一万計《ばかり》にて推《おし》つゝみ数千挺の鉄炮」を

図19　長篠合戦戦況推定図

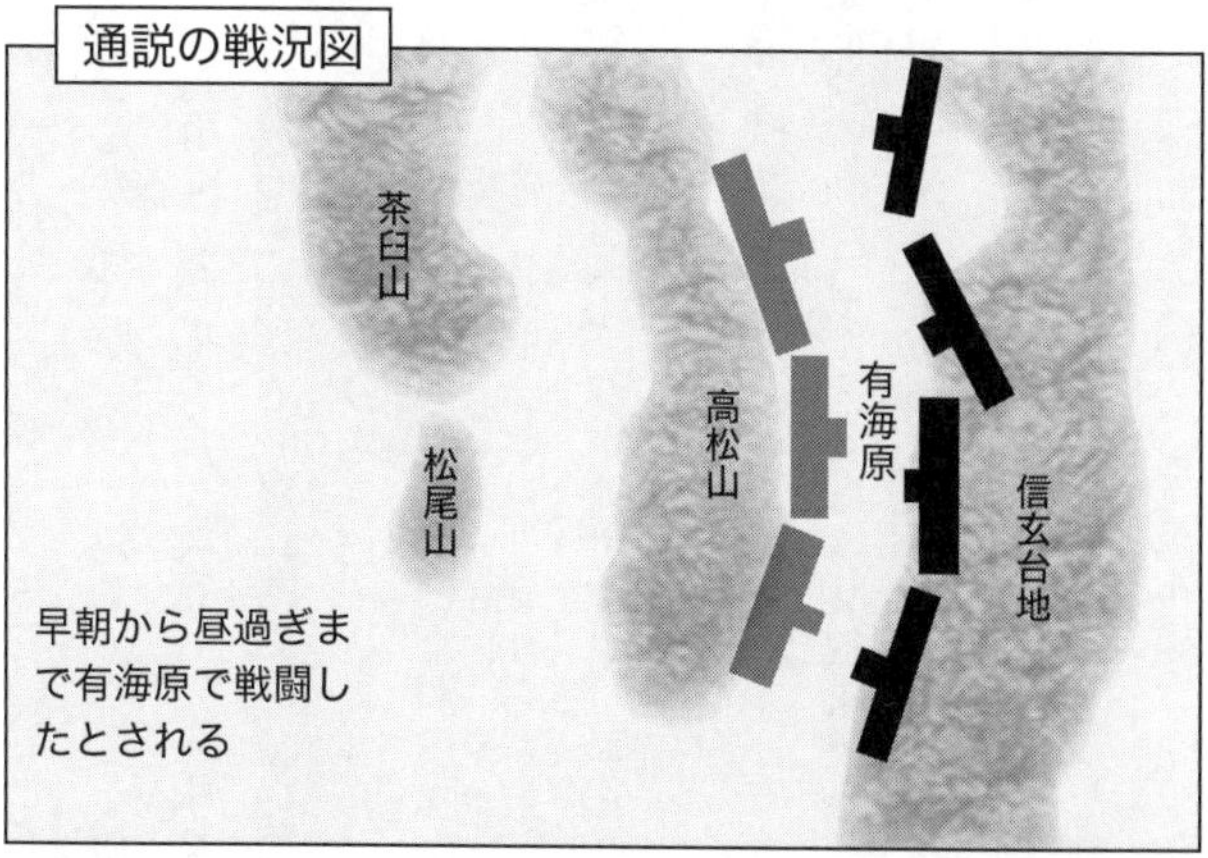

有海原は前後100メートルほどの「一騎打の処（一騎討ちぐらいしかできない細道）」と伝わる狭隘地であった（『三河物語』）。柵もあったため、通説でいう騎馬突撃は不向きである

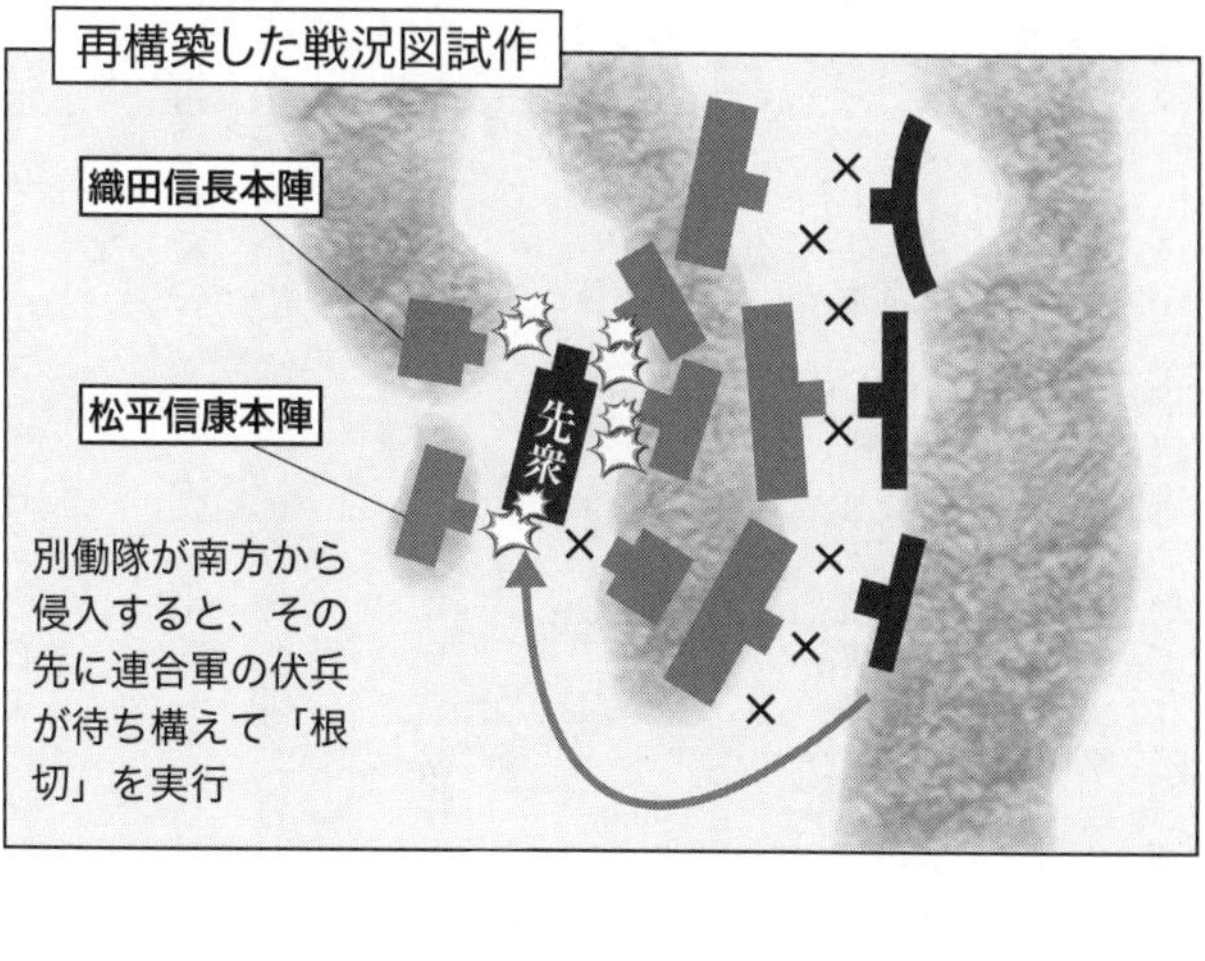

使った／『信長公記』）が「段々」に構えていたのではないか。ここに武田軍先衆は無数の銃弾を浴びながら突撃を繰り返し、虚しく壊滅させられていった。

信長は昨年の伊勢長島で実行した「根切」をここに再現したのだ。今回「根切」の宣言を二度受け取った藤孝も長島に参戦していた。布陣地を策定したのは二月に現地へ派遣されていた佐久間信盛だろう（高澤二〇二一）。

昼過ぎ頃、決勝の望みをかけた別働隊が崩壊したことで武田軍は総崩れとなり、勝頼も撤退を開始する。長篠合戦は開戦から「三時《六時間》ばかりたゝかふて」（『軍鑑』巻一四）、先衆の突撃が破綻することで、ファルサロス会戦のように勝負がつき、追撃戦に移行した。

謙信、挟撃要請に応答せず

圧倒的勝利を得た信長は「兵粮未出来」のため、合戦の四日後、岐阜城に凱旋した。この一事からも信長が防御に徹する予定などなかったと考えられよう。長期戦になれば苦しいのは織田・徳川連合軍の側であった。

八月に謙信が常陸・佐竹義重に送った書状によれば、織田・徳川は謙信に武田軍の「討捕註文」を遣わしている（上越市史一二六五）。姉川合戦後の信長が義昭に送ったように、頸注文は公権力への報告書として送られるものだった。義昭なき今、信長は謙信を公権力の一翼を担う重要な大名と見ていたのであろう。

戦勝を聞いた謙信は家康への六月六日付の書状で、「長篠甲衆」と「一戦」して「大利」を得たことを「心地好次第」と喜び、「殊更《ことさら》家康於手前被撃之由、一入《ひとしお》謙信大慶」と徳川軍の活躍を嬉しがっている（『愛知県史』一一〇八号文書）。そして、これより「信州当方調儀」と信濃侵攻の考えがあることも述べている。一方で信長には直接何かを伝えた様子が見られない。

赤地牡丹唐草文天鵞絨洋套

上杉神社所蔵

元亀3年（1572）11月20日、謙信は「三若衆」のため信長に「南蛮之傘（并《ならび》筒眼《(服)》三《みっつ》）」をねだり、これらを贈られた。なお上越市史1132は「筒眼」、新修七尾市史は「筒服」と翻刻する。筒服は陣羽織の一種「胴服のこと」（長崎2016）。謙信・景虎・景勝でお揃いにしただろう。このように信長は謙信との良好な関係を維持するよう努めていた。

九月、再戦の準備を整えた信長は謙信に、武田属下の美濃岩村《いわむら》城を囲み、六月一三日付書状でこれを近日中に「攻殺覚悟《せめころす》」だと述べ、制圧後は信濃へ侵攻するので、あなたが何度も提案されたようにこれから挟撃作戦を開始されたいと要請した（上越市史一二五五）。しかし両者の交渉はここで絶えたらしい。両家が互いに連絡を交わす史料が出て来なくなる。

その後、かつて武田家に信濃を追放された上杉家臣・村上国清（義清の子）に今こそ「旧敵」武田を討ち、失地奪還のチャンスであるとして、国清の「信州出馬」を催促するとともに、謙信が信長の要請を無視して「【訓読】越中へ働かれ候事」を「是非もなき題目に候。連々の首尾に相違し、表裏之為体《ていたらく》」と厳しく批難した（上越市史一二五九）。しかし謙信から厚遇されている国清は信長に応答しなかったようである。これが両家交渉の終見文書となる。

謙信は、家康に戦勝を喜ぶ書状を送ったあと、信長との関係を見直すことにしたようである。勝頼大敗を知った今となっては、もう表面上だけであっても勝頼の敵であることを演じるのをやめ、武田軍の兵力分散を抑える必要がある。謙信はここに織田打倒の決意を固めることにした。信長もまた上杉家が織田家との関係を解消する姿勢を察し、両者は互いを仮想敵国とみなしていく。

第二九節　上杉・織田両軍の北陸進出

「安土幕府」の構想

天正三年（一五七五）一一月、信長は義昭の官途を超える従三位・権大納言《ごんだいなごん》と武家の棟梁の任官職である右近衛大将《うこんえのだいしょう》に昇進した。

かつて信長が比叡山焼き討ちを敢行したことで、これを憂慮する正親町天皇と天皇の兄弟である覚恕は、武田家の反織田行動への支援を行った。結果、信玄が病死して、後継の勝頼も長篠合戦に大敗したことで、もはや信長の天下以外は考えにくい状況となった。

信長の昇進はこうした経緯が原因にあったのだろう。これが朝廷が信長に対して示す友好、期待、和解の証であった。ここで信長は、嫡男の信忠に織田家の家督と、本国の尾張・美濃を譲り渡した。

天正四年（一五七六）正月、信長は近江安土山に新城を建て始める。安土城である。

隠居城ではあるが、近世城郭で当たり前となった多層式天主を備える大型城郭を建設したことが話題になりやすい。また、織田勢力圏と京都の中間に位置することから商業的潜在力があるとはいえ、強引に商人や旅人を呼び寄せないと賑わないような人工城下町を作ろうとしていたところから、現実先行ではなく理念先行の都市計画を見ることができる。

ところで信長は天下政権への意欲を示しておらず、幕府を中心に置く政体以外を考えた様子がない。義昭が敵対して京都を離れたあと、長篠の勝利、朝廷からの忖度《そんたく》、謙信との敵対という動きから、自身に望まない権力が集まることに驚いていたことだろう。

いつか信長本人が亡くなれば、信忠と岐阜城を中心とする織田権力にとって、安土城の威容は無用の長物となるだろう。もし信忠が安土に移るなら岐阜城を同族に譲らねばならないが、美濃尾張統治の象徴である城郭は野望の依代《よりしろ》となりかねない。

安土城は織田一族の居城とするには厄介な代物で、それより上位の権威者が君臨すべきものであるだろう。信長が望む天下構想とは〝安土幕府〟だったのではないだろうか。

その築城意図は、〝上杉謙信対策〟または〝権勢の誇示〟などと推測されることが多いが、そうではなく、五歳の「若公」を保護することを目指していたように見える。

信長は、新将軍の養父として相応の官位を受ける必要があり、しかも朝廷からの昇進打診を辞することは余計な誤解を招く恐れがあった。ここに昇進を断るという選択肢はなく、将軍後見人という立場に落ち着こうとしたものと考えられる。その上で若公が成人し、新将軍に就任する暁には安土城を献呈するつもりでいたのであれば、安土城の威容には、これまで信長が甘んじて受けてきた悪評を浄化する偉力があろう。

ところで同年五月、信長は摂津天王寺に本願寺勢力と交戦した。「【意訳】信長は先手の足軽に混ざって駆け廻り、あれこれ御命令なされていたが、薄手を負い、御足に鉄炮があたってしまった」と『信長公記』にあるように、先陣での戦闘中に足を撃たれた。

安土城跡（写真提供：Cynet Photo）

もし自身の権威を高らかに示して、おのれは下々ばかりか将軍をも超越する存在だからひれ伏せとアピールするつもりで巨大建築物を建てさせるほど高慢な独裁者であったら、単身で「足軽」に混ざって激戦地に向かうだろうか。そこにあるのは王へと押し上げられる運命に抵抗する一介の武人の姿である。

越前と加賀における一向一揆敗勢の影響

天正三年（一五七五）八月、信長は越前の一向一揆をほぼ制圧し、隣国加賀南部の能美《のみ》・江沼郡までを支配下に置いた。戦局の変化を恐れた河北・石川郡では信長への降参を願い出る門徒が多発して、彼らは大坂から派遣された坊官を殺害することまで申し出た（信長文書五三五）。

同年七月に倶利伽羅峠《くりからとうげ》で越中一向一揆の援軍として現れた加賀一向一揆勢を破り、「越中悉一変」させた謙信が勢いに乗じ、信長に先んじて金沢御堂を尻目に加賀侵攻を進めて先々を放火したところ、現地より「加州之者共悃望《こんぼう》之旨」を打診され、加賀一向一揆勢からの停戦和睦を受け入れた（上越市史一二六六）。

ところでこの時期のものであろう。昭和七年（一九三二）の工事で、越前小丸《こまる》城跡（福井県越前市五分市町《ごぶいちちょう》）からある屋根瓦が発掘された。そこには織田軍による一向一揆虐殺の具体的様子が書き残されていた（味真野《あじまの》史跡保存会所蔵・小丸城跡出土瓦）。

【意訳】ここに書くことを後世ご覧になり、語り継いでほしい。五月二四日に一揆が起こり、前田利家殿は一揆衆を一〇〇〇人ばかり生捕りにすると、成敗として磔《はりつけ》・釜茹《かまゆ》で・火炙《ひあぶ》りにした。一筆に書き留めておく。

これは「前田利家がおこなった処刑を残虐なものと批判し、後世に伝えるために記された」もので、織田軍の一向一揆虐殺の実態を今に生々しく伝えている（竹間二〇一四）。

そして同年一二月一二日付の上杉謙信宛・足利義昭御内書写に「【訓読】越・甲・相・賀州之儀、此度入眼せしめ」ることを喜ぶ一文があり、加賀一向一揆と謙信の和睦を成立させて上洛することを期待している（上越市史一一七六。ただし相模北条家との和談はまだ不成立）。謙信は加賀北部を味方につけるべき段階に入っていた。加賀北部の一揆衆が上杉陣営と和することを考えたとすれば、織田軍の残虐な仕打ちにも一因があるだろう。

越後の真宗寺院

ところで越後には謙信がかねてから本願寺と通じていたとする伝承が多くあり、これらは大別して二通りある。

ひとつは、新潟県各地の寺伝に越後の門徒武士や僧侶が本願寺の援軍に旅だったとする逸話群（専正寺《せんしょうじ》、願浄寺、浄覚寺、光明寺）と、信長に敗れて逃れてきた門徒武士が開基となった寺院（教覚寺、西楽寺《さいらくじ》）があって、越後の門徒が自発的に関与したとする伝承群で、中には願浄寺のように元亀元年（一五七〇）から謙信に許可をもらって大坂に参戦した武士の話もある（『新潟県寺院名鑑』）。

もうひとつは、真宗僧侶超賢《ちょうけん》が、越後から兵糧などの支援物資を大坂へ輸送するよう奔走したとする本誓寺文書の記録である。そこには超賢が「謙信へ伺之上北国之門末を走廻」って「兵粮等」を受け取り、大坂に輸送したことが記されている（井上一九六八）。

これら伝承の真偽は不明だが、越後の真宗寺院は謙信の父為景が弾圧を加えても根絶されておらず、弾圧は不徹底に終わったと考えられる。民間への布教で勢力を拡大した中世の浄土真宗は、ほかの伝統的宗派と違って寺領が乏しく、土地からの収入がない分、経済基盤を信徒からの寄進に依存していた。その分、他宗よりも信仰心の増強を重視することで、大名の弾圧に屈しない堅固な勢力を築き上げていた。

もし北陸進出時に一向一揆の抵抗に苦戦していた謙信が、国内の真宗武士や僧侶から「暇乞して大坂に向かいたい」と告げられたら、これを「否」と拒絶できたであろうか。

強く拒絶して対立を招いた場合、越後国内で一向一揆が蜂起したかもしれない。永禄六年から七年（一五六三〜六四）の三河では一向一揆が猛威を振るい、徳川家康を苦しめた。謙信としてはその活動を妨げるより、加賀一向衆との関係改善に利用するほうが望ましかっただろう。

本願寺と加賀一向衆の様子

天正三年（一五七五）一二月二日、紀伊の足利義昭が謙信に、武田・北条および本願寺との和睦を求め、翌年五月から七月にかけても武田と北条との三和を仲介して上洛を要請した。謙信も本願寺との同盟を進めていく。この影響で越中一向一揆を主導する瑞泉寺《ずいせんじ》と勝興寺《しょうこうじ》も謙信の指揮下に属した（萩原二〇二〇）。

この時、加賀北部の河北・石川両郡では、本願寺から金沢御堂（尾山御坊）へ派遣された七里頼周《しちりらいしゅう》が自分の指揮下に入らない現地門徒を殺害するなど、高圧的な態度をとっていたため、頼周と現地の対立が深刻化していた。

特に頼周は、現地有力者の石川郡松任《まっとう》城主・鏑木頼信《かぶらきらいしん》が気に入らず、「【意訳】（頼信が）謙信との和睦に同心しない」ので、謙信に鏑木討伐を要請し、大坂の顕如にも同様の報告をして「門徒の鏑木頼信と奥政堯《おくまさたか》を法敵として粛清せよ」との指令を引き出した。

だがその奥政堯は五月に謙信との交渉を担っており、これを阻害した事実はない。頼周が虚偽の報告をして、自分に都合の悪い邪魔者を排除しようとしていただけである。謙信との連携を急ぎたい顕如は、言われるがまま報告を「ヨシ！」としたのであった。

かくして天正四年（一五七六）秋、頼周の指令を受けた軍勢が松任城を攻撃する。もはや現地の一揆衆も黙ってはいられない。八月二一日付で大坂の坊官・下間頼廉《しもつまらいれん》に宛てた連署状（加能文書一五七三）において「何を見てヨシと言ったんですか？」とばかりに頼周の無法を訴えたのだ。しかもその連署状には二八名もの署名が並んでいた。頼周は本当に横暴な男だったのだろう。

ところで謙信は、その頼周から松任攻めを要請されていたが、様子のおかしさに気づき、援軍要請に応じることなく、両者の和解に介入した。越後でも領主間の面倒をたびたび裁定してきた謙信は相論解決に慣れている。宗心時代とは違うのだ。

二八名の連署状に驚いた顕如は即座に頼周を更迭し、新たに坊官・下間頼純《しもつまらいじゅん》を派遣した。頼純は「政堯たちは法敵ではない」と認め、謙信との停戦を受け入れた（竹間二〇二一）。

これは全くの余談だが、この翌年となる手取川合戦の少し前、頼周は謙信に手取川以南にある最前線の御幸塚城《ごこうづか》（五幸塚とも／木越・石田二〇二二）の堅守を命じられ、織田軍相手に戦った。数万の大軍に持ち堪えられるはずがなく、頼周の消息も途絶えた。

加賀北部の門徒たちは五月八日頃から謙信を「御屋形様」の敬称で呼び始めていた（上越市史一二八七）が、ここに内部抗争を克服して強く団結していくことになる。

孟子曰く、力を振るう者は覇者、徳を行う者は王者という。

長享《ちょうきょう》二年（一四八八）に一向一揆が加賀守護をすげ替えて「百姓ノ持タル国ノヤウニナリ行キ候」より約九〇年（『実悟記拾遺』）、元亀元年（一五七〇）に加賀守護を滅ぼしてから約六年、民意を獲得した謙信は、信長との戦いに期待を寄せられるのであった。

第一次能登七尾城攻め

天正三年（一五七五）一二月、能登七尾《ななお》城の畠山重臣である遊佐盛光《ゆさもりみつ》・温井景隆《ぬくいかげたか》らが謙信に「御出馬」を求めた（上越市史一二七八、一二七九、一二八一）。信長と断交し、武田勝頼との停戦を固めている謙信の新たな主戦場はすでに北陸である。

能登衆の出馬要請は、城内の織田派を排除するためとも言われることがあるが、まだこの時、能登の最重要課題は、信長よりも一向一揆勢であった。

例えば天正四年（一五七六）二月二〇日付の畠山重臣の連署状では、謙信出馬を喜び、「【訓読】御本意眼前」「拙者式別して御先手仕り、御馳走申上るべく」と述べている（上越市史一二八二）。

自分たちの本国に謙信を招き入れて能登の敵対勢力を排除したいのであれば、「御先手」を志願するという表現は使わない。それに九月一五日付謙信書状によると、この次の七尾城攻めの直前、七尾城が加賀の一向一揆勢を駆逐すべく「数千人」の大軍を越前・加賀方面に発向させたとある（上越市史一三四七）。七尾城の重臣たちは一向一揆勢を最大の脅威と見ていたのだ。もっともこの間に城内が混乱して謙信の介入を招くことになろうとは、まだ予想していなかったらしい。

天正四年（一五七六）九月、越中を平定した謙信は、同年一一月に能登へ進軍して石動山《いするぎやま》城に本陣を置き、七尾城を攻め始めた。

謙信と信長の義絶

ところで某年五月七日、織田信長は、越中神保家のもと重臣・水越《みずこし》左馬助《さまのすけ》から太刀の代金一両を贈られ、礼状を書き送った。左馬助は織田軍が越前から加賀一向一揆を攻めているのを知って共闘を申し出たのだろう。信長は左馬助に「其表（富山方面）儀、随分可令馳走」と、現地前線での尽力を期待する旨を伝えた（信長文書七三五／『歴代古案』六）。

水越一族の詳細は不明だが、神保長職の死後に分裂したものか、富崎《とみさき》城に拠り一向一揆と連携する一族が、謙信に降伏して従属した（一方で水越甲斐守《かいのかみ》なる人物は、親織田派の神保長《なが》住《ずみ》に随身／『富山市史附録』天正一一年八月二一日条）。この礼状は越前の織田軍と越中の水越氏が加賀を挟撃できるタイミングとして天正四年（一五七六）に比定できよう。

さて、もうひとつ某年九月一日付の信長書状写によると、信長はこの水越左馬助より、謙信が「其表（富山方面）」に出馬したと注進され、左馬助に「【訓読】彼《か》の備《そなえ》に飛脚を差し遣わし」たので、その「返事に随って無事相談《あいだん》ずべく候」と伝えている。

天正四年（一五七六）九月、謙信は越中西部の栂尾《とがのお》・増山両城を攻め、越中平定を完成させつつあった。ここで信長は両陣営が「無事」に済むよう望んでいた（柴二〇一八、信長文書七三四、『歴代古案』六）。近世上杉家が編纂した『先祖由緒帳』（延宝《えんぽう》五年［一六七七］）にも「【訓読】謙信様より度々御攻め成さるニ付きて　信長公頼み奉り、御侘び申し上げ所ニ相叶い、左馬之助弟・将監証人ニ指上げ申し候、其後左馬之助の儀　景勝様江御奉公仕り候」と伝えられているように、信長は水越左馬助が謙信に攻められているのを奇貨として、謙信に左馬助を容赦するよう申し出て受け入れられている。

実際その後の左馬助は上杉家臣となり、謙信死後も織田軍に所領を奪われたあと「【意訳】越中を回復したら水越の本領を安堵する」と景勝から約束を伝えられている（上越市史二一六九〜七〇、三七〇四）。

右の交渉時に、信長は近江に亡命していた神保長住（長職嫡男。もと長城）の越中復帰を謙信に打診したがこれは断られたらしい。謙信は左馬助は許しても信長との関係を戻すつもりはなかったのだ。これを恨んだ信長は、謙信死後、信長馬廻の菅屋《すがや》長頼に景勝へ「【意訳】（あなたは）信長と敵対する気などなかったように言いますが、事実と違います。謙信生前、信長が岐阜城にいた頃まで両家は交流を重ね、親密にしていたのに（謙信が）神保長住の身の上を取り消したので、義絶することになったのです」と伝えさせている（上越市史二一一八）。神保旧臣の左馬助は、長住より謙信の越中支配を望んだのだろう。

謙信が越中の統治者として神保長住（『富山市史附録』六八〜九頁は信長の妹婿とする）を認めるなら、まだ交渉の余地も残されていたが、謙信にその意志がないことが確認されたため、信長も断交を決意した。

謙信、勝頼と和睦する

ついで甲斐・信濃の武田勝頼を見てみよう。生前最期の信玄が越前の朝倉義景を介して謙信と和睦することを希望していたように、上杉家と武田家には交渉の余地があった。それでも謙信は、天正二年（一五七四）に織田・徳川連合と武田挟撃作戦を実行するつもりでいたが、両家が上杉家の作戦に歩調を合わせていないことに不満を持ち、ここから大きく戦略を変更したようである。同年、山崎秀仙を信長のもとへ派遣して、その失態を難詰した時、すでに謙信の心は信長から離れていたであろう。

謙信の狙いは、反織田勢力の本願寺と武田家がその後も継戦能力を維持することにあり、彼らが健在であるうちに自身の上洛を実現するつもりでいたと思われる。そこで信長を武田戦に専念するよう指導して膠着状態を作り出そうとしたが、信長は長篠合戦で武田勝頼相手に謙信の予想を超える圧勝ぶりを見せた。ここに謙信は自身が未介入のまま諸勢力が拮抗する状態を継続することは期待できないと判断して、信長からの使者を無視して、勝頼との協調路線を模索することになる。

そして天正三年一〇月一五日、関東に出た謙信は同月下旬に五覧田《ごらんだ》城（群馬県みどり市）を攻め落とした後、「越・甲可被遂御和内々落着」と述べており、密かに勝頼と和睦したことを確認できる（上越市史一二七二）。勝頼はこれを相模の北条氏政にこっそりと伝えたらしく、氏政も北条家臣に「三和之儀、甲越両国者速相済、」と、三和を前に甲越両国の和平がすぐに整ったと述べている（遺文北条一八八六、丸島二〇一七）。

ところでこれは事実とは思われないが、『謙信公御書集』に「同年九月、武田勝頼ゟ《より》越府以使節乞和儀越府以使節乞和儀」との記述があり、一〇月一八日に勝頼は謙信の「御所望」により、血書の「誓詞」を作成して「越府」の「上杉殿」に送らせたことが伝えられている。謙信はかねてから勝頼に好意的で、その健気さを涙して褒め（『軍鑑』品第四〇）、信玄死後の武田領侵攻を「大人げない」と中止し（『松隣夜話』下巻）、武田家への軍事行動を消極化させていった様子が伝わっている。二人が密かに友好関係を結んでいたとする近世史料はとても多い。

勝頼は天正四年（五年説もある）中に北条氏政の妹（桂林院殿）と婚儀を結び、甲相同盟を強化した（『甲乱記』）。上杉家との和睦による北条家からの不信感を避けるためだろう（丸島二〇一七）。ただそうすると、勝頼は重ねて上杉家との同盟強化も検討しなければならなくなる。

謙信死後、勝頼妹の菊姫（大儀院殿）と上杉景勝は婚姻することになるのだが、近世初期の『管窺武鑑《かんきぶかん》』は二人の婚儀を「天正五年［中略］輝虎公より勝頼公への繕あつて、翌年正月相調ひ、勝頼の妹を景勝の室にと約束」したと、謙信生前から予定されていたように記す。これが事実なら義昭の望む「三和」は縁談によって進められていたことになろう。

近世にこういう物語が伝わっている事実を考えれば、両家の「御和内々」から「三和」の流れを予見する東国人は少なからずいたのではなかろうか。

氏政と謙信は険悪な関係にあったが、北条家の盟友である勝頼が上杉家と講和して、氏政にもこれを伝えようとしたということは、義昭が繰り返し要請する「三和」実現の可能性もあったのではなかろうか。天正四年（一五七六）八月六日、氏政は義昭の命令に服し、「甲・越・相三和」に従う覚悟を決めている。

天正五年（一五七七）一二月下旬、太田道誉《どうよ》・梶原政景《かじわらまさかげ》父子および水谷勝俊《みずのやかつとし》が織田の関東取次役と化していた小笠原貞慶《おがさわらさだよし》に宛てた書状に「（信長様から頂戴した御書に）来年到関東御発向可有之由被顕」とあるように北条氏政討伐の決意を表明していた（粟野二〇〇一、『信濃史料』巻一四・二二一〜四頁）。どうやら謙信が義昭の要請によって武田だけでなく、北条とも講和することを視野に入れて、これに備えていたのだろう。信長は来春には関東へ出ることを約束していた。

氏政にすれば、織田対策の覚悟を固める事態が近づいていると言えた。

信長の謙信対策・手取川合戦前夜

天正五年の手取川合戦直前にあたる同年閏《うるう》七月二三日、織田信長は出羽の伊達輝宗に次の朱印状を発した。

【訓読】
謙信悪逆に就き、きっと追伐を加えるべく候、本庄雨順斎《うじゅんさい》（繁長）と相談なされ、別して粉骨専一に候、なお追々申すべくものなり、謹厳、

閏七月廿三日　　　　信長朱印

伊達左京大夫（輝宗）殿

（信長文書七二八）

この朱印状は小さい紙に書かれた密書である。ここで信長は輝宗に「謙信悪逆」のため征伐を計画するので、かつて謙信に反逆した本庄と語らって尽力するよう伝えている。謙信は

すでに北陸に出馬していたから、その背後を伊達・本庄に衝かせたかったのだろう。

もちろん伊達も本庄もここから謙信が亡くなるまで、越後に敵対行動を取っておらず、結果から言うとこの作戦は実っていない。

七尾城内の混乱

越後守護代は謙信の祖父能景の代から能登畠山家と親密であったが、能登国内は、有力家臣の「七人衆」が畠山当主を追放してその当主を入れ替えるなど不安定な状態にあり、しかも守護になって二年ほどの若き畠山義隆《よしたか》がこの二月に病死したばかりであった。義隆の息子でまだ幼年の春王丸は元服しておらず、現当主はまだ不在のようであった。もちろん彼らが追放して、今は近江に亡命している畠山悳祐《とくゆう》・義綱父子を呼び迎えるつもりなどない。彼らは反織田派に取り込まれており、しかもこれまでの経緯から見て、傀儡として大人しくしてくれるはずもなかったからだ。七人衆はやがて三人減って「四人衆」となる。

その四人衆を筆頭に七尾城内は遊佐続光《つぐみつ》・盛光父子ら親上杉派と、長続連《ちょうつぐつら》をはじめとする親織田派に分裂しつつあり、謙信が積極的に乗り出さなければ七尾城は織田派の拠点と化してしまう危険があった。このため同年七月、足利義昭の使いの者たちに「北国衆」を召し連れて上洛を目指すと上申した謙信に、越中・能登・加賀を丸ごと占領して領国とすることへの躊躇《ためら》いなどなかった（上越市史一三〇一）。

謙信は能登の諸方面を制して七尾城を孤立させた。だがさすがに七尾城は堅く、そのまま年を越すことになった。そして翌年三月までに能登の「一国平均」を実現できなかった。謙信は、石動山城の普請と守備を命じて、一旦越後に帰国することにする。

第二次能登七尾城攻め

謙信が第一次七尾城攻めを終えて帰国すると、能登畠山家の重臣・長続連の嫡男・綱連《つなつら》は、七尾北西の熊木・富木《とぎ》の要害を攻め落とし、さらには穴水城を囲むなど、勢力回復に動き回った。能登南方は別の重臣が奪還を進めたようだ。そこへ謙信が再び攻めてくると、綱連は穴水《あなみず》城の囲みを解いて、七尾城に戻って籠城準備に入った。

七尾城はその名の通り七つの大きな尾根（龍尾・虎尾・松尾・竹尾・梅尾・菊尾・亀尾）を結ぶ形で曲輪《くるわ》が連なる連郭式城郭で、山頂には立派な主郭が待っている。

北の城下には守護名族の格式に相応しく、「千門万戸」の街並みが広がり、市街は短時間で制圧されないよう断崖と柵で守られていた。

かなりの堅城だが、実のところ麓《ふもと》から複数伸びる登り口のひとつに普段から使われている主郭への大手道入口がある。これを使えば一本道であるから、進路に迷うことはない。逆に言えば守る側もそこを重点的に防衛していれば手堅いわけである。

複数の番所を越えて、主郭部最大規模の三ノ丸まで辿り着いたら、そこでやっと山頂となる。その先は二ノ丸と温井《ぬくい》屋敷が進路を阻む。その先に本丸があるが、ここから少し東に離れたところに長《ちょう》屋敷がある。佐伯哲也氏の調査では、厳冬期は二メートルの積雪と日本海からの強風に晒されるため、平常はここに居住しなかったと考えられる（佐伯二〇一七）。城攻めをするにあたり、ここが一番の難所となろう。遊佐屋敷の先には大手門、そして西ノ丸屋敷と遊佐屋敷が隣接して、本丸への道筋を塞いでいる。

落ちた巨城

完全要塞の様相を呈する七尾城だが、その堅さに反して人の結束は弱かった。兄の急死で家督を継いでわずか二年後の天正四年（一五七六）二月、守護・畠山義隆が病死してしまった。齢三十または二十一だったという。その子・春王丸が後継となったが、守護不在の混乱を収めるため、重臣の長続連・綱連父子が率先して指導力を発揮した。そんな折に謙信が城に攻めてきた。二度目の籠城戦が続く中、城内で感染症が流行し、幼い春王丸も病で命を落とした。『石川県史』は「畠山氏の血族断絶したる後、事実上七尾の城主は長綱連なり」と評する（石川県一九二七）。

落城間近の九月一五日――。長一族の記録『長氏家譜』によると、ここで遊佐盛光が上杉家への降伏を説いたらしい。だが長綱連は「不義である」と聞く耳を持たない。これを恥じた盛光は詫び状を書き、和解のため綱連の父・続連を屋敷に招く。ここで事態は急変した。盛光の手勢が〝お前の息子のせいで恥をかかされたのだ〟とばかりに続連を囲み、降伏派となるよう迫ったのだ。ところが続連はこれを肯《がえ》んぜず自害した。

同日、謙信の軍勢が混乱に乗じ、引き連れていた馬廻および越中手飼《てがい》でもって七尾城を制圧した。長氏残党は盛光らに族滅された。綱連、享年三十八。盛光に迎え入れられた謙信は「萌黄鈍子《もえぎどんす》の胴肩衣を著し、頭を白布を以てかつら包《つつみ》」の姿にて馬上より盛光を見下ろし、「今度の忠節神妙也」と声高に告げ、恩賞の沙汰を下した。

余談ながらこの籠城戦中、七尾城内から信長に援軍を依頼に出向く僧侶の姿があった。綱連の弟・孝恩寺宗顒《こうおんじそうせん》――のちの前田家臣・長連龍《ちょうつらたつ》である。宗顒は安土まで急いだが、信長と接触する前、石川郡倉部浜近辺に同族の首が並んで晒されているのを目撃した。その足で手取川南岸に布陣する織田軍のもとへ赴き、自身の保護を求めたあと、両軍の撤退を待ってから同族の首を回収したようである。

終章
そして手取川合戦

第三〇節　手取川合戦の全貌

交戦の記述がない『信長公記』

天正五年（一五七七）、謙信は中央を制する織田氏の軍勢を加賀国手取川で敗北させた。これにより北陸地域の勢力図は一変する。

越中・能登・加賀まで支配領域を拡大した謙信は、家臣に当てた書状（『歴代古案』）で「案外手弱の様躰、この分に候わば、向後天下までの仕合《しあわせ》、心安く候」と豪語した。信長は思ったよりも弱いので、今後の天下取りも簡単だろうと余裕の色を見せたのである。

ただし手取川合戦の実像を細やかに示す史料は、この誤字が多い書状写一枚だけとされている。しかも信頼性が高いとされる信長の一代記『信長公記』に交戦の記述がないことから、合戦の規模と実在を疑問視する向きもある。

まずは合戦の実否を見る上で、研究者たちから最重要視される『信長公記』の該当部分を見てみよう（『信長公記』巻一〇【訓読】［註］町田本。なお太田牛一自筆の池田家本と比較すると人名は斎藤新五が見えず、順番も一部異なる。地名は富樫だけ略されている）。

> 八月八日、柴田修理亮《（勝家）》、大将として北国へ御人数出され候。瀧川左近《（一益）》・羽柴筑前守《（秀吉）》・惟住《これずみ》五郎左衛門《（長秀）》・氏家左京亮《（直通）》・伊賀伊賀守《（安藤守就）》・稲葉伊予《（良通）》・不破河内守《（光治）》・前田又左衛門《（利家）》・佐々内蔵介《（成政）》・原彦二郎《（長頼）》・金森五郎八《（長近）》・若狭衆、賀州へ乱入。湊川・手取川打ち越し、小松村・本折村・阿多賀・富樫、所々焼き払い、在陣なり。羽柴筑前、御届をも申し上げず、帰陣仕り候段、曲事の由、御逆鱗なされ、迷惑申され候。

八月八日、越前の柴田勝家が織田家の主力となる部将たちを引き連れて北進し、加賀へ乱入すると手取川を越え、方々の村々を焼き払ってそこに留まった。しかし秀吉は「御届」もせず帰陣してしまったので、信長の逆鱗《げきりん》に触れてしまった――という。

確かに右の記述には、交戦の記録が一切ない。そればかりかこれほどの大規模出兵であるのに、なぜ柴田勝家が北国へ「御人数」を出したのかの説明もない（通説では能登七尾城救援が目的）。秀吉が勝手に帰陣した理由も一切書かれていない（通説では勝家と争論して勝手に帰国）。ここには合戦ばかりではなく、いくつもの重要な情報が欠落している。

三点の軍記史料

ついでその他の二次史料を見渡していこう。これらを概観することで、両軍の動向がどのように伝わっていたかをイメージすることができるだろう。また断片的に別の史料に伝えられていない独自情報を伝えるものもある。

ひとまずここでは上杉・織田両軍の「（一）軍隊編成」、軍事衝突の内実——規模と場所を問う「（二）交戦記録」、謙信と信長の「（三）大将の所在」の三点に重点を置く。特に（一）の編成に含まれる部将は当時の所在がどこまで信用できるか裏を取る必要があるだろう。『戦国軍記事典』の天下統一編と群雄割拠編に紹介される編纂史料のうち、当時の北陸情勢を記した諸記録を比較すると次のようになる。

《近世戦国軍記における手取川合戦描写》

『信長公記』 巻一〇

［一、軍隊編成］両軍の兵数記録なし

上杉部将：記録なし

織田部将：「柴田修理亮《（勝家）》、大将として北国へ御人数出され候。瀧川左近《（一益）》・羽柴筑前守《（秀吉）》・惟住《これずみ》五郎左衛門《（長秀）》・氏家左京亮《（直通）》・伊賀伊賀守《（安藤守就）》・稲葉伊予《（良通）》・不破河内守《（光治）》・前田又左衛門《（利家）》・佐々内蔵介《（成政）》・原彦二郎《（長頼）》・金森五郎八《（長近）》・若狭衆」

［二、交戦記録］交戦した記録なし

［三、大将所在］両者共に記録なし

（史料説明）慶長三年（一五九八）頃成立か（『義演准后日記』慶長三年三月一七日条）。織田信長の馬廻だった太田牛一による織田信長の一代記。

『甲陽軍鑑』品第五三

［一、軍隊編成］上杉の兵数記録なし／織田「都合四万五千」

上杉部将：記録なし

織田部将：「柴田修理《（勝家）》・佐久間玄蕃《（盛政）》・丹羽五郎左衛門《（惟住長秀）》・長谷川お竹《（秀一）》・前田又左衛門《（利家）》・木下藤吉《（羽柴秀吉）》・徳山五兵衛《（則秀）》・大柿の卜全《（氏家）》・滝川伊予《（一益）》以下」

［二、交戦記録］謙信が到達する前に織田勢撤退。溺死者多数。軍事的には接触なし。

［三、大将所在］不明

（史料説明）現在伝わる『甲陽軍鑑』は、武田家臣高坂昌信（香坂虎綱）の口述を大蔵彦十郎が筆記し、その死後、昌信甥の春日惣二郎《かすがそうじろう》が補筆して、その後また徳川時代初期に、小幡景憲が書写・編纂したものとされる。明らかな誤りも見受けられるが、戦国武田家の重要文献であることには変わりがない。

『北陸七国志』巻第九

［一、軍隊編成］織田軍兵数未詳／上杉軍兵数未詳

上杉部将：記録なし

織田部将：「柴田修理進勝家を大将にて、斎藤新五郎（利治）・惟住五郎左衛門尉長秀・滝川左近将監一益・稲葉入道一徹・羽柴筑前守秀吉・佐々内蔵助成政・前田又左衛門尉利家・金森五郎八長近・不破河内守（光治）・原彦次郎（長頼）・氏家左京亮（直昌）・安藤平左衛門（定治）等」

［二、交戦記録］交戦した記録なし

［三、大将所在］両者共に記録なし

（史料説明）馬場信意《のぶのり》著。宝永《ほうえい》七年（一七一〇）成立。『信長公記』を踏襲する内容で、

織田勢が加賀に乱入し、手取川を押し渡って、阿多賀・小松・本折の民家を焼き払って在陣したところまで変わりがないが、織田勢の敵は上杉軍ではなく一揆勢であり、一揆が落ち着いたので引き上げたとする説明になっている。

『越後軍記』

［一、軍隊編成］織田「四萬八千」／上杉軍兵数未詳

［二、交戦記録］松任落城を見て織田勢は撤退を決意する。そこへ上杉方の伏兵が追撃。

［三、大将所在］両者共に記録なし

（史料説明）謙信の一代軍記。紀州藩の越後流軍学者・宇佐美氏が「白雲子」と匿名して著したという。虚実不確かな記録が多い。現在、序文に元禄一五年（一七〇二）上梓《じょうし》とある版のみ確認される。同系の軍記は宇佐美定満を「良勝」「定行」と誤記しているが、本書は初期に見える「良勝」表記で、他書が喧伝する長尾政景との同死もなく、その前年に病死した記述があることから、原本は序文より遡り宇佐美定祐の父・勝興に書かれた可能性がある。

『謙信家記』

[一、軍隊編成] 織田「其勢都合四万八千騎」／上杉軍兵数未詳

上杉部将：「白屋監物に西藤・長尾、此三頭に五千余騎を差添、神保を押へ、頓《やが》て加賀国へぞ打出でらる」

織田部将：「柴田修理《（勝家）》・佐久間玄蕃《（盛政）》・丹羽五郎左衛門《（惟住長秀）》・長谷川お竹《（秀一）》・前田又左衛門《（利家）》・木下藤吉《（羽柴秀吉）》・徳山五兵衛《（則秀）》・大柿の卜全《（氏家）》・滝川伊予《（一益）》を先として」

[二、交戦記録] 長九郎左衛門《（綱連カ）》が籠る松任城を攻め落とした謙信が攻撃準備に入ったところで織田勢撤退。溺死者の記述なし。軍事接触もなし。

[三、大将所在] 両者共に記録なし

(史料説明)『軍鑑』とほぼ同内容である。白屋監物は飛驒衆。

『北越軍記』四下

[一、軍隊編成] 織田軍「四萬八千」／上杉軍兵数未詳

上杉部将：記載なし

織田部将：「柴田勝家・徳山五兵衛（則秀）・金森五郎八（長近）・瀧川左近（一益）・前田又左衛門（利家）・丹羽五郎左衛門（惟住長秀）・不破彦三（直光）等」

［二、交戦記録］鬼小島弥太郎《おにこじまやたろう》が決戦の使者として織田勢に派遣されるが、夜中のうちに退散される。戦闘なし。

［三、大将所在］謙信の所在はともかく、信長については「謙信陣所より一里半（約八〇〇～九八〇メートル）近所の川を越、陣取り申し候。この時信長は殿馳に来たる侍大将の真似して、その夜中に川を越えて、先手へ加被申候。信長向と知らせては、曳口大事と考える故なり。」と、現地にこっそり参陣していたとする。

『常山《じょうざん》紀談《きだん》』

［一、軍隊編成］織田軍「四萬計」にて八月五日に「加州手とり川を渉り、永島に陣取り」／上杉軍兵数未詳

上杉部将：記録なし

織田部将：「柴田勝家・丹羽長秀・長谷川某（秀一）・前田利家・羽柴秀吉・瀧川一益・氏家ト全等」

［二、交戦記録］謙信は八月一日に加賀に入り、長一族の首を倉部・柏野の間の浜に竿で並べて名札をかけ、松任城主・蕪木《かぶらき》右衛門大夫（鏑木《かぶらき》頼信）と和平したあと、信長の着陣を聞いて城内で軍議を行う。この首を見た恩光寺は亥の刻に勝家と秀吉のもとへ行き、弔い合戦を要請するが、信長はここで合戦すべきではないと聞き入れなかった。

［三、大将所在］信長が軍勢の進退を決断しているので、現場にいたものとされる。

『前田家譜』

［一、軍隊編成］織田軍兵数未詳／上杉軍「上杉謙信兵一萬三千」

［二、交戦記録］交戦した記録なし

［三、大将所在］両者共に記録なし

（史料説明）加賀前田藩の記録。前田利家が信長の命で柴田勝家とともに加賀に入ったことまでしか書かれていない。

『上杉米沢家譜』

［一、軍隊編成］織田軍「信長兵数万」／上杉軍兵数未詳

［二、交戦記録］謙信が「能登越中の兵」を先隊として派遣。驚いた信長を謙信が追撃して千余人を斬り、溺死者も多数出る。謙信書状写が情報源か。

［三、大将所在］敗軍後に信長が越前北ノ庄を退き、長浜まで逃げ帰ったとある。

（史料説明）米沢上杉藩の記録。謙信書状写を見て書かれたものだろう。

『松隣夜話』下巻
［一、軍隊編成］織田軍「都合四萬八千」／上杉軍「二萬の人数」
　上杉部将：記録なし
　織田部将：「柴田修理《（勝家）》・佐久間玄蕃《（盛政）》・丹羽五郎《（惟住長秀）》・長谷川於竹《（秀一）》・前田又左衛門《（利家）》・木下藤吉《（羽柴秀吉）》・徳山五兵衛《（則秀）》・氏家卜全・滝川伊予《（一益）》大将九人」
［二、交戦記録］松任を落とした謙信が信長に「明日卯《う》の刻」（朝六時ごろ）の決戦を告げる。上杉軍が攻撃態勢をとると織田勢は前田利家と惟住長秀から総崩れとなり、「歩騎数百人」が溺死した。軍事接触はなし。
［三、大将所在］不明。
（史料説明）天正末年成立か。織田軍の編成が『甲陽軍鑑』とほぼ共通するが、『松隣

夜話』を参考にしたものか。

『管窺武鑑』

［一、軍隊編成］織田軍は惟任光秀とその傍輩およびこれを追った信長／上杉軍兵数未詳

［二、交戦記録］軍事接触なしか。

［三、大将所在］不明。信長は軍勢を追いかけて引き返させたとされる。

（史料説明）景勝に仕えた夏目定吉の四男で、小幡景憲門下でもある夏目定房が記主。元禄六年（一六九三）の写本が伝わる。景勝時代の記録がメインで、謙信時代は誤りが目立つ。ただし惟任光秀を主軸に据える手取川合戦の記述はほかの史料に見えず、どうしてこのような独自の記録が生まれたか一考する必要があるだろう。

『甲陽軍鑑末書下巻之上』九本之九

［一、軍隊編成］織田軍「都合四万五千」／上杉軍「加賀・能登・越中先方衆二万、越後ぜい一万五千」

上杉部将：不明。

織田部将：「一、柴田修理（勝家）。一、佐々内蔵助（成政）。一、柴田伊賀（勝豊）。一、前田又左衛門（利家）。一、とこの山五兵衛（徳山則秀）。一、佐久間玄番（盛政）。一、羽柴筑前（秀吉）。一、堀久太郎（秀政）。一、池田紀伊守（恒興）。一、あけち十兵衛（惟任光秀）。都合四万五千」

［二、交戦記録］松任城を一日で落とした謙信が攻撃を準備している間に、織田勢は越前丸岡まで撤退。軍事接触なし。

［三、大将所在］謙信は松任城を攻め落とし、織田軍撤退済の手取川に到着して、越前の船橋以北まで放火した。信長個人は「あづちの信長公」とあり、最後まで動かず。

（史料説明）天正一四年（一五八六）成立とされる。他史料と比較して堀秀政と池田恒興と惟任光秀の従軍が異質である。

『北越軍談』巻第三九
［一、軍隊編成］織田軍先手「三万余騎」、信長本隊「一万八千」／上杉軍「三万七千余騎、前後三十五備」
上杉部将：「公の先隊山吉玄蕃允（豊守カ）・竹俣三河守（慶綱）・安田上総介（能元）・上倉治部少輔（信綱）・甘粕

備後守《（景継）》」

織田部将：「柴田修理亮勝家・同伊賀守勝豊を魁将とし、滝川左近将監一益・惟任日向守光秀・惟住五郎左衛門長秀・佐久間玄蕃允盛政・佐々内蔵助成政・羽柴筑前守秀吉・前田又左衛門利家・安藤伊賀守光長・稲葉伊予守道朝・氏家入道卜全【俗名常陸介友国】・蜂屋出羽守頼隆・池田紀伊守信輝・山崎源太左衛門片斎《（片家）》・原源次郎次成・金森五郎八長近【後号入道乗玄】・徳山五兵衛則秀・根尾吉右衛門・不破彦三《（直光）》・斎藤新五《（利治）》以下」

【二、交戦記録】謙信は松任城で敵状を将士に伝え、柴田勢を手取川で残らず討てば信長が出てくると述べる。だが柴田たちは七尾落城を知って夜のうちに陣払いし、豊原まで撤収。ただし水島・手取川で人馬が混みあい溺死者多数。軍事接触なし。謙信は手取川以南に進軍し、戸次右近大夫が織田の加勢二〇〇〇人とともに守備する津葉城（加賀大聖寺《だいしょうじ》の錦城山または荻生）を攻略。敗軍に呆れた信長は、船橋の渡から北ノ庄まで後退。上杉勢の勢いを知るとその地も捨てて帰国。

【三、大将所在】信長は「一万八千」を連れて「越前豊原」（福井県坂井市丸岡町豊原）に布陣したという。他史料に見えない情報である。

（史料説明）山崎源太左衛門（片家）は江州衆（『信長公記』巻一四）。根尾氏は美濃本巣《もとす》郡根尾谷《ねおだに》の豪族か。元禄一一年（一六九八）成立の『北越軍談』は、当時可能な範囲で集めたであろう文献と伝聞を網羅的に記述する史料であるが、肯定的評価を加えるのは難しい。代表的な軍記であるため掲出する。

こうして見ると、交戦の有無とは別に、謙信を恐れる織田勢が本格的な交戦の前に撤退した――という流れがベースにあることを確認できる。なお、織田方の戦死者について、著名人の名は認められないが、『寛永《かんえい》諸家系図伝』巻三〇九所収「鯰江《なまずえ》系図」に、鯰江《なまずえ》又八郎貞《さだ》利《とし》なる人物が「柴田勝家に属し加州手取川に討死す」と所伝されており、実際に討ち死にした人物もいたようである（『近江愛智郡志』巻二・一二二～一二三頁）。

では、二次史料ではなく当時の古文書ではどうだろうか。

本願寺の文書を見ると、下間頼廉が一〇月一一日付で雑賀御坊惣中に宛てて「加州表之儀、能州七尾就一着、敵敗北之由」と、加賀国境に合戦があったことを記している（『新修七尾市史』文献史料編）。その後、謙信は「能・越・賀（＝能登・越中・加賀）存分のままに申し付け、越前も過半手に属し候」と書状に述べているが、それまで加賀は織田の領国であっ

図20　歴代古案(別本)五

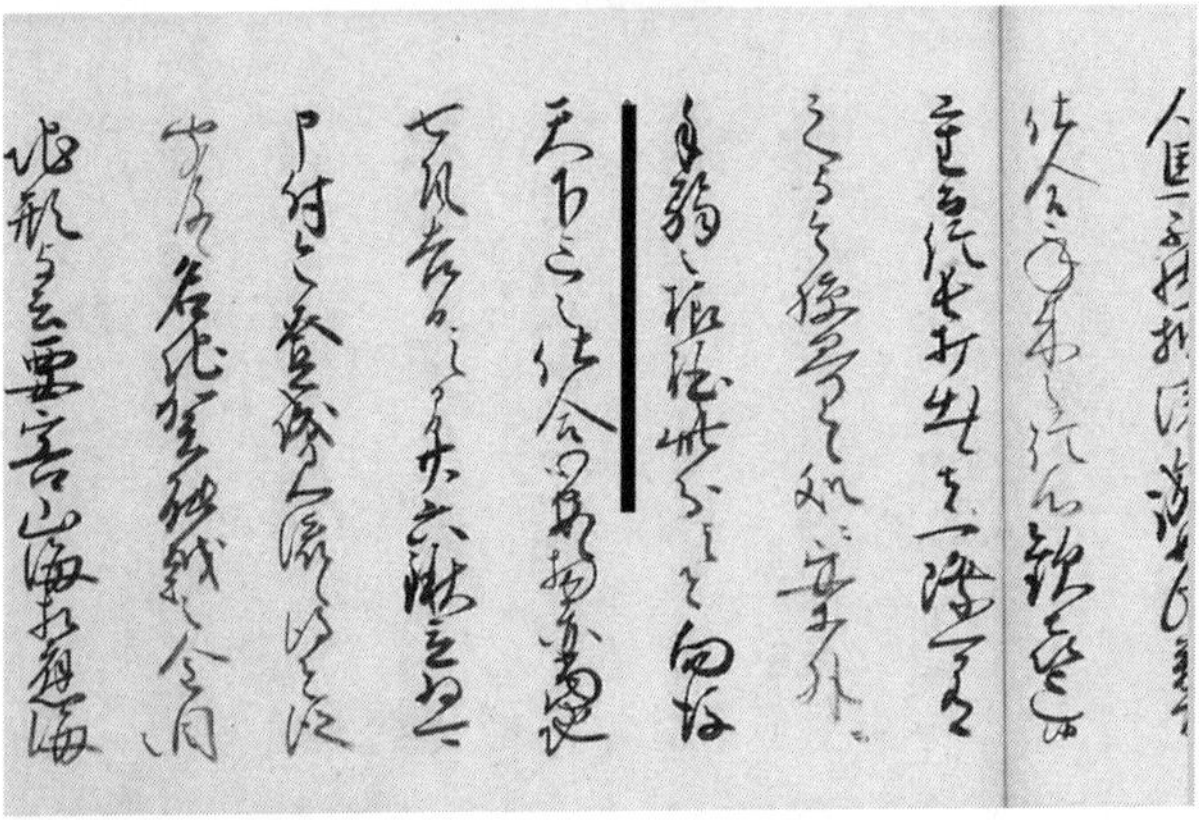

東京大学史料編纂所所蔵
傍線部：「天下迄仕合」

たことから上杉軍による侵攻の成功は確かである。

ただし本願寺方のいう「敵敗北」が、本格的合戦の結果を書いているとは限らない。中世には敵勢と交戦することなく、眼前で撤退しただけでも「敗北」のレッテルが貼られることがある。織田勢の後退が交戦の結果であるかどうかを見極める必要がある。

謙信書状写の精度

次に、手取川合戦でもっともよく取り上げられる准一次史料の謙信書状写から該当部分を読み下そう。

［九月二九日付「上杉謙信書状写」］（『別本歴代古案』巻五）

【訓読】［前略］七尾存分の儘《まま》に入手に、同十七（日）、號末守《すえのもり》の地も入手に、これも賀（＝加賀）・能（＝能登）の間の地に候わば、（山浦）源五殿・斎藤（朝信）籠め置き、当国一変申し付け候ところに、これを信長一向に知らず、十八（日）、賀州湊川まで取り越し、数万騎陣《じん》取り候ところに、両越（＝越後・越中）・能の諸軍勢なす先勢差し遣し、謙信事も直馬に候ところに、信長、謙信後詰を聞き届け候か、当月廿三日夜中に敗北せしめ候ところに乗り押し付け、千余人討ち捕り、残る者どもことごとく河へ追い籠め候ける。折節洪水漲《みなぎ》りしゆえ、瀬《せ》無く、人馬残らず押し流し候。まことこの如きの萬方仕合《しあわせ》、年来の信心歓喜までに候。重ねて信長打ち出候も一際これあるべきと校量せしめ候ところに、案外に手弱の様躰。この分に候わば、向後《こうご》天下までの仕合せ心安く候。

［中略］

九月廿九日　　謙信

長尾和泉守殿

謙信書状写については諸本あるが、古態に近いと思われるのは、今読み下した『別本歴代古案［巻五］』（以下『別本五』と略す）である。従来、手取川合戦の考察では『歴代古案』（以下『歴代』と略す）の巻一に掲載される同文書が用いられてきた。だが、こちらは人名や日付に誤記が多く、精度の点でいえば『別本五』の側に分がある。

例えば、『歴代』の該当文書は「信長」と記すべきところが「信玄」と誤記しており、朱筆で「信長」の訂正が入っている。細かいところではほかにも遊佐「美作守」とするべきところが「美濃守」、「入手」も「入事」となっているのが訂正されている。その他、朱筆が入っていないところでも「一変」が「一愛」になっているなど単純な誤りが目立つ。

いっぽう『歴代』より後に編纂された『別本五』は、『歴代』ではなく謙信書状の実物あるいはそれに極めて近い史料を見て書き写したらしく、『謙信公御書集』などほかの同文書写は『別本五』の文章に近い。数ある写本の中で『歴代』だけ特に間違いが多いのであり、おそらく筆記者は書状原本の内容や文意をよく検討せず、作業的に見たままでとりあえず書き写したのだろう。

写し違いでもっとも重要なのは日付である。『歴代』は九月一九日となっており、『別本五』の方は九月二九日となっている。本文で「当月廿三日夜中」に発生した合戦の中身が報告されているので、日付が一九日であることはない。『別本五』が正しいだろう。

両者が有する筆写精度の差は、御館の乱時における武田信豊書状からも推測できる。これもまた『歴代』と『別本五』に同内容の書状写が掲載されていて、前者は「六月十六日」、後者は「六月十二日」の日付となっており、相違があるが、『上杉家文書』（六七六号）として原本が保存されていて、こちらでは「六月十二日」の日付となっている。手取川合戦の内実を見るには、『別本五』の謙信文書を見るべきだろう。

『松隣夜話』における手取川合戦

ここで注目したいのは『松隣夜話』下巻である。著者と推定できる小林松隣斎は謙信と同時代の人物で、当時、謙信による北陸侵攻の風聞を直接耳にしたと思われ、貴重な証言であることからここに紹介しておきたい。なお、こちらは舞台を手取川（能美郡・白山《はくさん》市）ではなく、より南方の大聖寺川（加賀市）としている。

【意訳】　信長は加賀松任城（松任駅付近）の援軍として、柴田勝家を筆頭とする大将九人、都合四万八千を松任の南大聖寺ヶ原（大聖寺駅付近）に遣わした。
謙信陣所との距離はわずかに二里（約一〇八〇〜一三一〇メートル）で、上方勢は恐る恐る渡河を開始した。越後勢はこれに動じることなく旗本一万を松任（に迫る織田勢）に備え、先手一万だけで松任城を力攻めにし、一日で落城させると、城主の長筑前守らをはじめとする上下男女二六〇〇余人を撫で斬りにした。

落城後、謙信はすぐに織田勢へ使者を送り、「明日卯の刻（朝六時ごろ）、其方一戦遂ぐ（べし）」と伝えた。そして二万の人数を集合させると、鐘を打たせて態勢を整えた。

「前日河を越し、木下藤吉《（羽柴秀吉）》・佐久間玄蕃《（盛政）》を先とし、有無の一戦」を遂げる態勢でいた織田勢は戦意を失い、「前田又左衛門《（利家）》・丹羽五郎左衛門《（惟住長秀）》、一番に崩れて、河を引越す」動きを見せたので、これを見た将士が騒いで大聖寺川を急に越し、歩騎あわせて数百人が溺死した。それでもみな我先にと振り返りもせず夜のうちに越前まで引きあげた。

謙信は約束通り夜明けの卯の刻に大聖寺へと到着したが、織田勢の姿はすでになく、武具や糧米をところどころに捨て置き、一人も残っていなかった。

謙信は大いに笑い、「持ちこたえていたら、今ここに蹴散らして河へ追い込んでいたところだ。これを見抜いて夜逃げするとは、信長の家臣どもは聞きしに違わぬ（合戦の）名人どもだ」と逆に褒めてみせた。謙信勢は松任城へ引き上げた。

この史料においても『信長公記』同様、交戦への言及はないが、軍事衝突が起きる前に総崩れする織田勢の様子が詳しく書かれており、特に羽柴秀吉と佐久間盛政を先陣に置き、前田利家と惟住長秀から崩れる描写がほかの記録と相違することに注目しておきたい。

これを書いたと思われる松隣斎は、上野国緑野《みどの》郡大塚郷の地頭出身とされる小林氏で、もともと小林館（群馬県藤岡市小林）を拠点にしていたようだが、天正一〇年（一五八二）に滝川一益が松隣斎に群馬郡豊岡郷（群馬県高崎市）を安堵していることから、戦国時代は同地が本拠だったと見られる（『武田氏家臣団人名辞典』）。

いっぽう謙信から手取川合戦の内容を記す書状（『別本五』所収）を送られた「長尾和泉守」は、上杉家の記録によれば、当時同国の深澤城（群馬県多野郡吉井町）に在番していたと伝わっている。また、この書状は当時謙信が上州厩橋城の北条《きたじょう》高広・景広父子と連絡を密にしており、本文後半に「この景色を父子に見せたい」とあることから、長尾和泉守ではなく北条高広・景広父子宛だったとの指摘がある（布施一九一七、『新修七尾市史』通史編1二〇一一、今福二〇一八。田中宏志氏のご教示による）。

小林館あるいは豊岡郷と深澤城の間は二〇キロと離れていない。厩橋城ともなれば、より近距離である。謙信の念頭には、いち早く関東に自らの戦果を伝えることで、現地の勢力関係に影響を及ぼすつもりがあっただろう。

北陸侵攻の成功は謙信の使者および手紙を通し、長尾和泉守（あるいは厩橋の北条父子）へ伝えられ、さらにはそこから周囲へと謙信主導の情報が波紋の広がりのように拡散されていったはずである。松隣斎も関東で北陸からの速報に胸を高鳴らせたのであろう。

古史料による合戦の経緯再現

史料によって温度差があることを述べたが、ここからは精度が高いと思われる史料に絞ってその内実を見直していきたい。それぞれ出典を付しておく。

［手取川合戦の経緯］

- 閏七月八日　【上杉軍出陣】五月まで関東にいた上杉謙信が越中の魚津城に着陣。「信長出張之由」の情報により、「累年之望」を叶える時で、実否を決める覚悟であると述べ、自らは能登末守城へ進軍する（上越市史一三四四）。またこの時、別働部隊を編成して進発させたようである。
- 閏七月二三日　織田信長が出羽の伊達輝宗と伊達家臣遠藤基信《えんどうもとのぶ》に、本庄雨順斎全長《うじゅんさいぜんちょう》（繁長）と共謀して謙信を討伐するつもりでいることを伝える書状を送る（信長文書七二八、七二九）。しかし全長と輝宗が挙兵することはなかった。

・八月八日　【織田軍出陣】　織田氏の部将・柴田勝家、大将として北国へ出陣（『信長公記』巻一〇）。

・八月九日　謙信は畠山氏の能登七尾城を孤立させるため、同国と加賀の国境にある「末守」の城（石川県羽咋《はくい》郡宝達志水《ほうだつしみず》町南吉田《ちょう》）を攻撃していたが、一向衆と本願寺により加賀への南進を要請された。「信長出張」の可能性が見られたためである。謙信は加賀の七里頼周に「事実であれば末守城の攻略を後回しにして南進するので、自分が到着するまで現地の者たちと同心して御幸塚城（石川県小松市今江町）を堅守してもらいたい」と伝え、成福院と河田実清軒を派遣した（上越市史一三四六）。しかし御幸塚は守りきれておらず、頼周も織田軍に討ち取られたようである。

・八月一七日　【松永久秀の離反】　信長の属将だった松永久秀が大坂本願寺への付城から無断で離脱し、大和信貴山城に立て籠もった。驚いた信長は不満の理由を尋ね、和解を試みるが、久秀は拒絶。京都にて人質の処刑が決定された（『信長公記』巻一〇）。

・九月一〇日　柴田勝家・武藤舜秀《きよひで》・瀧川一益・惟住長秀は、信長側近の堀秀政に、道のりが困難で、大雨のため行軍が思うようになっていないこと、また加賀の百姓が謙信に味方して情報が入らないことなどを伝えた。この時謙信は「越後之内」で「七手組」の指揮官を選出し、そこに「当国《加賀》之一揆」を加えた「人数三千計」の別働部隊を加賀国河北郡高松に布陣させている。軍記によく見える謙信「七手組」の初出である。余談ながら、この時の動向を慶長四年（一五九九）に記す『藤戸明神由来』に謙信が安田（能元《よしもと》または顕元ヵ）に「七手」を預けたとある。指揮官の一人に抜擢されたのだろう。史料には安田の動員人数と武装内容が詳述されているが、「上杉氏軍役帳」における安田顕元の軍役と一致する（「滋賀県宮川文書」、『新編七尾市史』七四号、『藤戸明神由来』）。

- 同日、大乗寺（石川県金沢市長坂町）から「摩利子天《まりしてん》法千座」を厳重に修める巻数（陣幕に垂らすお守りとなる巻物）を届けられた謙信が喜びを見せる（上越市史一四五〇）。
- 九月一一日　同月一五日付の謙信書状によると、能登の反上杉派が越前・加賀方面に「数千人」で乗り出し、そこには織田軍も「出勢」していたが、謙信が越後・越中の「諸勢」を加賀に派遣して能登勢を駆逐させ、そのまま加賀高松に駐屯させた（上越市史一三四七）。また、九月一四日付下間頼純感状にて、（江沼郡）粟津口において一戦があり、堀才介が敵一人を討ち取ったことが褒賞されている（『金沢市史』六三三号文書）。

・九月一五日【七尾落城】上杉軍が七尾城を馬廻および越中手飼（河田長親・鰺坂長実隊と思われる）だけで制圧。別働部隊を加賀に派遣して、同地の敵対勢力を後退させる（上越市史一三四七）。

・九月一七日　上杉軍が能登末守を「入手」。「（山浦）源五殿・斎藤（朝信）籠め置き、当国一変」を指示した（『別本五』）。

・九月一八日【織田軍が手取川を渡河】　末守落城を知らない織田勢は加賀湊川（手取川）を渡河し、「数万騎」で布陣する。いっぽう、謙信は越後・越中・能登からなる「諸軍勢」を先発させ、謙信自身も直々の出馬を準備する（『別本五』）。

・九月一九日　惟任光秀は京都にて連歌会に加わっていた（『兼見卿記』）。

・九月二二日　信長は岡周防守《おかすおうのかみ》への書状（信長文書七三六）で、松永の知行を差し押さえたが出頭が無いと述べている。二二日の信長は、松永が出頭できる畿内近国にいた可能性がある（高澤等氏のご教示による）。

・九月二三日【手取川合戦】謙信の後詰を聞いたらしい織田勢が夜中のうちに撤退を開始。そこへ上杉軍が追いつき、追撃戦を仕掛ける。「千余人討ち捕り、残る者どもことごとく河へ追い籠め候ける。折節洪水漲りしゆえ、瀬無く、人馬残らず押し流し」たという。だがここでは謙信自身が追撃に加わったとはされていない（『別本五』）。なお、注目すべき史料では、慶長四年（一五九九）成立と奥付される越後の神主が書いた記録に「【意訳】柿崎が先駆けとして越前の境目である手取川まで切り取った」そして「木下藤吉郎（羽柴秀吉）が五百余騎で派遣され、七手を預かる小守の安田上総守・加賀衆の先駆けと合戦に及び、日のあるうちに八百人を討ち取った。秀吉は都まで人々を連れた」とあり、羽柴秀吉の殿軍《でんぐん》（撤退支援機動）を看取できる（『藤戸明神由来』）。

・九月二四日　謙信は「敵（織田）が一戦すると言っているなら、これこそ願うことである」と勇み立ち、これで「勝利眼前」に近づいたことを岩船藤左衛門尉《いわふねとうざえもんのじょう》と河田喜楽《きらく》に書き送っている（上越市史一四五二）。

・この頃までに織田信長とその馬廻が柴田勝家らと合流し、手取川対岸の上杉謙信と対峙した可能性がある。その後、羽柴秀吉が無断で帰陣した（『別本五』、『信長公記』巻一〇）。

・九月二五日「堀才助」なる者が「夜討」の戦功を頼廉に褒賞された文書があるという説がある（井上一九六八）。手取川合戦に結び付けられているが、感状の日付は五月二五日で、桐野作人《さくじん》氏が指摘するように無関係の文書だろう（桐野二〇一一）。ただし九月一四日付で下間頼純が「堀才介」に「（江沼郡）粟津口において一戦を遂げ、首一つ討ち捕られし由」を褒賞する文書がある（竹間二〇二〇）。「九月一一日」項参照。

•九月二六日　【謙信、能登七尾城に入る】謙信が期待する信長の決戦はなかった。これはこの日、謙信が能登七尾城を登り、絶景を楽しんでいることから判定できる（『別本五』）。

•九月二七日　織田信忠、大和の松永久秀討伐に軍勢を催す（『信長公記』巻一〇）。

•九月二九日　謙信は「重ねて信長打ち出」を待っていたが、そうした様子がなかったので、「案外に手弱」だったと嘲《あざけ》る内容の書状を上州の家臣に送った（『別本五』）。

こうしてみると手取川を撤退する織田勢に上杉軍が追いつき、多少の追撃戦が展開されたようである。だが本格的戦闘にはいたらず、織田勢はすぐに戦線を放棄した。謙信は信長との直接会戦を期待したが、それもなく拍子抜けした様子がうかがえる。

信長が現地にいたかどうかは判断が分かれる。信長が織田勢の背後にいなかったとする根拠は、『信長公記』をはじめとする各史料に信長の存在が特筆されていないことにある。しかし柴田勝家が最後まで大将であり続けたかどうかは検討を要するだろう。信長の一部将である勝家は、同列の部将衆を引率することまでは許されていただろうが、上杉家との軍事衝突を決断し、会戦を指揮する権限を有していたかどうかはわからない。

なお勝家は九月一〇日、信長の馬廻を率いる堀秀政に現場の状況を報告する書状を送っているが、『甲陽軍鑑末書』には手取川で敗走する織田勢の一員に堀秀政の姿が見える。『軍鑑』と『松隣夜話』にも信長の馬廻である長谷川秀一《はせがわひでかず》が従軍した記録があり、『信長公記』で北進する柴田軍が「御人数」（信長に直属しない軍勢は普通、「御」がつかない）と記されていることを併せて鑑みれば、九月二三日夜間の手取川直前までに、勝家のもとに信長馬廻が追いつく事実があったのではないだろうか。

同日、信長の所在がどこにあったかは確かな史料に認められず、手取川にいたかそれとも安土城にいたか、本当に不明である。もしこうした北陸の勢力圏が短期間で一変しうる重要な局面において信長本人が介在する意思を見せなかったとしたら、説明を要する重大な問題であるように思う。

にもかかわらず、『信長公記』は信長の出陣をはっきりと記していない。

史料批判の厳しい文献史学の世界において、『信長公記』は精度が高い史料と評価されている。公家の日記や宣教師の記録など当時の史料と比較してもその正確さは比類がなく、史料としても質が高いと多くの研究者が認めている。軍記一般に見られる記主の自己宣伝も控えめで公平な執筆態度が感じられる。だが、やはり人間が書いたものである。優れた史実の証言者であるはずの太田牛一が、あえて筆を鈍らせた可能性も視野に入れるべきだろう。

『信長公記』の大軍ワープ

もう一度、『信長公記』における織田勢の動きを見てみよう。

【訓読】賀州へ乱入、湊川・手取川打ち越し、小松村（小松市丸内町本丸）・本折村（小松市向本折町）・阿多賀（小松市安宅町）・富樫（加賀市高尾町付近）の所々焼き払い、在陣なり。

明らかにおかしい。柴田勝家が北陸へ進み、加賀に乱入して手取川を越えたとあるのに、それから焼き払っているのは全て手取川以南の地である。まるで「北進した韓国軍は三八度線を越えて、ソウルを焼き払った」とでもいうような矛盾した文章で、織田勢は空間を超えてワープしたことになる。なぜ記述に破綻が生じているのか。

矛盾の原因は「手取川打ち越し」と「小松村」の間で、本来あるべきはずの文章が大きく削られたことにあるのではなかろうか。つまり太田牛一が何かしらの事情によってわざと筆

図21　織田軍の放火地点

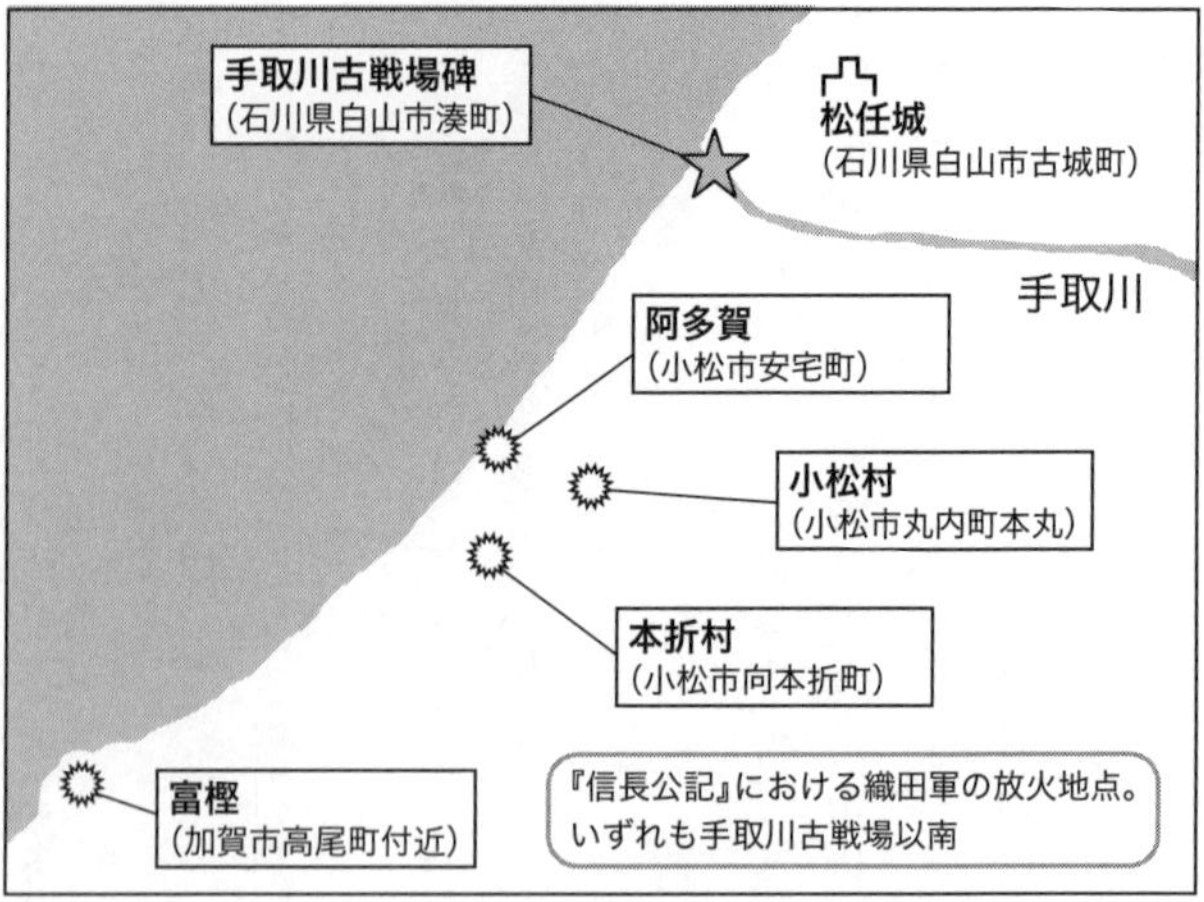

を曇らせたのである。

　もうひとつ気にかかることを指摘しておきたい。よく知られる『信長公記』には「上杉」の字句がまったく出てこない。上杉家とは長く同盟関係にあったから、本来、武田家や毛利家よりも記述が多くあるべきなのに、ないのである。謙信没後は上杉景勝を追い詰め、領国の包囲攻撃を示すものとして信濃の争乱を書いてあるが、景勝の存在が省かれているため、織田勢が何者と戦っているのかわかりにくくなっている。

　信長没後の牛一は『太田系図』に「信長公薨後《こうじたのち》、蟄居賀州松任」とあり、豊臣秀吉に拾われるまで加賀松任に隠棲していたことを認められる。松任に蟄居《ちっきょ》していたので、北陸の地理や歴史に疎《うと》かったとは考えられない。不自然なまでの上杉家に関する記述のなさと手取川ワープには、記主の自主規制が働いている可能性を視野に入れるべきだろう。

信長の所在

当時、信長がどこにいたのか、よくわかっていない。難しいことに信長と謙信は遠方まで短時間で移動することがあって落ち着きがない。この合戦では、二四日の早朝に手取川へと着陣した謙信が、二六日にはもう七尾城に戻って絶景を楽しんでおり（その距離八五キロほど）、過去にも関東で常陸小田攻めの移動速度が尋常ではなかったことが謙信伝説のひとつとして語り継がれている（『鈐録《けんろく》』等）。特に信長においては馬廻だけの少数行動を取る例が、謙信以上に目立っている。

この時の信長には越前以北へ出向ける意欲と機動力があっただろう。だが、本当にどこにいたのか、そしてそれを誰がどこまで把握していたのかは突き止められない。なお、謙信書状写では信長がそこにいると見ており、山田邦明氏も「信長は、岐阜を出て越前に出てきていたが、七尾城が謙信の手に落ちたことを知ると、加賀に進んで湊川に陣取った」と信長在陣説を唱えている（山田二〇二〇）。

図22　手取川合戦関連地域図

私も信長の在陣があった可能性を考えたいが、まだここは慎重でありたい。

個人的にはこのように思っている。多忙に追われる信長はこの時まだ近江（あるいは越前）にあって、とりあえず馬廻だけを先遣させていたのではないだろうか。信長本人はあとから出る予定だったが、予想外にも謙信が能登・加賀をほぼ制圧してしまい、本庄全長と伊達輝宗の挙兵がほとんど困難になったことで、これを前提とする経略が破綻してしまった。このため出馬を中止したのではなかろうか。あるいは、あったとしても手取川合戦の翌日以降、これを逃げ延びた柴田勝家の軍勢および馬廻と合流したぐらいであろう。

九月二九日付の謙信書状写において、謙信の認識としては上杉軍が七尾城を制圧したことを「信長（は）一向に知らず」にいた。しかし「信長（が）、謙信後詰を聞き届け候か」、つまり、信長は謙信が加賀に進軍するのを察知したためか撤退されてしまったと述べており、織田軍の総大将を柴田勝家ではなく信長と見ている。その後、「重ねて信長（の率いる軍勢が再戦するため）打ち出」るのを待ったと書いている。これを真実とする場合、合戦の翌朝、謙信は手取川の対岸に、動揺する信長の馬印を視認したのかもしれない。

謙信が信長出馬を確信していた理由

ただ、やはり信長が手取川にいたかどうかを判定するのは困難だ。

信長はこの頃、摂津大坂本願寺の陣地から大和信貴山《しぎさん》城に無断撤退した松永久秀・久通父子の説得に当たっていた。手取川合戦前日の二二日、信長はようやく大和の岡周防守に朱印状を発して「可加成敗候」と松永討伐を命じている（信長文書七三六）。そこからたった一日強で、加賀手取川南岸まで移動するとして一八〇キロメートルほどであるから、信長なら不可能でもないだろう。信長の性格を鑑みれば、自ら救援に向かって当然である。だが、そもそも柴田たちの軍勢の現在地をこのタイミングでリアルタイムで把握して、目的地まで迷わずに辿り着くことができるのか疑問である。

では、なぜ謙信が合戦直後まで信長の出馬を事実として、これを多方面に書き通していたのかという問題が残ってしまう。

ここからは少し陰謀論めいていて鼻で笑われるかもしれないが、思い切って書いてしまおう。あらかじめ謙信は信長出馬の罠を仕掛けており、これが首尾よく進んだと見ていい情報に触れていたのではないだろうか。

閏七月八日、越中魚津に入った謙信は「【訓読】信長出張之由、申し廻り候わば、累年之望、この節に候」と、「申し廻り」すなわち人伝《ひとづて》の情報で信長出馬を知ったことを、飛騨の河上定次《かわかみさだつぐ》に伝えている（上越市史一三四四）。謙信は何としても信長の首を獲りたいと考えており、今回ここにその「実否」を決定づける覚悟でいるとの決戦意欲も述べている。

ここからの謙信は、信長出馬をほぼ間違いのない事実として発言と行動を進めている。かなり信頼できる筋からの情報だったのだろう。民衆の噂話や密偵の報告からでは、謙信もここまで確信を得られまいが、もしこれが上杉と織田の両家に通じる有力者からもたらされていたとすればどうだろうか。私はこれを上杉家臣の本庄全長と、出羽の伊達輝宗の両名からこっそり伝えられたものと考える。

これより少し前の七月三日、信長は輝宗から鷹を贈られた（「七月三日、奥州伊達御鷹のほせ進上」／『信長公記』）。その後、信長は輝宗と伊達家臣に書状を送っており、ここで社交辞令を述べることなく、輝宗主従が本庄全長と相談して、信長の謙信討伐に尽力するよう伝えている。信長から提案した計画ならば、もう少し具体的な説明を書き記したであろう。あるいは、具体的説明は使者の口上で伝えると書いたはずである。だが、そのような文章はないので、輝宗側が謙信討伐を提案したものであろう。

そしてその輝宗は、七月二八日付書状で謙信に「賀州口出馬」について「【訓読】御本意疑いなく候」と述べている（上越市史一三四二）。輝宗は、七月に信長のもとへ馬と使者を上らせ、そこで、信長に「上杉家臣・本庄全長に反意あり、自分もこれに応じるゆえ、共に謙信を討伐されたい」と伝え、信長が合意するのを確認して、これを謙信に伝えたのである。

これは謙信が本庄全長に指示した権謀だろう。

かつて全長は謙信を相手に挙兵して、約一年持ち堪えたあと、輝宗の仲介で降伏した前科がある。だが、全長は謙信に全面降伏して、息子の千代丸（顕長）を謙信の側に「出仕」させることにした。このため謙信との主従関係は今や緊密である。しかも謙信は千代丸に姉の三女を娶《めあわ》せたらしく「けいしん（謙信）さまの御おい（甥）子」となり、全長も「廿七年あんらく（安楽）」な生活を保証されていた（『藤戸明神由来』）。これで謀反を企む動機などあるだろうか。

加えて謙信は輝宗と対立したことがなく、輝宗が越後に領土的野心を見せたこともない。謙信は「もし本当に信長が越後を攻めることになれば、遠慮なくそうしてもらいたい」などと伝えて合意を求めたのであろう。そして全長と輝宗は最後まで謙信を裏切らなかった。

陰謀論者の汚名を被りたくはないので、〝謙信が遠征を終える頃まで信長出馬を信じていた理由〟をこれ以外の方法で説明できる方がいたら、鞍替えしたいと思うことを、保身のためここに付言しておく。

秀吉の「帰陣」

ところで羽柴秀吉は合戦直前に柴田勝家と意見違いして帰国したと認識されているが、この通念についても検証しておこう。秀吉と勝家の論争は、一九世紀に栗原柳庵《くりはらりゅうあん》が書いた『真書太閤記』に見える史話だが、少なくとも一七世紀までの史料に、二人が論争したとする記録は検出されていない。だとすれば創作の可能性が浮上する。ちなみに『南行雑録』に所収される天正一〇年一〇月六日付の堀秀政宛柴田勝家書状には、「羽築・勝家之元来無等《とう》閑《かん》候」と、勝家がもともと秀吉と不仲ではなかったことが記されている（高澤二〇一一）。

なお、『信長公記』における秀吉の「帰陣」は、合戦の前後どちらなのか明確でなく、その理由も記されていない。先述したように同書は一部文章を削っている形跡がある。この空白を埋める記録として上杉方の史料に目を向けてみよう。

天正末年までに成立したと思われる『松隣夜話』は、「（織田勢は）河を越し、木下藤吉（秀吉）・佐久間玄蕃を先とし、有無の一戦と励したる気色たちまちに打ち替り、前田又左衛門・丹羽五郎左衛門、（惟住）一番に崩れて河を引っ越す。これを見て諸手騒ぎ、暁天《ぎようてん》に敗軍いたし、大聖寺河（実際には手取川）を急に越す」とあり、秀吉たちは先手として渡河したが、前田利家・惟住長秀が崩れたため、全軍退却した様子を記している。一六世紀末の史料『藤戸明神由来』でも、秀吉勢だけが上杉軍と戦闘したように記している。

上杉方の印象に従えば、秀吉は戦場で善戦したようである。我々は「秀吉と勝家の意見対立からなる合戦前の秀吉帰国」と「帰国した秀吉が連日の酒宴に興じて信長の勘気を和らげた」という『真書太閤記』の史話を疑わなくてはならない。

一七世紀以前の史料で秀吉の動向を見直す限りでは、かつての金ヶ崎合戦のように最後まで踏みとどまり、敗退する織田勢の被害を最小限に留めようと努める姿を窺える。だが、『信長公記』が重要な部分を省いてしまったため、秀吉だけさっさと逃げ帰る印象が広まった。これが一九世紀に『真書太閤記』の史話を作らせる土壌となったのだろう。

右の展開であれば、『信長公記』にて秀吉が「御届」もなく「帰陣」したことで信長の「御逆鱗」に触れながらも、実質的な処罰を受けなかった理由も整合的に理解が可能となる。手取川を越えた織田勢は、先手の秀吉を置き去りにして敵前逃亡した。結果、秀吉は上杉勢相手に抵抗した唯一の将として、その存在感を上杉軍に印象づけた。

いっぽう当時の信長は、松永久秀の謀反に「不満があるなら聞こう」と使者を送るほど追いつめられていた。秀吉の戦線離脱に対しても強気に出られなかっただろう。

秀吉の「帰陣」は合戦後のことであり、それも勝家個人に対してではなく、頼りない味方や戦闘意欲の見えない信長への不満が原因だったと考えられる。

なお、海外史料の『看羊録《かんようろく》』にも、手取川合戦と思われる記述に「信長北州の叛者を親撃(新征)するに及び、秀吉槍を持ちて突き闘ひ、向ふ所披靡《ひひ》す。信長遂に播州《ばんしゅう》を割き、以て其の功を賞す」とあり、北陸で活躍した功により播磨地方に知行を与えられたことが記されている。後年の秀吉が「新八幡《しんはちまん》」を自称したのも慢心とはいいきれまい。

緒戦だけで終わった手取川合戦

ここまで述べてきた合戦の実相をまとめよう。

まず織田軍は加賀一向一揆勢を鎮圧するため、柴田勝家を総大将として大軍を北進させた。七尾城からも加賀一向一揆を挟撃するため数千人の大軍が南進していた。

この時、信長は在京しており、しばらく畿内から動く予定もなかったが、謙信は信長の出馬に確信を得ていた。本庄全長と伊達輝宗を動かして、彼らに謙信を滅ぼす意思ありと信長に伝えさせることで、信長自身が越後侵攻に出馬するよう促し、その意思ありと確認したからである。ただ、信長はすぐに動けないため、柴田軍と馬廻を順次派遣するに留めていた。

閏七月中に謙信は越中魚津城に着陣して、そこから本隊は能登末守城へ、別働部隊は高松へ向かわせた。

八月に別働部隊と七里頼周が能登七尾衆を引きつけていることを確認した謙信は、末守城攻略を中止して、これを七尾城攻略に切り替える。

九月一一日、上杉軍の別働部隊は加賀一向一揆勢と共同して、高松付近に進軍していた能登七尾軍を撃滅すると、そのまま高松に布陣した。指揮官は謙信七手組から選抜された部将たち（柿崎晴家、安田能元、その他）であった。高松布陣は織田軍への備えである。

織田軍は加賀北部まで出張り、総大将の柴田勝家は、あとから来た長谷川秀一率いる信長馬廻と合流する。

九月一五日に七尾城が落城。この頃までに加賀一帯は、上杉勢力圏と化しており、「百姓・土民」たちは情報が流出しないよう努めていた。北進する織田軍は、未踏地域の情勢を入手できなくなりとても困惑した。

九月二三日夜、上杉軍が加賀松任城に入る。手取川（湊川）以北にあった織田軍は動揺する。そこに謙信の部将・柿崎晴家による「てどり川迄きりつめ」（『藤戸明神由来』）があり、敵軍と接触する前に――前田利家・惟住長秀たちから――崩れ始めた。手取川は折からの大雨で増水しており、しかも統制のとれない撤退であったため、溺死者が続出した。そこへ追いついた上杉軍の先手衆（越後・越中・加賀衆の計三〇〇〇人以下）はまだ現地に留まっている織田勢――おそらく秀吉隊――を急襲した。

この追撃が「合戦におよび、おもてにすゝむ侍へ、日の内（日暮れ前）に八百、（人）打ち取り」（『藤戸明神由来』）とされ、「千余人討ち捕り」および「人馬残らず押し流し」（『別本五』）と謙信自身が伝えた手取川合戦だろう。なお「八百」の人数は九月二六日付荻野《おぎの》直正《なおまさ》宛の下間頼廉書状に「謙（信）御人数至加州御殿出勢之儀候、就其去十一日遂一戦、敵八百、討捕」と見えるのに一致する（『遺文瀬戸内水軍』五三五）。

翌朝の卯刻（朝六時ごろ）に、謙信自身の本隊が現地に到着した時、織田全軍はすでに渡河を完了していた。迅速な撤退が織田軍の被害を軽微に留めた。

謙信はこの追撃戦を本戦とは認識しておらず、同日の書状で、「【訓読】敵（織田）一戦すべく由申し候か、これをこそ願う事に候。心安かるべく候」「勝利眼前」などと家臣に述べている。このまま合戦となれば予定通りのことであるから安心して欲しい、勝利は間違いない——と豪語する意気込みであった。

しかし本戦は起こらなかった。織田軍が自領を焼き払って、近江方面まで引き上げてしまったからである。拍子抜けした謙信は九月二九日付の書状（『別本五』）で、二三日の接触以降、「信長打ち出」てくる様子がなかったので、「案外に手弱の様躰、この分に候わば、向後天下までの仕合せ心安く候」と勝利宣言した。

織田軍が自発的に撤退してしまうことで、全ては本戦なき前哨戦に終わった。これが天正五年（一五七七）九月二三日夜間に発生した手取川合戦である。謙信の到着を知った対岸の織田軍は、まだ七尾落城を知らなかったが、畠山軍が後詰に動いている様子もないことか

図23　手取川合戦経緯推定図

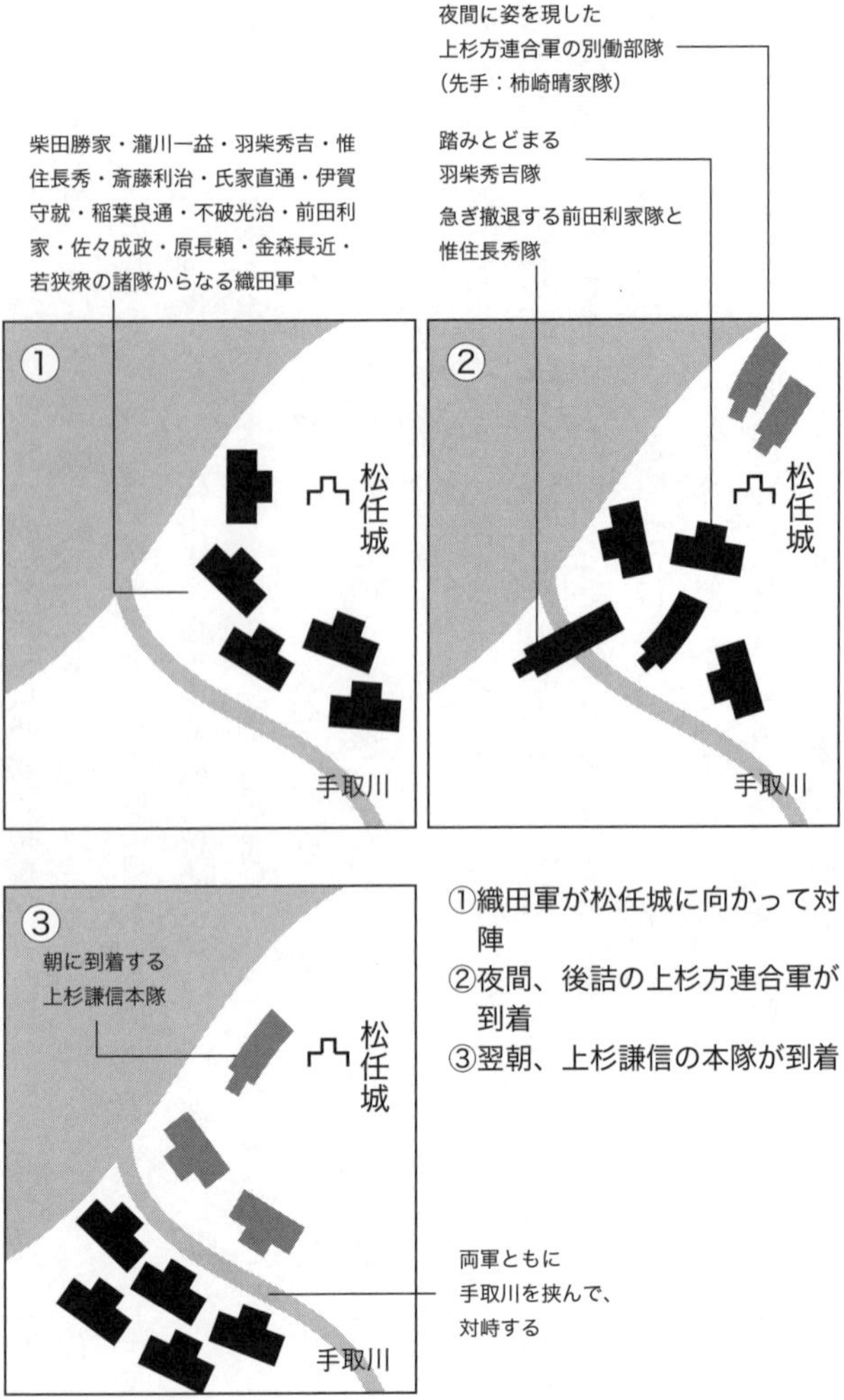

①織田軍が松任城に向かって対陣
②夜間、後詰の上杉方連合軍が到着
③翌朝、上杉謙信の本隊が到着

ら、大方のことを察しただろう。秀吉の無断撤退もあり、増水した河川からこれ以上の追撃を受けることはないと判断して越前から近江へと撤退することにした。緒戦に勝利した謙信は北陸の過半を難なく手にすることができた。

牛一は矛盾を直さず、黒塗り型で該当文だけを削る

蛇足かもしれないが、最後にひとつだけ付け足しておく。『信長公記』で手取川合戦の記述が一部ごっそりと抜けている理由についてである。

これは記主の太田牛一が、前田利家と惟住長秀から起こった総崩れを意図的に書き漏らしたと考えられよう。『信長公記』は不自然な表現や不可解な記述がほとんどなく、一級史料として評価されている。しかし手取川を北進した軍勢が焼き払った地として記しているのは、いずれも手取川以南の織田領ばかりである。こんな単純な記述ミスは、同書で他に見られない。これが牛一の無自覚な誤りでないことは先に述べた通りである。牛一は内容の矛盾を気にすることなく、黒塗りのように不都合な文章をそのまま削る。

もとをたどれば牛一は惟住（丹羽）長秀の右筆《ゆうひつ》出身で、信長と長秀が死去した後は、前田領の加賀松任に隠棲している。北陸の地に居住していた牛一には、前田・惟住の両氏に配慮

すべき経緯があった（『三州志故墟考』巻四に加賀松任城について「天正五年、上杉謙信の為に陥城」「十一年、瑞龍公〔前田利長〕五万石を太閤より賜はり」「十五年、丹羽長重四万石を賜りて松任城に移り」と伝わっている。／上田一九九九）。両者と関わりの深い牛一は、北陸および手取川合戦の内容に精通していたはずである。牛一が前田・惟住両氏に配慮して記述を濁らせたとすれば、手取川合戦が幻に見える一因も見えてくる。

最後の凱旋

本来なら謙信はこの戦いで「車懸り」と称される近世型の用兵をもって、信長の本陣を壊滅させ、大将首を得るつもりであった。

謙信はかつて信長が約束を破って武田攻めよりも畿内の本願寺対策に赴いたように、深刻な局面では必ず本人が出馬するものと確信していた。しかし信長は雑賀衆との抗争、松永久秀の逆心など多忙が重なり、両者の軍事衝突まで間に合わなかった。謙信がごく短期間のうちに北陸を制圧してしまったことも要因のひとつだろう。謙信は勝ちすぎたがために、会戦を果たせないまま帰国することになったのである。

なお『松隣夜話』によると、手取川に着陣した謙信は、「十二分に過ぎたる大勝にて候」

と勝利宣言したあと、「天道は十を欠くと申す事候へば、先づ〳〵今度は、帰陣尤に候。信玄ならば、何として松任の城落し候て、大聖寺（実際は手取川）の陣へ仕懸け申さるべきや。此分が、吾等信玄に及ばざる所の一つなり」と反省したという。松任城を支配下に置いた時点で、織田軍が撤退しないよう急迫せず、そのまま対峙できたなら、無二の会戦を仕掛けられたかもしれない。短期決戦で信長を殺害することがこの遠征最大の目的だった。

帰国した謙信は、天正五年一二月二三日付で勢力圏内の家臣団八一の名をその筆で書き記した（「上杉家家中名字尽手本」／上越市史一三六九）。その中には能登出身の「遊佐美作守（盛光）」「三宅備後守（長盛）」、本願寺から派遣された「下間侍従法橋坊（頼純）」「七里三河法橋坊（頼周）」、加賀出身の「藤丸《ふじまる》新介（勝俊《かつとし》）」のほか、越中一向一揆寺院の「瑞泉寺」「勝興寺」も記されている。関東上野の「北条安芸守（高広）」も記されている。次の遠征に動員する人員の名簿と見られる。

注目されるのは「直江大和守（景綱）」の名前があることである。景綱は『御家中諸士略系譜』に天正五年三月五日に亡くなったと伝わるため、謙信の筆を誤記と見る向きもあるが、特に理由がない限り近世の二次史料より同時代の一次史料の記録を重視していいと思う。その後、活動形跡が消えているので翌年あたりに亡くなったのであろう。

東国総仕上げと上洛作戦

この後、謙信は最後の戦略をどのように進めるつもりでいたのだろうか。

天正六年（一五七八）正月一九日に謙信は越後衆、二六日に関東衆、二八日に加賀・能登・越中衆へ大掛かりな「陣触」を行った（上越市史一一八六、一三七三、一三七四、一三七五）。

通説では、謙信は信長に天正六年三月一五日に決戦しようと申し伝えており、そのための大動員令を発したとされている。だが通説の出どころは全て近世の二次史料である。

同時代の一次史料を見ると、謙信は下総の結城晴朝《はるとも》から繰り返し関東越山を要請されて、これに応ずる旨を伝えているので、関東に出馬する予定であったのは間違いない。謙信の家臣は「（謙信が）近々南方表」へ遠征予定であることを、謙信自身も「仍晴朝越山度々催促」があり、「関左越山」する旨を述べている（上越市史一三七三、一三七四）。

この時点では、関東に遠征する予定だったことになるが、そうすると本格的に敵対関係に入った信長との抗争はどうするつもりでいたのだろうか。最後に、これまでの謙信の動きと、東国大名たちの動きから推察を試みよう。

まず謙信は関東平定に着手する。するとここに武田勝頼の介入が予想される。すでに謙信と和議を結んでいた勝頼は、前年（一五七七）正月に北条氏政の妹を娶《めと》っていて、謙信の傍らには氏政の弟である上杉景虎がいる。関東諸士も謙信のように強力な大名の支援なく、自勢力を保持することが困難であることを理解していた。このためだろう。関東諸士は信長に関東出兵を要請しており、信長もこれに意欲的だった（信長文書七七四）。北条氏政の討伐を考えていたのである。そして信長との連携を進める佐竹義重は、天正四年（一五七六）二月頃、謙信に信長と「別而入魂《べつしてじっこん》」するよう提言しており、関東諸士も信長と結んだからといって、謙信との関係を終わらせるつもりはなかった（上越市史一〇二五）。こうした状況から考えられるシナリオは次の通りである。

まず謙信が北陸諸士を含む大軍を連れて越山すれば、即座に勝頼が仲介を提案してくる。上杉と北条の全面戦争が再開されて困るのは勝頼だからだ。謙信は狡猾《こうかつ》にもこれを予見、または事前に連絡していたであろう。交渉を始めれば、景虎を関東の緩衝地帯に置くことで氏政に妥協を求め、反織田連合を東国に構築することも夢ではない。謙信に遺恨のない氏政は、織田の脅威を除くことを上杉家に期待するだろう。北条氏政は甲越が和睦した直後から、将軍が「御入洛成」するためなら謙信からの交渉も「難渋申《もうし》間《ま》敷《じく》候事（異論を唱えないこと）」を家臣に言い聞かせていた（遺文北条一八八六）。

ここから謙信は勝頼を美濃織田領へ、氏政を徳川領へ侵攻するよう促して、自身は北陸から西上作戦を決行するのである。

大胆な戦略と思えるかもしれないが、これまで謙信・信玄・信長が実行した作戦や戦略も、それが実現する前に彼らが亡くなっていたら、いずれも非現実で誰も信じなかっただろう。彼らはありえないことを本当にやって歴史に名を刻んだのである。

しかし三月九日、謙信は実城（本城）の「閑所《かんじょ》（私室）」で「虫気《むしけ》（内臓疾患）」に倒れ、景勝に実城入りを遺言したあと、一三日に入滅する。享年四十九であった（『軍鑑』、上越市史一四七六、一四八四〜九一）。

下々の者たちは謙信の心中を聞かされておらず、後継指名されていた上杉景勝も、義兄の景虎に反乱を起こされてしまったことで、謙信の戦略を継ぐどころではなくなり、全ての夢はこの世から消えてしまった。

もし謙信が望み通り信長と会戦していれば、どちらかが死んだであろう。信長は太田道誉に「【訓読】謙信死去の事、是非なき次第に候、道《てだて》（方策）を以《もっ》て相果たすべき候処、残り多く候」と、謙信の死を惜しむ声を伝えた（信長文書七七四）。

なお、史実の信長の最期については周知の通りなので贅言《ぜいげん》は避けておく。果たしてその名は足利幕府を滅ぼした男として記憶されることになった。
これまで日本人が語り合ってきた二人の姿は、どこまで実像に近いであろうか。

おわりに

対比的伝記を書き終えて

実のところ本書の手取川合戦部分は平成二七年（二〇一五）頃にほぼ仕上がっていて、これを何らかの形で公表したいと考え、謙信の軍隊と戦争を主題とする企画を練っていた。だが、受諾してくれる出版社を探し出せず、代わりにこれより派生した戦国軍事史を主題とする書籍二冊の企画が通った。このため当初の企画はお蔵入りとなり、手取川原稿も封印することにして、友人たちとの雑談で披露して悦《えつ》に入っていた。

その後、織田信長の事績を調べ直す機会があり、ここで企画の主題を「上杉謙信×織田信長」に改めることを考えた。そしてＰＨＰ研究所の了解を得ることが叶い、『謙信越山』の後継的内容として一冊にまとめることができた。

ここで謙信と信長の用兵を総評するなら次のようになる。

謙信の強みは、交戦すればほぼ必ず敵を崩壊させられる軍隊の編成と機動にあり、その効果は川中島合戦および謙信に影響を受けた朝鮮出兵の豊臣軍が実証している。だが見晴らしのいい戦場で接敵しなければ効果を発揮できず、謙信は武田・北条を相手に「無二の一戦」を執拗に狙いながらもついに決戦を果たせないで終わっている。

対する信長の強みは、陽動を多用して敵の意表を突くための忍耐力と判断力と、その幅を広げる物量にあった。だが何かの拍子で状況または敵の判断が変化すると、あっさり破綻する博打的要素があった。双方とも武田信玄のような堅実さには欠けるが、天運が味方につけば強烈に戦果を拡大する傾向がある。

もし両雄が戦っていたら、劇的な展開を見せたに違いない。

ところで、本書の帯に掲載している上杉謙信の肖像「上杉謙信《うえすぎけんしん》并《ならび》二《に》臣像《しんぞう》」（新潟県常安寺蔵）についてだが、成立時期は慶長以前と見られ、謙信生前に作られた可能性もあることから、こちらを選ばせてもらった。

夢のあと

謙信があと一年生きながらえていたら、どうしていただろう。「楽しいけどこれ戦争なのよね」と上洛作戦を決行し、足利義昭の帰京を果たしたあと、東国大名たちの主導で諸大名が在京奉公する体制を整えさせたかもしれない。その後は侍所で杯《さかずき》を干し、『RETURNER』

を奏でよう。東国の景勝と景虎は朝嵐《あさあらし》の音を聴き、有明の月を仰いだだろうか。

信長があと一年生きながらえていたら、どうしていただろう。安土城で義昭に譲状《ゆずりじょう》を書かせたあと、新将軍の後見人として天下一統を導いたかもしれない。そうなれば闇の彼方に〝安土幕府〟を開いた神格として認められよう。遠い未来は将軍の末裔が摠見寺《そうけんじ》の盆山《ぼんさん》へ詣でるのを泉下より見守って、「であるか」と髭を撫でただろうか。

本書読了後、こうした空想でも楽しんでいただければ幸いである。

なお本書の執筆にご協力いただいた上杉家の古文書読解を趣味とするこまつさんと、PHP研究所の永田貴之さんならびに西村健さんのご尽力と、本書を手にとってくださっている読者の皆さんに心よりお礼申し上げます。

令和五年春

乃至政彦

主要参考文献

参考文献の書籍タイトルは『 』で、論文は「 」で括った。副題は略した。資料集の名称は本文内に記したことで検索性にさわりなしと考えて割愛する。専門家の史料発掘・翻刻・検証に、心より感謝と敬意を表します。

阿部洋輔「上杉謙信詳細伝記」／『別冊歴史読本 上杉謙信の生涯』新人物往来社、一九八八
粟野俊之『織豊政権と東国大名』吉川弘文館、二〇〇一
池享・矢田俊文編『増補改訂版 上杉氏年表』高志書院、二〇〇七
池上裕子『織田信長』吉川弘文館、二〇一二
石川県編『石川県史 第一編』石川県、一九二七
井上鋭夫『上杉謙信』人物往来社、一九六六
井上鋭夫『一向一揆の研究』吉川弘文館、一九六八
今福匡『上杉謙信』星海社新書、二〇一八
今福匡『図説上杉謙信』戎光祥出版、二〇二二
上田正行「金沢時代の『狩野享吉日記』(続)」／『金沢大学文学部論集 言語・文学篇』一九号、一九九九
魚津市教育委員会『松倉城郭群調査概要』富山県魚津市、二〇一五
臼井進「(中世後期) 室町幕府と織田政権との関係について」／『史叢』五四・五五号、一九九五
宇田川武久『真説 鉄砲伝来』平凡社新書、二〇〇六
小谷量子「上杉本洛中洛外図屏風に描かれた将軍の行列」／『ヒストリア』二五七号、二〇一六

尾畑太三『信長公記巻首と桶狭間の戦い』風媒社、二〇二一
小和田哲男『東海の戦国史』ミネルヴァ書房、二〇一六
片桐昭彦「上杉謙信の家督継承と家格秩序の創出」／『上越市史研究』一〇号、二〇〇四
勝俣鎮夫「大名領国制の盛衰」／『岐阜市史 通史編 原始・古代・中世』、一九八〇
金子拓『長篠の戦い』戎光祥出版、二〇二〇
川名俊「能登畠山氏の権力編成と遊佐氏」／『市大日本史』巻二四、二〇二一
木越祐馨・石田文一「戦国乱世と一揆の時代」／『新修 小松市史 通史編I』、二〇二二
木村康裕「上杉・織田氏間の交渉について」／『駒沢史学』五五号、二〇〇〇
桐野作人『織田信長 戦国最強の軍事カリスマ』新人物往来社、二〇一一
久保尚文「越中神保氏歴代の概説と研究史」／『富山史壇』一八五号、二〇一八
栗原修「上杉氏の外交と奏者」／『戦国史研究』三二号、一九九六
黒嶋敏『天下人と二人の将軍』平凡社、二〇二〇
黒田日出男『謎解き洛中洛外図』岩波新書、一九九六
黒田日出男『『甲陽軍鑑』の史料論』校倉書房、二〇一五
黒田基樹「史料紹介・上杉憲房・憲寛文書集」／『駿河台大学論叢』四一号、二〇一〇
黒田基樹編『北条氏年表』高志書院、二〇一三
小杉瑪里「本誓寺文書、浄興寺文書より見た石山合戦について」／『白梅学園短期大学紀要』創刊号、一九六五
古典遺産の会編『戦国軍記事典 群雄割拠篇』和泉書院、一九九七
古典遺産の会編『戦国軍記事典 天下統一篇』和泉書院、二〇一一
小林健彦「足利義昭（秋）期に於ける越後上杉氏の対外交渉」／『新潟産業大学人文学部紀要』一五号、二〇〇三
佐伯哲也『戦国の北陸動乱と城郭』戎光祥出版、二〇一七

主要参考文献

佐藤圭「姉川合戦の事実に関する史料的考察」／『若越郷土研究』二九八号、二〇一四
柴裕之「織田・上杉開戦への過程と展開」／『戦国史研究』七五号、二〇一八
柴裕之『織田信長』平凡社、二〇二〇
新発田市史編纂委員会編「藤戸明神由来」／『新発田郷土誌』五号、一九六六
柴辻俊六「織田信長花押の変遷」／『織田政権の形成と地域支配』戎光祥出版、二〇一六
下坂守「山門使節制度の成立と展開」／『中世寺院社会の研究』思文閣出版、二〇〇一
新編西尾市史編さん委員会編『新編西尾市史 資料編二 古代・中世』西尾市、二〇二〇
杉山巖「布施秀治と『稿本越佐史料』」／『東京大学日本史学研究室紀要』一三号、二〇〇九
高澤等『新・信長公記』ブイツーソリューション、二〇一一
武田氏研究会編『武田氏年表』高志書院、二〇一〇
竹間芳明「小丸城址出土文字瓦の一考察」／『若越郷土研究』二九八号、二〇一四
竹間芳明「本願寺・加賀一揆と上杉謙信」／『戦国史研究』七九号、二〇二〇
竹間芳明、日本史史料研究会監修『戦国時代と一向一揆』文学通信、二〇二一
竹村雅夫『上杉謙信・景勝と家中の武装』宮帯出版社、二〇一〇
谷口克広『織田信長家臣人名辞典 第二版』吉川弘文館、二〇一〇
谷口克広『信長の政略』学研パブリッシング、二〇一三
谷口克広『天下人の父・織田信秀』祥伝社新書、二〇一七
中世史部会「資料紹介 資料編中世補遺（一）小林家文書」／『群馬県史研究』二九号、一九八九
乃至政彦『上杉謙信の夢と野望』洋泉社歴史新書y、二〇一一
乃至政彦「戦国期における旗本陣立書の成立について」／『武田氏研究』五三号、二〇一六
乃至政彦『戦う大名行列』ベスト新書、二〇一八

乃至政彦『信長を操り、見限った男 光秀』河出書房新社、二〇一九
乃至政彦『謙信越山』JBpress・ワニブックス、二〇二一
長崎巌「新発見の「紺木綿地革札付羽織（こんもめんじかわざねつきはおり）」の制作年代と用途に関する一考察」／『共立女子大学家政学部紀要』六二巻、二〇一六
新潟県寺院名鑑企画編集委員会編纂『新潟県寺院名鑑』新潟県寺院名鑑刊行会、一九八三
西股総生『戦国の軍隊』角川ソフィア文庫、二〇一七
則竹雄一「戦国大名北条氏の着到帳と軍隊構成」／獨協中学校・高等学校『研究紀要』二三号、二〇〇九
則竹雄一「戦国大名武田氏の軍役定書・軍法と軍隊構成」／獨協中学・高等学校『研究紀要』二四号、二〇一〇
則竹雄一「戦国大名上杉氏の軍役帳・軍役覚と軍隊構成」／獨協中学・高等学校『研究紀要』二五号、二〇一一
萩原大輔『謙信襲来』能登印刷出版部、二〇二〇
橋場日月『新説桶狭間合戦』学研新書、二〇〇八
長谷川伸「「新潟」の登場を考える」／新潟市歴史博物館『帆檣成林』一七号、二〇〇九
播磨良紀「今川義元の西上と〈大敗〉」／黒嶋敏編『戦国合戦〈大敗〉の歴史学』山川出版社、二〇一九
久野雅司『足利義昭と織田信長』戎光祥出版、二〇一七
久野雅司『織田信長政権の権力構造』戎光祥出版、二〇一九
平野明夫「桶狭間の戦い」／渡邊大門編、日本史史料研究会監修『信長軍の合戦史』吉川弘文館、二〇一六
藤木久志「家臣団の編制」／藩政史研究会編『藩制成立史の綜合研究 米沢藩』吉川弘文館、一九六三
藤田達生『蒲生氏郷』ミネルヴァ書房、二〇一二
布施秀治『上杉謙信傳』謙信文庫、一九一七
平山優『検証長篠合戦』吉川弘文館、二〇一四
平山優『徳川家康と武田信玄』角川選書、二〇二二

主要参考文献

平山優『新説家康と三方原合戦』NHK出版新書、二〇二二
本多隆成『徳川家康と武田氏』吉川弘文館、二〇一九
前嶋敏「戦国期越後における長尾晴景の権力形成」／『日本歴史』八〇八号、二〇一五
丸島和洋『武田勝頼』平凡社、二〇一七
水野嶺「幕府儀礼にみる織田信長」／『日本史研究』六七六号、二〇一八
矢田俊文『上杉謙信』ミネルヴァ書房、二〇〇五
簗瀬大輔『小田原北条氏と越後上杉氏』吉川弘文館、二〇二二
山田邦明『上杉謙信』吉川弘文館、二〇二〇
山本隆志「高野山清浄心院「越後過去名簿」」／『新潟県立歴史博物館研究紀要』第九号、二〇〇八
和田裕弘『織田信忠』中公新書、二〇一九

上杉謙信・織田信長略年表

和暦	西暦	事項
享禄三年	一五三〇	◉景虎：一歳。正月二一日越後守護代・長尾為景の末子として生まれる。幼名・虎千代。七歳で元服し、長尾平三景虎を称したと伝わる。
天文三年	一五三四	■信長：一歳。五月一二日、尾張守護代清洲奉行・織田信秀の嫡男として生まれる。幼名・吉法師。十三歳で元服して織田三郎信長を称する。
天文一七年	一五四八	◉景虎：十九歳。一二月三〇日、越後守護・上杉玄清（定実）の調停により、兄から越後守護代職と長尾家の家督を継ぐ。
天文一九年	一五五〇	◉景虎：二十一歳。二月二六日、上杉玄清が死去し、上杉家が断絶したことで事実上の越後国主となる。これより前、河内三好長慶と対立して近江在国を余儀なくされていた将軍・足利義藤に請願していた白傘袋と毛氈鞍覆の使用が認められ、守護代に相応しい格式を得た（実父・長尾為景も得ていた）一方、将軍から在京して忠功を尽くすよう求められる。
天文二一年	一五五二	◉景虎：二十三歳。四月、弾正少弼の官途を得る。同じ頃、相模北条軍の攻勢を前に山内上杉成悦（憲政）が越後へ亡命して帰国支援を求め、九月頃、成悦の上野帰国に加勢した。 ■信長：十九歳。三月三日または九日、尾張守護代老臣・織田信秀が病死（前年

上杉謙信・織田信長略年表

		説も)。
天文二二年	一五五三	◉景虎(宗心)：二十四歳。縁戚の高梨政頼(祖父・政盛の娘は、景虎の祖父・能景の妻、政頼母は景虎の父・為景の娘)をはじめとする信濃国奥郡の領主たちを助けるため、仲秋に信濃へ出馬して甲斐武田軍と戦う(第一次川中島合戦)。その後、上洛し、御所の庭において帝から天盃を賜る。大徳寺に参禅し、徹岫宗九《てつしゅうそうきゅう》から衣鉢法号と三帰五戒を受け宗心と号す。
天文二三年	一五五四	■信長：二十一歳：七月一二日、尾張守護代・織田勝秀らが尾張守護・斯波義統を清洲城で殺害。嫡子・岩龍丸(斯波義銀)は信長のもとに保護される。信長、清洲城を攻める。
天文二四年(弘治元年)	一五五五	◉宗心(景虎)：二十六歳。仲夏から初冬にかけて信濃川中島の地で武田軍と戦うも決着はつかず、駿河の今川義元の仲介によって和睦する(第二次川中島合戦)。 ■信長：二十二歳：四月二〇日、清洲城へ叔父の信光とともに入城して、前年に斯波義統を殺害した守護代・織田勝秀らを誅殺。尾張は守護・守護代ともに不在となるが、清洲城に守護遺児の岩龍丸を迎え入れ、自らも清洲城に居住して次期守護の後見人たる姿勢を示した。
弘治二年	一五五六	◉宗心(景虎)：二十七歳。六月に隠遁を表明して越後を去るが、八月に姉婿の上田長尾政景らの説得を受けて撤回、俗名の景虎に戻す。
弘治三年	一五五七	◉景虎：二十八歳。初夏から仲秋にかけて信濃川中島で武田軍と戦う(第三次川中島合戦)。
永禄二年	一五五九	■信長：二十六歳。二月二日、信長は摂津三好長慶と和解して昨年冬に約六年ぶ

		りの帰京を果たした将軍・足利義輝（もと義藤）に面談するべく上洛する。美濃一色義龍も二月頃に上洛して四月頃まで在京している。 ◉景虎：三十歳。初夏、景虎は将軍警固（京都の治安維持）のため上洛し、義輝のもとで在京奉公する。その間、相伴衆に加えられ大名の家格を獲得し、関東・信濃経略の大義名分を与えられて帰国。在京中に関白・近衛前嗣と知己を得て盟約を結ぶ。
永禄三年	一五六〇	◉景虎：三十一歳。三月中、景虎は越中の東西に分立する金山（松倉）の椎名康胤と富山の神保長職の抗争が激化したので、康胤支援のため越中へ出馬して長職を放逐。八月下旬、上杉光哲を奉じて関東へ出馬。盟友の近衛前嗣も越後へ向けて京都を発つ。関東で越年。 ■信長：二十七歳。五月一九日、尾張の織田信長が尾張桶狭間の地で駿河今川軍を破り、総大将の今川義元を討ち取る。またこの頃、信長に反意を抱く清洲城の斯波義銀が尾張を追放される。
永禄四年	一五六一	◉景虎／政虎／輝虎：三十二歳。三月下旬、鎌倉で上杉光哲の養子となり、上杉政虎と改名する。越後へ帰国したあと、九月一〇日、信濃川中島で甲斐武田軍と激戦し、武田信玄の弟である武田信繁をはじめとする数名の有力部将を討ち取った（第四次川中島合戦）。年末、政虎は将軍・足利義輝から一字拝領して上杉輝虎と改名する。
永禄五年	一五六二	◉輝虎：三十三歳。七月中、越中の椎名と神保の間でまた抗争が起こり出馬して収めると、早々に帰府した。この間、近衛前久（もと前嗣）が輝虎の制止を

		振り切って帰京する。
永禄七年	一五六四	◉輝虎：三十五歳、■信長：三十一歳。七月五日、上杉家臣・長尾政景が横死。七月末から一〇月朔日までの間、輝虎は信濃川中島の地に在陣して甲斐武田軍と対向（第五次川中島合戦）。この年から輝虎は織田信長と通交を始める。一一月には、信長の息子を養子に迎えることが決まるも、諸事情によって沙汰止みとなっている。
永禄八年	一五六五	◉輝虎：三十六歳、■信長：三十二歳。五月に将軍・足利義輝が横死。輝虎は将軍からたびたび上洛を求められていたが、八月以降は義輝実弟の一乗院覚慶から上洛を求められる。九月、織田信長は輝虎に久し振りの音信を送り、美濃出陣の戦果を報告する。また信長は、信玄四男である諏方勝頼に養女を嫁がせることが決まり、武田家と同盟を結んだ。一〇月に信玄は甲・尾同盟に不満を抱いた嫡男の武田義信（妻は駿河の今川氏真の妹）の反乱を未然に防ぎ、義信を幽閉する。
永禄九年	一五六六	◉輝虎：三十七歳。輝虎が上洛するには関東安定が必要で、鎌倉公方・足利藤氏を下総古河城に還座させようと総州経略の軍勢を催すが、味方の関東衆が損害を受けて撤収したため、北条・武田連合軍に後背を突かれる前に帰国した。総州経略を果たせなかったので、上洛も実現しなかった。五月六日、寺社へ納めた願文において、信玄を退治し氏康と和睦した上で、分国留守中の心配をせず天下へ上洛し、筋目を守る諸国の太守と協力して三好・松永一類を討滅し、京都・鎌倉の両公方を守り立てたいという目標を掲げる。一二月には関東代官を

		任せていた老臣・北条高広と上野の長尾景長が相次いで離反した。 ■信長：三十三歳。信長は七月、足利義秋を奉戴して尾張・美濃・三河・伊勢の大軍を催し、八月二二日に上洛する予定でいたが、美濃一色義棟（斎藤龍興）が非協力的で中止された。
永禄一〇年	一五六七	◉輝虎：三十八歳、■信長：三十四歳。八月中、輝虎は川中島へ出馬し、武田軍と対峙した（第六次川中島合戦）。同じ頃、信長が一色家の稲葉山城を攻略し、美濃を平定。稲葉山城を岐阜城と改め、居城とする。また「天下布武」の印判を使い始める。九月、大坂本願寺が蜂起する。一〇月一九日に信玄の嫡男で幽閉中の義信が病死。一一月中、輝虎が駿河の今川氏真の申し入れを容れ、越・駿同盟が成立。同月、信長は伊勢長島一向一揆と戦う。
永禄一一年	一五六八	◉輝虎：三十九歳、■信長：三十五歳。輝虎は政変により近江在国を余儀なくされていた能登の畠山悳祐《とくゆう》・義綱父子の帰国を支援するべく越中の中西部へ出馬。三月中、越府にいた本庄繁長が武田・北条陣営と手を結び、村上城に戻って反意を露わにしたので帰国を急ぐ。同じ頃、足利義昭を奉じて上洛戦を挙行することを決めた信長は、官名を尾張守から弾正忠に改めた。九月七日、信長は義昭を奉じて上洛戦を開始。二六日、義昭は帰洛を果たし、一〇月一八日、征夷大将軍に任じられた。信長は上洛戦を催すに当たって信玄との同盟関係を確認しており、輝虎にも信玄との和睦を勧めた。一二月、信玄は今川氏真が輝虎と手を結んで自分を滅ぼそうとしていると称し、三河の徳川家康とともに駿河へ侵攻。甲・相・駿三国同盟はここに破綻し、氏真は駿

		府より敗走。激怒した相模の北条氏康は上杉家に一和を申し入れた。
永禄一二年	一五六九	◉輝虎：四十歳、■信長：三十六歳。正月四日、京都六条本国寺の将軍仮御所が三好三人衆らに襲撃され、幕府方がこれを追い払う（本国寺の変、桂川合戦）。美濃から駆けつけた信長は諸将に恩賞を沙汰して、同月一四日に「殿中御掟」を制定する。二月二七日、信長は、自身と家康の領国、五畿内ならびに若狭・丹後・丹波・播磨の一四ヶ国から侍たちを動員して二条御所の建築を催す。三月二日、信長は禁裏より副将軍推任を打診されるが、固辞する。三月二七日、信長の媒介で、先の桂川合戦で武功を挙げた三好義継と義昭の妹が婚姻した。三月以前、家康は上杉家に使者を派遣し、輝虎に対武田の軍事同盟を打診。三月下旬、輝虎は出羽米沢伊達輝宗と陸奥会津の蘆名盛氏の仲介により、本庄繁長の降伏を受け入れ、本庄を蟄居させる一方、嫡男を出仕させることにした。六月中に越・相一和が成立。その裏では将軍・足利義昭の勧告もあり、七月中に信玄の申し出を受け入れて武田家とも和与を結ぶ。八月、北条家との盟約に従い、武田軍牽制のため関東へ出馬するも、武田方の椎名康胤が不穏な動きを見せたため越中へ転じた。東部の敵地を複数奪取すると、椎名に代わり味方と化していた神保長職の家中から造反者が出たので、中部へ進んで対処した。この北陸遠征中に越中代官として最側近の河田長親を魚津城に配置した。
永禄一三年（元亀元年）	一五七〇	◉輝虎／謙信：四十一歳、■信長：三十七歳。正月一三日、織田信長は将軍・足利義昭から派遣された朝山日乗と明智光秀に「五箇条の条書」を提出し、この頃より裏書御免を許される。二月、上杉家と北条家の一和協定が見直され、四

月九日に証人が交換された。このため上杉家は武田家と断交した。二五日には春日山城内で、養子の北条三郎（氏政末弟）改め上杉景虎と輝虎の姪（輝虎姉と長尾政景の娘）の婚儀が行われた。四月、織田信長は将軍の意に沿って越前の朝倉義景討伐に侵攻するが、妹婿の浅井長政が裏切り、撤退を余儀なくされた。六月二八日、信長は将軍の要請で援軍に参じた三河の徳川家康とともに、近江姉川で浅井・朝倉連合軍と会戦し大勝する。八月中、輝虎は家康と同盟成立に向けて交渉する。輝虎は九月一五日以前に法体入道となり謙信と号した。九月中、近衛前久の暗躍により二条晴良・足利義昭・織田信長に対し、大坂本願寺と伊勢長島の一向一揆が蜂起して、一一月に伊勢長島を攻めた信長実弟の信興《のぶおき》は返り討ちに遭い、自害した。一〇月八日の起請文で謙信は家康に信玄と手切して、信長が謙信と親密化するよう意見し、信長と信玄の破談に画策することを求めた。家康はこれに合意して同盟を締結。このため徳川家も武田家と断交した。近江坂本で浅井・朝倉連合軍と対峙していた信長だったが、一二月に二条晴良と足利義昭の斡旋で和睦する。

元亀二年

一五七一

◉謙信：四十二歳、■信長：三十八歳。二月、和睦から二ヶ月経過したところで、織田軍と浅井軍が近江で交戦。九月一二日、織田信長は朝倉・浅井に味方した近江比叡山（天台座主・覚恕は現地に不在）を焼き討ちにした。一〇月三日に北条氏康が病死する。一二月に入ると、上杉家と北条家の同盟は破談となり、上杉家は北条家との同盟を復活させた武田家に一和を打診するが、不調に終わる。

元亀三年	一五七二	◉謙信：四十三歳、■信長：三十九歳。正月三日、謙信は武田方の上野石倉城を攻め落として破却すると、昨年来、常陸の小田氏治から要請を受けていた佐竹攻略に向かうため、六日に上野厩橋城まで戻る。そうしたところに武田軍が現れたので、利根川を挟んでひと月ほど対陣する。越・相一和の破談によって佐竹ら東方衆との関係が改善に向かったので、常州陣を取り止めると、閏正月下旬から二月上旬にかけて帰国の途に就いた。八月に入り、加賀・越中一向一揆と戦うため謙信自ら出馬し、越中富山城に対向する。九月二二日、武田軍が越府に侵攻するとの情報に接し、謙信は馬廻衆を越府へ戻すが、武田軍は現れなかった。一〇月、織田信長が越・甲一和を仲介するなか、武田信玄は朝倉家や大坂本願寺らと反織田陣営を結成し、一方的に信長との同盟を破棄した上で織田・徳川領への侵攻を開始する。同月二三日、信・越国境が積雪で閉ざされたのに伴い、越府の留守将のうち呼び寄せていた長尾顕景と山吉豊守が着陣する。一一月中、信玄の裏切りに驚いた信長は謙信に、武田領挟撃を提案し、誓詞を取り交わす。その後、信長は謙信から依頼されていた両瓶（一対の酒徳利《さけとつくり》が見付からなかったので、当座の品物として信長が選んだもの）と、南蛮笠と筒服を若衆（景虎と顕景）着用のため贈った。一二月、武田軍が遠江三方ヶ原で徳川軍を破る。反織田陣営の優勢を受けて足利義昭は信玄に、織田・徳川と和睦するよう求めたが、信玄は「天下静謐」のために織田・徳川を倒すとして応じず、信長は義昭に対して異見書でこれまでの失政を非難し、行状を改めるよう迫った。謙信、富山陣で年を越す。

元亀四年（天正元年）

一五七三

◉謙信：四十四歳、■信長：四十歳。謙信は、正月中旬に一向一揆からの和睦要請を受け入れ、越中富山城を接収し、帰国する途中に越中松倉城を攻めると、下旬には椎名康胤からの和睦の申し入れを拒否して滅ぼした。そうしたところに信玄の策謀により、加賀・越中一向一揆が和睦を破棄して富山城を奪還したので、取って返して再び富山城に対向し、二月から三月にかけて五ヶ所に向城《むかいじろ》を築く。この二月に将軍・義昭が信長と決別し、反織田陣営に加わることを表明すると、三月には信長から謙信に武田領挟撃の相談が寄せられる。四月中旬、謙信は武田領進攻に向けて帰国するが、四月一二日に信玄は病により陣没していた。七月に信長は二月以来、反織田勢と連携していた義昭を二条御所から追い出し、山城槇島城で攻め降すとともに、義昭嫡男の「若公」（のちの足利義尋《ぎじん》）を保護して近江佐和山城に送り届けた。八月上旬、謙信は関東遠征を延期して越中へ出馬すると、加賀・越中一向一揆の番手衆が拠る富山城を攻め、九月中旬までに落とした。その直後に、富山城を失った一揆の番手衆が蜂起したので、何度も打ち破り、さらに富山の安養寺（末友の安養寺御坊ではない）へ逃げ込んだ残党を一掃すると、九月一八日、神通川を渡り、神保家中と加賀から送り込まれていた本願寺門徒衆が拠る滝山城へ攻め寄せ、越後衆の奮闘により二日で主郭ばかりの裸城にした。城将の水越某が投降してきたので身命ばかりは助けると城内を焼き尽くし、二三日に破却を終えて帰国の途に就いた。信長は、八月二〇日に朝倉義景、九月朔日に江北の浅井長政を滅ぼした。

天正二年	一五七四	◉謙信：四十五歳、■信長：四十一歳。正月一八日、謙信は徳川家に連絡した上で、信長・家康と連携して武田領を攻めるため関東へ向けて出馬する。四月一〇日から同月一六日にかけて、武蔵羽生城を巡り、北条軍と利根川を挟んで対峙したが、織田・徳川勢が武田領へ攻め入る様子もなく、東方衆の参陣もなかったので、新田領への向城として味方の那波顕宗《なわあきむね》の領内に今村城を築いたのち、帰国すると信長から洛中洛外図屏風が届けられていた。一方、信長は三月二三日に大和東大寺に蘭奢待の切り取りを申請したあと、四月上旬頃、畿内で大坂本願寺・三好康長・遊佐信教らがこぞって挙兵したため、急遽その対応に追われることとなり、謙信との約束を果たせなくなった。六月中、謙信は約束を破った信長を詰問するため山崎秀仙を岐阜城に派遣。信長は畿内を疎かにしてでも武田攻めに専念すると返答した。九月二九日、信長は長島願証寺を攻略し、伊勢一向一揆を根切にした。一一月上旬、謙信は下総関宿城を救援するため関東へ出馬したが、かねてから約束していた東方衆は下野宇都宮城に集結したものの一向に同陣する様子がなく、佐竹義重に関宿城の進退を委ね、独自の軍事行動を取ることにし、閏一一月中旬、忍領、武蔵の佐々木信濃守の菖蒲《しょうぶ》領、同じく太田氏の岩付領を荒らすと、武蔵で唯一の味方である菅原為繁・木戸忠朝・同名右衛門大夫が拠る羽生城を破却して羽生衆を引き取ろうとした。そこへ北条方の軍勢が追撃してきたので、謙信自ら前線へ出て撃退した。一九日、上野厩橋城に戻ったのち越後へ帰国した。一二月一九日、高野山無量光院《むりょうこういん》の宝幢《ほうどう》寺清胤《じせいいん》を導師に招き、伝法灌頂を勤修して剃髪し、法印大和尚位を得た。

天正三年	一五七五	◉謙信：四十六歳、■信長：四十二歳。正月一六日、謙信は越後衆の軍役を定めて帳面にまとめた。一一日、甥の上田長尾顕景に上杉の名字と弾正少弼の官途を与え、上杉景勝と名付ける。この春に足利義昭から越・甲・相三和を勧告される。五月二一日、徳川家康・織田信長連合軍が三河長篠城を巡る戦いで武田勝頼の軍に大勝した（長篠合戦）。その後、信長は改めて武田領挟撃の準備を進めたが、謙信はこれを無視して越中に侵攻した。これに立腹した信長は謙信に抗議の書状を送りつけた。八月、信長は越前一向一揆を鎮圧し、加賀南部へも侵攻して、能美・江沼の二郡を手中に収めた。一一月、信長は義昭の官途を越え、従三位権大納言と武家の棟梁の任官職である右近衛大将に昇進し、天下人として公認されると、嫡男の信忠に織田家の家督と尾張・美濃両国を譲り渡した。年末、義昭は謙信に越・甲・相・賀の和睦を改めて勧告した。
天正四年	一五七六	◉謙信：四十七歳、■信長：四十三歳。二月、織田信長は本拠を美濃岐阜城から近江安土城に移した。三月中、足利義昭は越・甲・大坂で三和を結ぶよう謙信に勧告するとともに、天下再興のあかつきには、謙信に諸国を任せることを約束した。謙信は大坂本願寺と和睦し、加賀・越中一向一揆を従える一方、すでに没交渉となっていた信長と断交した。織田家と親しい間柄にある神保家の存続を謙信が認めなかったことにより、信長は謙信と義絶したとしている。八月中、北陸へ出馬すると、越中中部の神保長国の支城である栂尾城、同じく本城の増山城を立て続けに攻め落とし、神保氏を没落させる。その後、

天正五年	一五七七	飛騨口に二ヶ所の城郭を築いて城衆を配備すると、九月中に越中奥部の湯山城を攻め落として越中を平定した。この間、神保に支援を約束していた信長は、謙信との講和が可能ならば話を進め、不調に終わった場合は神保の許へ加勢を派遣するつもりでいた。謙信は越中西郡の支配体制を整えたのち、一一月に能登の経略に取り掛かり、各所を手中に収めると、能登畠山家の本拠である七尾城に対する向城として石動山城を築いて対向し、そのまま越年した。 ◉謙信：四十八歳、■信長：四十四歳。織田軍は二月より紀伊雑賀と交戦する。謙信は二月末に越中東西の代官である河田長親と鯵坂長実に加えて旗本の重鎮である吉江《よしえ》景資《かげすけ》を能登・越中国境に残し、七尾表を後にして越中西部の要地へ移陣した。この間、備後鞆《とも》に寓居する足利義昭とやり取りし、義昭は安芸毛利家をはじめとする中国の諸士が織田軍と戦うために出勢したので、これに上杉軍も連動するように求めた。謙信は、上意に従って上洛するため、北国を平らげ、残るは七尾城のみであることを伝えた。五月中に帰府したところ、体調を崩したので静養する。六月初頭から閏七月初頭の間、昨夏から取り掛かっていた東方衆の佐竹家と陸奥会津の蘆名家の和睦成就に注力する。閏七月八日に越中魚津城を経て能登へ向けて出馬し、自身は加賀・能登国境の能登末守城を攻め立て、七手組三千人ほどで編成された越後・越中衆に加賀一向一揆を加えた別働部隊を加賀高松城へ進出させる。八月九日には加賀御幸塚城に拠る大坂本願寺坊官の七里頼周に対し、織田軍が侵攻してくるようであれば、末守城の攻略を後回しにして加賀へ進軍することを伝える。八月一七日、松永久秀が大和

天正六年	一五七八	で挙兵。九月一一日、七尾城から出勢した畠山軍の別働部隊と織田・畠山方の加賀衆を越後・越中衆と加賀一向一揆からなる別働部隊が打ち破る。自身はこれを機に末守城の攻略を後回しにして「馬廻・越中手飼之者」を率いて七尾城を攻め立てる。九月一五日にこれを攻略し、要害の応急補修を済ませると、再び末守城を攻め立て、同月一七日に攻略する。別働部隊が織田家の北国衆と対向する加賀へと進み、同月二三日に湊川（手取川）で敵軍を蹴散らす。翌日、湊川以南で態勢を立て直した織田家の北国衆が再戦を望んでいるとの情報を受け、勇躍して織田方と合戦の日取りを交渉しようとしたが、織田勢が後退したので能登へ戻り、最後に残った松波城を二五日に攻略すると、二六日に七尾城へ戻り、普請を指図した。それからしばらく新領統治に掛かり、一一月二二日に帰府した。一〇月一〇日、大和の松永久秀が自害。謙信は去秋、越中を平定した折に越中西郡の代官に任じたばかりの鰺坂長実を能登の代官に転任させ、鰺坂の後任には吉江景資を充てた。一一月二六日、謙信は分国中の将士や寺社とのやり取りに印判状を用いるようになり、一段と高みに立った。この一一月、信長は従二位右大臣に昇進した。一二月二三日、謙信は来春の関東遠征に向けて、動員する分国中の部将を名簿にまとめた。 ◉謙信：四十九歳、■信長：四十五歳。正月、織田信長は正二位に昇進した。謙信は正月一九日に越後衆、二六日に関東衆、二八日に加賀・能登・越中衆へ関東大遠征の陣触れをする。三月一三日、謙信は内臓疾患に倒れて急逝した。

PHP新書
PHP INTERFACE
https://www.php.co.jp/

乃至政彦［ないし・まさひこ］

歴史家。1974年生まれ。高松市出身、相模原市在住。著書に『平将門と天慶の乱』『戦国の陣形』（以上、講談社現代新書）、『謙信越山』（発行:JBpress、発売:ワニブックス）、『信長を操り、見限った男 光秀』（河出書房新社）、『天下分け目の関ヶ原合戦はなかった』（共著、河出文庫）など。書籍監修や講演でも活動中。

ホームページ
「天下静謐」 http://www.twinkletiger.com/

謙信×信長
手取川合戦の真実

（PHP新書 1355）

二〇二三年五月二十九日 第一版第一刷

著者――乃至政彦
発行者――永田貴之
発行所――株式会社PHP研究所
東京本部――〒135-8137 江東区豊洲5-6-52
ビジネス・教養出版部 ☎03-3520-9615（編集）
普及部 ☎03-3520-9630（販売）
京都本部――〒601-8411 京都市南区西九条北ノ内町11
組版――アイムデザイン株式会社
装幀者――芦澤泰偉＋明石すみれ
印刷所 製本所――図書印刷株式会社

ISBN978-4-569-85471-7

ＰＨＰ新書刊行にあたって

「繁栄を通じて平和と幸福を」(PEACE and HAPPINESS through PROSPERITY)の願いのもと、ＰＨＰ研究所が創設されて今年で五十周年を迎えます。その歩みは、日本人が先の戦争を乗り越え、並々ならぬ努力を続けて、今日の繁栄を築き上げてきた軌跡に重なります。

しかし、平和で豊かな生活を手にした現在、多くの日本人は、自分が何のために生きているのか、どのように生きていきたいのかを、見失いつつあるように思われます。そして、その間にも、日本国内や世界のみならず地球規模での大きな変化が日々生起し、解決すべき問題となって私たちのもとに押し寄せてきます。

このような時代に人生の確かな価値を見出し、生きる喜びに満ちあふれた社会を実現するために、いま何が求められているのでしょうか。それは、先達が培ってきた知恵を紡ぎ直すこと、その上で自分たち一人一人がおかれた現実と進むべき未来について丹念に考えていくこと以外にはありません。

その営みは、単なる知識に終わらない深い思索へ、そしてよく生きるための哲学への旅でもあります。弊所が創設五十周年を迎えましたのを機に、ＰＨＰ新書を創刊し、この新たな旅を読者と共に歩んでいきたいと思っています。多くの読者の共感と支援を心よりお願いいたします。

一九九六年十月

ＰＨＰ研究所